제3판

이벤트경영론

Event Management

류인평 저

기문사
KIMOONSA
www.kimoonsa.co.kr

머리말

Preface

오늘날은 이벤트의 시대라고 해도 과언이 아니다. 단체, 지역, 국가마다 이벤트를 개최하기 위해 많은 시도와 열정을 보이고 있다. 성공적인 이벤트는 단체 및 지역을 발전시키지만 실패한 이벤트는 그 반대 현상이 나타난다. 이벤트는 하나의 지역 행사뿐 아니라 사회에 큰 영향력을 미치기도 하며 이는 정치, 경제, 문화 등 전반적인 현상으로 나타나고 있다. 어떤 이는 이벤트 망국론을 주장하며 폐해를 지적하지만 그래도 없어서는 안 될 우리 생활의 중요한 부분 중의 하나이다.

이벤트를 연구하고 수업하면서 많은 것을 느끼게 된다. 이벤트는 살아 있는 유기체와 같이 동일한 주제를 가지고 있더라도 모두 같은 것이 아니며 항상 변화하고 진보하고 있다는 것이다. 이는 작은 개인 이벤트부터 국가적인 메가 이벤트까지 이벤트 행사마다 항상 진보하고 발전하는 경향을 보인다. 한시라도 이벤트 기획이나 운영을 소홀히 한다면 바로 참가자들의 외면을 받을 것이며 이는 향후 돌이킬 수 없는 어려움을 겪게 될 수도 있다. 따라서 이벤트는 살아있는 생명을 대하듯이 항상 정성과 신중을 기울어야 하며 새로운 것들을 준비하고 앞서가야 한다.

이벤트 서적을 내면서 많은 고민을 하게 된다. 이벤트의 의미와 현상들을 제대로 담을 수 있을지, 후학들에게 부끄럽지 않을지, 서적을 한 장씩 만들어가면서 나의 지식이 짧음을 한없이 탓하며 중도에 포기할 생각도 수없이 해보았지만 좁은 학문이나마 내 스스로 만든 교재로 후학들에게 다가서고 싶은 마음으로 교재를 집필하게 되었다.

본 교재가 모자람을 한없이 느끼며 향후 더 발전된 집필을 위해 서적을 발간하게 되었다. 이벤트와 관련된 모든 내용을 담고 싶은 것이 큰 바람이지만 그 꿈이 실현되기 위하여 끊임없이 숙련해야 함을 느낀다. 본 서적이 나오기까지 많은 분들의 아낌없는 노력이 있음을 고맙게 생각한다. 원고를 정성스럽게 교정하고 출판에 힘쓰신 기문사 임직원과 원고가 나오기까지 옆에서 도와준 양영관 선생, 그리고 내가 살아있다는 것을 항상 느끼게 해주는 사랑하는 나의 두 아들과 부인에게 감사드린다.

온고을 연구실에서　저자

차 례

Contents

제12장 전시 이벤트 • 335

01

이벤트의 개념

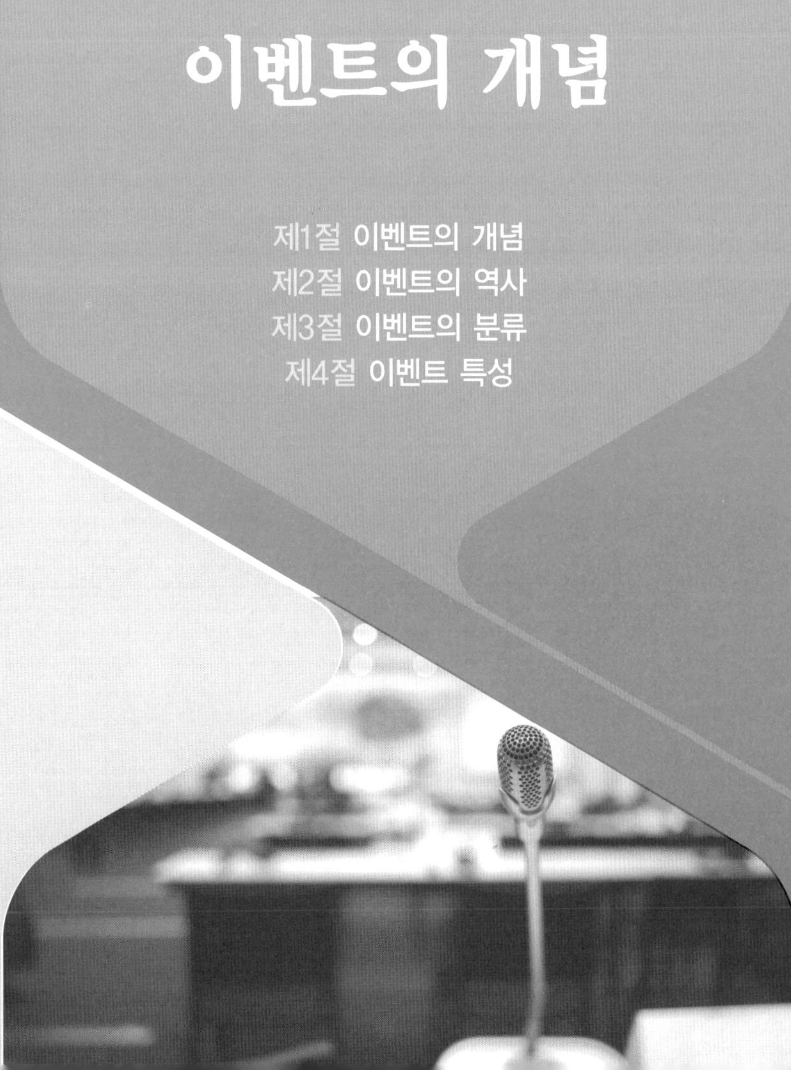

Event
Management

이벤트 경영론

제1장

이벤트의 개념

제1절 이벤트의 개념

1. 이벤트의 개념

현대사회는 이벤트 사회라 할 수 있을 정도로 정부기관 및 지방자치단체부터 기업에 이르기까지 수많은 이벤트가 치러지고 있다. 우리들 또한 이러한 행사에 익숙해져 있으며, 이벤트를 생활 속에서 자연스럽게 받아들이고 있다.

이벤트의 어원은 라틴어 e-(out, 밖으로)와 venire(to come, 오다)의 의미를 가진 Evenire의 파생어인 Eventus에서 유래되었다. Event를 영어사전에서 찾아보면 사건, 대사건, 사변이라 나오며 유사한 단어로는 Accident를 들 수 있다. 그리고 결과(outcome) 또는 경과(result) 등으로 말할 수 있으며, 운동 경기의 종목, 승부, 시합 등으로 표현될 수 있다. 즉 이벤트는 일상적이지 않은 어떠한 긍정적인 일로써, 예를 들면 스포츠 경기, 축제, 생일 파티, 회사 홍보 행사, 국제회의, 전시회 등을 의미한다. 이벤트라는 용어 자체가 영어나 서구에서는 엔터테인먼트, 퍼포먼스, 패션쇼, 콘테스트, 콘서트 등 단위 이벤트의 호칭으로 사용한다.

마케팅 측면에서 보면 이벤트보다는 판매촉진 또는 프로모션, 프리미엄 행사 등으로 부르고 있다. 따라서 서양적인 의미의 이벤트란 스포츠행사, 아주 큰 사건이나 행사, 판촉행사, 문화축제, 박람회 등을 뜻하며, 항상 성격을 수식해 주는 형용사와 함께 사용하고 있다. 관광학 용어사전에서는 일반대중에게 유료 또는 무료제공으로 참가를 유도하기 위해 조직되는 문화적 · 예술적 스포츠 또는 특별하고 독특한 활동으로 정의한다.

이벤트는 사전적으로 현존(現存)하고 있는 것과는 다르게 무언가 발생되는 일(Simpson, 1998), 또는 발생된 중요한 일(Philip, 1986)이라는 의미를 갖는다. 따라서 이벤트의 사전적 의미는 무언가 중요한 의미를 갖고 자연적으로 발생하는 현상을 포함하여 여러 가지 형태의 일 또는 각종 행사, 사건 등 인간생활의 일상사에서 나타나는 모든 일의 다양한 의미를 내포하고 있음을 알 수 있다.

자연발생적인 사건과 인위적인 사건을 모두 포함하는 사전적인 의미와는 달리 일상생활에서의 이벤트라 함은 인위적으로 발생하는 일에 한하여 제한적인 의미만을 부여하고 있다. 이벤트는 개최기간이 한정되어 있으며, 특정 기간, 특정한 장소에서 행해지는 행사이다. 따라서 이벤트는 일상생활에서 반복되고 쉽게 접할 수 없는 특성을 가진다.

이러한 이벤트의 특성을 반영하여 볼 때, 우리가 접할 수 있는 많은 현상들 중 이벤트가 아닌 것과 이벤트인 것을 분류하면 다음의 그림과 같다.

그림 1-1 **이벤트와 이벤트가 아닌 현상**

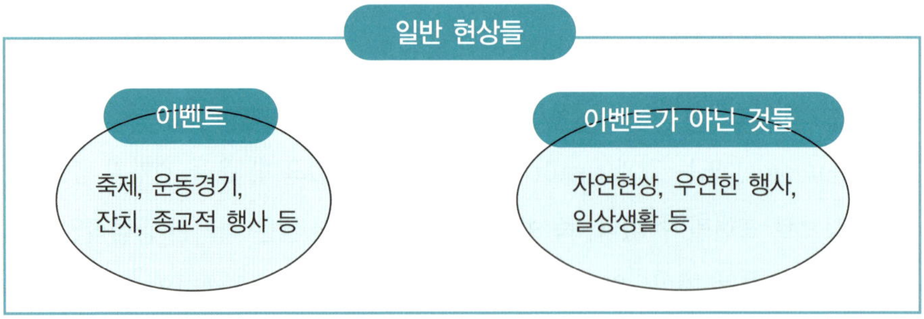

따라서 본서에서의 이벤트는 다음과 같이 정의할 수 있다. 이벤트란 특정인에게 의도된 목적을 위해 비일상적으로 이루어지는 특별한 활동이다. 여기서 특정인이란 이벤트 개최 대상인으로 이벤트 개최를 위해 선정된 사람을 말한다. 의도된 목적이란 이벤트를 개최하기 위해 긍정적이고 능동적인 목적을 말하며, 비일상적이란 매일 또는 연중으로 이루어지는 것이 아니라 특정한 시기에만 개최되는 것을 말한다. 그리고 특별한 활동이란 사람들이 사회 · 문화적으로 경험할 수 있는 일상적이지 않은 독특한 행사활동을 말한다.

그림 1-2 **이벤트의 개념**

- 특정인 ➡ 이벤트 개최 대상
- 목적 ➡ 긍정적 능동적 목적
- 비일상 ➡ 특정 시기 개최
- 특별한 활동 ➡ 특별한 경험 및 체험 활동

이러한 이벤트는 지역 및 학자마다 다르게 정의하고 있으며 이는 다음과 같다.

1) 국내의 이벤트 정의

초창기 국내의 이벤트와 관련한 개념은 대부분 무대 및 방송 분야의 관점에서 이루어졌다. 그러나 이벤트가 축제 및 국제회의 등 관광과 밀접한 관계를 이루면서 국내의 관광학자를 중심으로 이벤트의 개념이 관광 중심적으로 옮겨지게 된다.

이렇게 관광 측면의 접근을 통해 이벤트를 정의한 학자로는 한국관광공사를 비롯하여 이경모, 이봉석 외, 이재곤 및 유동근 · 김성혁, 조현호 등을 들 수 있으며, 학자들의 정의를 아래 표에서 정리했다.

표 1-1 **국내 이벤트 정의**

정의자	내 용
한국관광공사	사회적 · 시대적으로 의의를 부여할 수 있는 행사
경기개발연구원	특정 목적을 갖고 특정 기간에 특정한 장소에서 대상이 되는 사람에게 각각 개별적 · 직접적으로 자극을 체험시키는 미디어
한국이벤트연구회	공익, 기업이윤 등 특정 목적을 가지고 치밀하게 사전 계획되고 대상을 참여시켜 실행하는 사건 또는 행사를 총칭

정의자	내 용
이경모	주어진 기간에 정해진 장소에 사람을 모이게 하여 사회 · 문화적 경험을 제공하는 행사 또는 의식으로써 긍정적 참여를 위해 비일상적으로 특별히 계획된 활동
이봉석 외	일과성 또는 정기적인 범주를 넘어선 레저, 사회 · 문화적 경험의 기회
이재곤	개성을 표출하고 직접적인 감동을 느낄 수 있는 체험활동으로 주민의 참여와 커뮤니티의 활성화를 위한 행사
유동근 · 김성혁	인간의 참가와 공감창조를 전제로 한 모든 행사
조현호	기획성과 연출력 및 사회적 의미를 가진 행사로 자연과 사람을 대상으로 한 비일상적인 변화요소로 계절적 조건과 사회 · 문화적 조건에 맞추어 일정한 기간을 가진 요소로 사람과 현장 · 정보 · 문화 · 자연이 동시에 만날 수 있는 무대의 장으로 쌍방향적 · 융합적 커뮤니케이션의 장
조달호	공익이나 기업이익 등 뚜렷한 목적을 가지고 치밀하게 사전 계획되어 대상을 참여시켜 실행하는 사건 또는 행사를 총칭하는 말
박정선	판촉, 이미지, PR 등의 목적으로 특정의 장소 및 시점에서 주최자와 참가자가 공감과 공명을 자아낼 수 있는 쌍방향적 커뮤니케이션 매체

2) 국외의 이벤트 정의

동양에서는 일본이 이벤트와 관련하여 많은 연구가 이루어졌다. 일본에서의 이벤트에 대한 정의는 제례로서의 접근, 미디어로서의 접근과 판매촉진 측면의 접근 등 매우 다양한 형태로 내려져 있다. 이렇게 다양한 측면의 접근을 통해 본 일본의 이벤트 정의는 일본 통상산업성 이벤트연구회(日本通商産業省, 1987)의 정의, 일본의 이벤트프로듀서협회(JEPC), 일본이벤트산업진흥협회 고문인 고사까 센지로(小坂善治郎, 1996 : 35~37), 도비오카 겐(飛岡健, 1994)과 구마노(野卓司, 1988)의 정의 등이 있다.

서구의 이벤트 정의는 주로 축제와 스페셜 이벤트 중심개념으로 내려지고 있다. 그 중 미국과 캐나다 학자인 Getz(Getz, 1997)를 중심으로 Goldblatt(Goldblatt, 1990), Uysal & Martin(Uysal & Martin, 1993) 및 Wilkinson(Wilkinson, 1988)의 정의 등이 있다.

표 1-2 국외의 이벤트 정의

정의자	내 용
일본 통상산업성 이벤트연구회	무엇인가 목적을 달성하기 위한 수단으로서의 행사
이벤트프로듀서 협회(JEPC)	뚜렷한 목적을 가지고 특정 기간에 특정 장소에서 대상이 되는 사람들에게 각각 개별적이고 직접적으로 자극을 느끼게 해주는 미디어
도비오카 겐 (飛岡健)	어떤 목적을 위해서 어떤 조직이 대중동원을 꾀하는 것(이벤트=대중동원의 마술)
고사까 센지로 (小坂善治郎)	뚜렷한 목적을 가지고 일정한 기간에 특정한 장소에서 대상이 되는 사람들에게 개별적이고, 직접적으로 자극을 체험하는 미디어
일본 이벤트 로데코스 협회	목적을 가지고 특정 기간에 특정 장소에서 대상이 되는 사람들에게 개별적이고 직접적으로 자극을 느끼게 해주는 것
구마노 (熊野卓司)	무엇인가 이변을 일으키는 의도된 것, 즉 기업이나 단체가 그 목적을 달성하기 위해서 행하는 비일상적인 특별한 활동
Donald Getz	일시적으로 발생하며, 기간, 세팅, 관리 및 사람의 독특한 혼합
Joe Goldblatt	특정한 필요를 충족시키는 의식과 절차가 일어나는 순간이며, 항상 계획에 따라 기대감을 유발시키며, 특정 동기와 함께 발생
Uysal, Gahan & Martin	방문객을 성공적으로 맞이할 수 있도록 해주는 한 지역의 문화자원
Wilkinson	주어진 시간 동안 특정 욕구를 충족시키기 위하여 계획된 일회성 행사

2. 이벤트의 접근

1) 제례론적 접근

최초의 이벤트는 초자연적인 현상에 의지하는 인간의 행태인 제례에서 이루어졌으며, 이는 자연에 순응하고 자연에 귀의하는 인간의 한 단편을 보여주는 것이다. 인간이 신과 자연에게 자신의 소원을 빌고 이러한 행동이 여러 가지 제례현상으로 표현되기도 하는데, 이것이 춤, 음악 그리고 시나 문장 등을 통해 나타나게 된다. 이러한 제례론적 개념의 이벤트는 신과 인간을 연결해주는 하나의 매개체를 이벤트로 본 것이라 할 수 있다.

고대 부족국가 중에 부여의 정월 영고, 고구려의 10월 동맹, 예의 무천과 마한의 농공시기인 5월과 10월의 제례는 모두 종합예술 이벤트의 성격을 띠고 있다. 이들 제례는 흐드러진 놀이판이자 신성한 종교의 장(場)으로 이때에는 천신에게 제사 지내고 음주가무로 놀이판을 벌이며 신과의 만남을 통해 그들의 소망을 빌었다. 이러한 제례는 이벤트의 문헌상 시초라고 할 수 있다.

2) 산업론적 접근

산업론적 접근이란 이벤트가 활성화되고 종합적인 발전을 이루면서 이벤트 자체가 하나의 수입을 창출하는 산업으로 자리 잡음을 의미한다. 고대의 제례론적인 접근방식에서의 이벤트가 현대의 산업사회에 들어서면서부터 하나의 산업으로 인식하게 된다. 특히 서구의 이벤트는 그 지역 산업에 전반적으로 매우 많은 영향을 미치고 있다. 국내의 이벤트 또한 초창기 지방자치단체에서 홍보 위주의 개최목적에서 현재는 산업 위주의 이벤트로 전환을 시도하고 있다. 이벤트를 개최함으로써 자기 지역의 특산품이나 상품을 홍보하고 이를 상품화함으로써 지역경제에 많은 이익을 찾고자 하는 것이 현대 이벤트의 또 다른 특징이라고 할 수 있다.

3) 문화예술론적 접근

문화예술론적 접근이란 이벤트가 그 자체로 문화성을 지니고 있고, 이를 수행하기 위해서는 연출, 기술, 엔지니어링 등이 필요하다는 개념으로 이는 이벤트를 예술적·문화적·기술론적으로 접근하는 것이라고 할 수 있다. 오늘날 이벤트를 통해서 지역의 문화를 홍보하기도 하며 이벤트 개최를 위하여 문화예술이 발전하기도 한다. 이러한 접근 방식은 지역 간 또는 민족 간의 다른 문화를 경험할 수 있는 지역축제, 유적·민속물·풍습의 전시, 문화예술의 전시, 패션쇼 등도 포함된다. 오늘날의 수많은 연극, 뮤지컬, 콘서트 등 공연 이벤트를 비롯하여 미술, 설치 예술, 음반, 영화, 애니메이션, 게임에 이르기까지 이러한 이벤트들을 문화와 예술의 결정판으로 인식하고 이들 이벤트의 구성요소로 예술과 문화가 밑받침이 되어야 한다는 접근방식이다.

4) 관광론적 접근 방식

오늘날 이벤트의 중요성을 가장 많이 인식하고 있는 것이 관광분야이다. 즉 이벤트 자체가 관광상품이며 이벤트를 통해서 관광객을 유치하고 주변의 관광지역을 활성화함으로써 관광과 관련한 부가가치를 꾀하고자 하는 것이 이벤트 유치의 가장 큰 목표이기도 하다. 세계적인 이벤트들은 행사 시에 많은 방문자들을 유치하고 있지만 참가자들은 이벤트 행사에 만족하지 않고 주변 관광시설을 활용하고 또한 행사기간이 아니더라도 관광자의 입장으로 재방문하여 많은 관광수익을 올리고 있다. 이는 국내외에서 개최되는 지역축제, 국내 또는 국제회의, 여가활동의 대상이 되는 각종 스포츠 이벤트 및 국가 간의 많은 여행인구를 유발시키는 올림픽, 엑스포, 월드컵과 같은 대규모 이벤트 등을 관광론적인 이벤트 개념의 접근대상으로 설정하고 있다.

그림 1-3 이벤트의 접근론

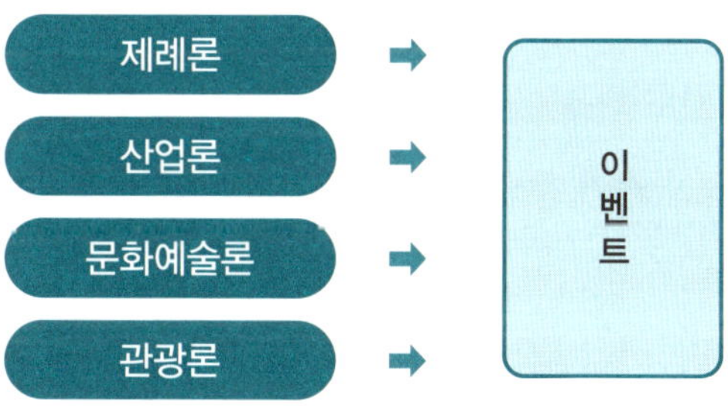

제2절 이벤트의 역사

1. 국내 이벤트 역사

우리 민족은 약 70만 년 전부터 만주일대와 한반도에 터를 잡고 살고 있었다. 중국의 여러 문헌을 보면 우리 음악과 생활을 기록하고 있는데 3세기경의 한반도를 중심으로 한 여러 부족의 생활 상태를 기록한 삼국지위지 동이전과 기타 중국사적의 단편적인 기록들에 의하면 1년에 한두 차례의 국중대회(國中大會)를 열고, 제천(祭天)과 아울러 부족의식을 연마하고, 춤과 노래와 수많은 공연을 치렀다고 기술하였는데 여기서 우리나라의 원시적 축제를 볼 수 있다.

부여의 영고(迎鼓), 고구려의 동맹(同盟), 예의 무천(舞天), 마한의 춘추제(春秋祭) 등을 대표적인 고대 제례의식으로 들 수 있으며 연일음주가무(連日飮酒歌舞) 또는 주야음주가무(晝夜飮酒歌舞)하는 축제였으나, 아직 의례에서 분화되지 않은 단계였다. 이러한 제천의례의 전통은 국가적 행사인 공의(公儀)와, 민간의 마을굿(도당굿 · 별신굿 · 단오굿 · 동제 등)의 두 갈래로 전승되면서 국내 축제의 맥을 이어왔다(이두현, 1996 : 157)고 할 수 있다. 이처럼 우리의 이벤트 기원은 먼 옛날 원시시대에 부족들이 한데 모여 제사를 지내고, 춤과 노래 및 시로 제례행위를 했던 원시종합예술로부터 시작되었다. 즉 하늘에 지내는 제례의식으로부터 이벤트가 시작되었다고 볼 수 있다. 이는 오늘날까지 내려오는 설 · 단오 · 한가위 등 주기적으로 열리던 명절 축제와 5일장, 지역의 풍물패 등으로 이어져 오고 있다.

고대 이벤트의 전통은 삼국시대에서도 맥을 이어오게 된다. 고구려의 무인 선발대회인 국중대회, 화랑무술대회 등 3국이 각기 무술 대회를 열어 인재를 등용했으며, 고려시대에 들어 팔관회, 연등회 등 국가적인 이벤트를 개최하게 된다. 그러나 조선시대 유교사상으로 인해 축제가 어울리지 않는 사회가 되었다. 유교의 지도자들은 이러한 전통 축제를 난장판으로 규정하여 상당한 제약을 두었다. 그러나 일반 서민들을 중심으로 여러 음악 및 춤사위가 지역마다 명맥을 유지하여 오늘날에 내려오게 되었다. 일제시대에 들어서면서 축제의 공동체 의식을 두려워한 일본은 그들의 축제는 지원하면서 우리의 축제는 미신행위로 탄압하였다. 따라서 그동안 명맥을 이어오던 지역 고유의 이벤트는 상실하였고 우리 이벤트 역사의 가장 암울했던 시기가 되었다.

현대적 의미의 우리나라 이벤트는 1960년대 들어 시작되었다고 할 수 있으나, 최초의 근대 이벤트는 1926년 경복궁에서 개최된 조선박람회이다. 해방 이후에도 생활의 궁핍과 근대화라는 명목 아래 이벤트는 사치스러운 것으로 치부되어 70년대까지 침체의 시기를 맞이했다. 그러다 70년대 들어서 정부가 축제의 중요성을 조금씩 깨닫게 되면서 정부 차원의 축제를 지원하기 시작한다. 모진 역사의 시련을 겪고 간신

표 1-3 이벤트의 기원

구 분	목 적	주요 이벤트
고대사회	제천행사	부여의 영고(迎鼓), 고구려의 동맹(同盟), 예의 무천(舞天), 마한의 춘추제(春秋祭)
삼국시대	국가행사	국중대회, 화랑무술대회
고려시대	국가행사	팔관회, 연등회
조선시대	마을 풍요기원과 사회풍자	강릉단오제, 하회별신굿

히 명맥을 유지한 한국의 향토 · 민속축제 가운데서 1970년대 공식적으로 정부지원을 받은 축제는 27개였다. 그러나 이들 축제들은 문화제라든가 예술제라는 이름을 혼용하고 있었다.

이러한 국내 이벤트들이 조금씩 활성화를 맞이한 것은 공교롭게도 80년대 신군부 정권 때이다. 정통성을 인정받지 못하던 신군부 정권은 당시 암울하던 국민 정서를 다른 쪽으로 유인하고자 81년도 **국풍 81**이라는 근대사에서 보기 드문 국가적 이벤트를 개최한다. 그러나 이 행사는 관주도의 강압적인 행사 운영으로 인하여 다음해에 바로 폐지된다. 신군부는 이에 만족하지 않고 스포츠 이벤트를 주도하게 되는데 82년도 프로야구의 출범을 시작으로 86년 아시안게임, 88년 올림픽으로 이어지게 된다. 특히 88년 올림픽의 개최는 개최의도와는 상관없이 한국을 세계에 알리는 절호의 계기가 되었으며 한국이 국제 스포츠 이벤트 대국으로 발돋움하는 계기가 되었다.

이후 우리나라는 올림픽 개최의 자신감으로 인해 93년 엑스포, 94년 한국방문의 해, 97년 세계연극제, 98년 경주 문화엑스포 행사 등 국가적 메가 이벤트를 개최하게 된다. 2002년에는 대형 스포츠 이벤트인 월드컵과 아시안게임이 동시에 개최되어 전국을 뜨겁게 달구었다. 또한 2011년 대구 세계육상대회와 2018년 평창동계올림픽을 개최해 한국은 전 세계 메이저 스포츠 이벤트를 개최하는 주요 국가가 되었다.

국내의 이벤트가 활성화를 띄게 된 결정적인 계기는 1995년이다. 기초지방자치제가 실시되어 과거의 정부 주도형이었던 지역 경제 및 문화 활동이 이제는 지방자치단체의 몫이 되었다. 과거 100% 정부에게 의지하던 모든 행정과 재정들이 이제는 자치단체에서 책임져야 하는 시대로 변해버린 것이다. 따라서 자치단체 정부는 자기 지역

표 1-4 우리나라 현대 이벤트의 단계별 발달과정

단계별	해당시기	주요 이벤트
이벤트 태동	1960~1970년대	• 수출 · 경제부흥 중심의 이벤트 • 전문전시회 또는 산업박람회 형태 • 종합전시장 개장과 국제규모 전시회 수용
이벤트 초기	1980년대 전반	• 경제부흥 · 문화 · 국제회의 이벤트 중심 • 정부주도형 정치 · 문화 이벤트 '國風 81' 개최 • 국제회의의 유치와 국제 이벤트 개최 노력
이벤트 발전	1980년대 후반	• '86 아시안게임, '88 서울 올림픽 개최 • 국제 이벤트 개최 기반조성 • 스포츠 · 문화 이벤트의 증가
이벤트 활성화	1990년대 전반	• '93 대전엑스포 개최로 이벤트 참여 증가 • '94 한국방문의 해 이벤트로 외래관광객 유치 • 국제 이벤트 활성화와 개최 자신감 형성 • 95년 지자체 출범과 지역활성화 필요성
이벤트 다양화	1990년대 후반	• 홍보 · 경제활성화 목적의 지역축제 확대 • 이벤트 소재 및 지역의 다양화 • 양적 확대에 따른 질적 개선 필요
이벤트의 세계화	2000년대	• '01년 ASEM, '02년 월드컵, '05년 APEC 개최 • 국제적 이벤트의 증가 • 국제적 이벤트의 개최로 국가 이미지 제고

자료 : 이경모, 이벤트학원론, 백산사 p.60, 저자 재구성

을 홍보하고 이를 통해 지역경제를 활성화시키는 돌파구를 찾게 되었는데 이것이 바로 지역축제로 연계되었다. 축제를 통해 지역에 많은 방문객들이 찾아오고 그들이 지역 경제에 많은 도움을 줄 것으로 판단한 자치단체들은 축제를 지역의 홍보 및 경제 활성화 수단으로 적극 활용하게 되었으며 오늘날 각 지자체들은 연중 가장 큰 사업을 축제로 볼 정도로 축제에 많은 비중을 두고 있다.

2. 일본 이벤트의 역사

일본의 이벤트 역사는 마쯔리(祭り)의 역사와 함께 한다. 마쯔리는 그 지역의 전통 제례행사로 일본지역의 독특한 문화를 보여주고 있는데 오늘날 일본의 대표적인 관광상품으로 발전하게 되었다. 예로부터, 일본인은 자연이 지니는 신성한 힘을 믿고

신으로 섬겨왔으며, 이러한 믿음이 신도의 기원이라고 전해진다. 신도에 뿌리를 둔 마쯔리는 신을 찬양하며, 신과의 교류를 통해 오곡 풍성, 상업 번창, 이웃이나 가족의 번영을 기원하기 위한 것이다. 일본은 지금도 지역마다 많은 수의 마쯔리 개최를 통해 지역주민의 연대의식 형성과 외래방문객 유치에 이용하고 있다.

웅장한 축제, 우아한 축제, 화려한 축제 등 사계절의 변화에 맞춰 일본에는 다양한 축제가 전국 곳곳에서 펼쳐진다. 신도(神道)나 불교에서 유래하는 축제를 비롯하여, 여름의 불꽃놀이 축제, 민요춤, 겨울의 눈 축제 등 주민의 레크리에이션이나 사회 · 문화적 목적에 따른 이벤트에 이르기까지, 마쯔리가 열리지 않는 달이 없을 정도이다. 마쯔리는 예로부터 일본인의 민속과 전통을 충분히 살리고 있다는 점에서, 외국인 관광객들도 흥미를 가지고 있다. 일본의 마쯔리는 어림잡아 그 수만 해도 3천을 헤아린다고 한다. 일본의 마쯔리로 유명한 것은 도쿄 간다(神田)마쯔리, 오사카의 텐진(天神)마쯔리와 교토의 기온(祇園)마쯔리를 들 수 있다.

1) 도쿄의 간다마쯔리(神田祭)

매년 5월 14일~15일 칸다신사에서 행해지는 마쯔리로, 미코시(神輿, 가마) 축제이다. 에도시대 산노오 마쯔리와 1년씩 교대로 실시되었고, 산노오 마쯔리가 무가(武家)의 마쯔리인데 반해 이 마쯔리는 서민들의 마쯔리로 인기를 모았다. **天下마쯔리**라고도 불리며 장군을 뵈러 가는 영예를 얻고자 하는 사람들이 호화로운 다시(축제 때 끌고 다니는 장식을 한 수레) · 옥대(玉臺)를 만들었지만 관동 대지진 때 소실되었다.

현재, 크고 작은 미코시(가마) 200여 개와 **칸다바야시**(흥을 돋우기 위해서 피리, 북, 장구 등으로 반주하는 음악)로 소박하면서도 화려했던 지난날의 민심을 읽을 수 있다.

그림 1-4 간다마쯔리

2) 교토의 기온마쯔리(祇園祭)

기온마쯔리는 기온사라는 신사가 섬기는 신인 수사노누노미코토에 의해 탄생하게 된다. 이 신은 일본국 최초로 열반에 도달한 영웅신의 이미지를 가지고 있는데 오늘날 하늘의 신인 아마테라스보다 땅의 신인 수사노누노미코토를 섬기는 신사가 더 많다. 이 수사노누노미코토는 인도의 석가모니가 자주 설법했다는 기원정사의 수호신인 고즈텐노우(우두천왕)와 같은 신으로 보기도 하는데 우두천왕의 우두는 신라의 우두산에서 유래되었다.

이 화려한 잔치는 역병이 돌던 869년에 시작되었다. 역병으로 인해 많은 사람들이 죽자 사람들은 정치적으로 억압받은 사람들이 원한을 가지고 있기 때문이라 생각하고 그들의 원혼을 달래기 위해 교토의 넓은 정원에 있던 사원에 당시 전국 66개의 창(호코)을 세우고 신령을 안치하는 가마(미코시)를 꺼내 보이는 제의를 올린 것이 시초가 되어 현재 매년 7월 한 달 동안 교토시내 곳곳에서 치러지며 세계 곳곳에서 수많은 관광객들을 불러모으고 있다.

그림 1-5 교토의 기온마쯔리

3) 오사카의 텐진마쯔리(天神祭)

매년 7월 24일에서 25일에 행해지며 일본 3대 마쯔리이자 일본 3대 선상마쯔리이다. 또한 교토의 기온마쯔리처럼 오사카 사람들의 생활 속 깊이 정착한 축제이며, 스사와라미치자네공(菅原道眞公)이 진혼제가 기원으로 천 년 이상의 역사를 가진다.

배에서 카미보코(창과 도끼 구실을 하는 무기)를 띄어 보내는 유서 깊은 **호코나가레 신사**(流れ神事)로 막이 오르지만, 첫날의 볼거리는 경내(境內)에서 열리는 **카라우스**(唐臼)이다. 오사카성 진영의 북이었던 모요오시다이코(催太鼓)의 아래에 통나무를 깔고 북치는 사람이 뒤로 몸을 젖히며 연주한다. 다음날에는 모요오시다이코를 선두로 궁중의상을 입은 3천 명에 의한 화려한 오카토교(陸渡御)가 열리고, 밤이 되면 선도제(船渡御)가 열린다. 백 척 남짓한 대선단이 도우지마천(堂島川)을 지나서 상류로 올라간다. 각 선단이 장끼를 펼치고, 수천 발의 불꽃이 밤하늘을 수놓는다. 하이라이트는 25일에 있는 **여름대축제**와 오후 6시부터 시작되는 후나토교(船渡御-약 100여 척의 화려한 배들이 도지마가와(堂島川)와 오가와(大川)를 거슬러 올라가는 행사)이다.

그림 1-6 **오사카의 텐진마쯔리**

일본이 현대 이벤트의 기초를 확립한 것은 1964년 동경올림픽과 1970년 오사카 만국박람회를 성공적으로 개최한 이후이다. 이후 일본정부는 이벤트가 국가 및 지역사회의 발전에 도움이 된다는 인식을 하게 되어 지역별로 이벤트 정책을 적극적으로 육성하게 된다. 이는 한국의 경우와 마찬가지로 초반기에 행정주도적으로 이벤트를 개최해 지난 30여 년간 통산성(通産省), 자치성(自治省), 농림수산성(農林水産省) 등을 중심으로 각 지방자치단체, 각종 기업, 매스컴기관에 이르기까지 다양한 이벤트를 주관하게 된다. 일본의 이벤트는 전통의 민속 이벤트인 마쯔리와 산업전시회 및 판촉 이벤트 등의 분야에서 많은 발전과 문화의 계승 발전을 지켜오고 있다.

3. 서구의 발달과정

서구의 이벤트 역시 동양과 마찬가지로 자연에 대한 경외와 숭배로부터 시작되어 자연과 신에 대한 의례와 그들이 수확한 사냥에 대한 고마움과 즐거움의 표현으로 이벤트가 이어지게 된다. 역사적으로 증명된 최초의 이벤트는 B.C.776년 그리스의 올림픽 경기이며 이를 통해 외국인 방문객을 받아들였고, 참가자들은 당시 메가 이벤트에 참여한다는 기쁨과 축제적인 분위기를 만끽한 것(McIntosh, 1995 : 33)으로 알려지고 있다. 고대올림픽은 고대사회에서 이웃과 동료들 사이에서 벌어지던 각종 경기와 아직 분화되지 않았던 축제, 종교의식이 혼재되었던 상태에서 근대사회로 넘어오면서 부족 간의 각종 경기 등 여러 나라가 참여하는 글로벌 축제로 발전하게 되었다.

고대올림픽 경기는 이벤트 초기의 가장 큰 특징으로 인간의 흥미를 유발시켜 인류의 화합과 산업발전에 이바지하는 이벤트 산업의 목적과도 부합되는 이벤트 역사상 가장 훌륭한 이벤트 모델이라 하겠다. 고대 유럽지역의 이벤트는 주로 교역에 관련된 것이거나 종교적인 것에 관련된 것이 대부분인 것으로 알려져 있다(Holloway, 1989 : 22). 고대 로마시대의 대표적인 이벤트 축제 행사로는 카니발을 들 수 있는데 우리말로는 카니발을 사육제(謝肉祭)라고 번역하며 라틴어의 카르네 발레(carne vale : 고기여 그만) 또는 카르넴 레바레(carnem levare : 고기를 먹지 않다)가 어원이다. 카니발의 기원은 로마시대로 그리스도교의 초기에 해당하며, 새로운 종교인 그리스도교를 믿지 않는 로마 사람을 회유하기 위하여 그들의 농신제(農神祭 : 12월 17일~1월 1일)를 인정한 것으로 그리스도교로서는 이교적(異敎的)인 제전이었다. 이것이 그리스도교도에 의하여 계승되어 매년 부활절 40일 전에 시작하는 사순절 동안은 그리스도가 황야에서 단식한 것을 생각하고 고기를 끊는 풍습이 있기 때문에 그 전에 고기를 먹고 즐겁게 노는 행사가 되었다. 12월 25일부터 시작하는 신년 축제와 주현제(主顯祭, 12월제 : 1월 6일)를 합하여 유럽의 북쪽 지방에서는 종교적 의의를 가지는 크리스마스가 되고 남국에서는 야외 축제인 카니발이 되었다.

카니발 행사는 옥외의 가장(假裝) · 가면행렬을 하고 종이 인형으로 된 우상을 장식으로 이용했는데 시대와 나라에 따라 다르다. 농촌에서는 카니발이 봄을 맞아 풍작과 복을 비는 축제가 되어 가면이나 가장행렬이 악령에 대한 위협이라는 뜻을 가졌으나, 도시에서는 옥외의 놀이가 되어 종이 인형의 우상 따위를 함께 즐기는 행사가 되었다.

유럽에서는 로마제국이 5세기 후반에 멸망하면서 7세기경까지 상업활동이 일시적으로 중단되었다. 그 후 아랍인, 유태인, 색슨인 등에 의한 상업지배가 있었고, 주로 교회를 중심으로 물물교환의 장소가 설치되었다. 이것이 발전해 지방시장이 탄생하고 사람들이 모이기 쉬운 장소나 축제 때에 시장이 열리게 되었다. 근대산업 발전단계로 넘어 오면서 소규모 축제와 의식들은 분화되고 부족국가들은 완성된 하나의 나라들로 발전되었다. 이후 이벤트는 박람회와 연계되어 오늘날에 이르고 있다. 전시회는 17세기 로마에서 개최된 미술전시회가 최초로 exhibition이라는 단어를 사용한 전문전시회였다. 1662년 파리에서 왕실회화 · 조각아카데미가 미술전을 열었으며, 1699년에는 파리의 루브르에서 일반미술전이 거행되었다. 런던에서도 1761년 왕립예술협회가 예술장려책으로 미술전람회를 개최하는 등 붐을 이루었다.

이처럼 산업사회가 발전함에 따라 이벤트도 분화발전과정을 거치면서 1964년 일본의 도쿄올림픽을 거치면서 독일의 메세, 일본의 견본시, 프랑스의 바자, 미국의 스테이트 페어 등 신생산업으로 발전되었다. 1851년 런던 하이드파크에서 개최된 세계 최초의 만국박람회는 약 7만 4천 제곱미터의 장소에 1만 3천의 회사와 6백만 명의 방문자가 모여 성황을 이루었다. 프랑스에서는 영국의 만국박람회의 영향을 받아 1878년 파리 중심지에 약 66에이커의 회장에 당시 최대 규모의 전시회를 개최하여 1600만 명의 방문객을 유치(김성혁 · 유동근, 1994 : 21~23)하였다.

1851년 영국 런던에서 개최되어 큰 성과를 얻은 런던 엑스포가 근대적 의미에서 박람회의 효시이다. 박람회가 처음 기록에 나타난 것은 B.C. 5세기경 고대 페르시아 아하스 페로스왕이 국력과 부귀영화를 과시해 인접국가의 세력을 제압할 목적으로 6개월간 열렸던 **부의 전시**이다. 박람회의 형태는 자연발생적으로 형성된 시장에서 물물교환이나 특산물거래 등의 상행위로 출발했으나, 아이디어나 기술을 제시하고 평가하는 시장으로 점차 발전하게 되었다. 또한 경제가 발전하고 교통이 발달함에 따라 대규모의 상품전시회로 발전하여 그 후로는 기술과 발명품이 축적되면서 비로소 엑스포의 성격을 갖춘 전시회가 가능(김성혁 · 유동근, 1994 : 15)해졌다.

오늘날 서구의 대표적인 이벤트는 스포츠 이벤트를 들 수 있다. 이는 서구의 근대올림픽을 효시로 들 수 있는데 프랑스의 피엘 드 쿠베르탱(1863~1937)에 의해 제안되면서 국제올림픽위원회(IOC)가 설립되었으며, 1896년 아테네에서 제1회 근대올림픽이 개최되었고, 그 후로 4년 간격으로 근대올림픽이 개최되고 있다. 올림픽 이외에 서구는 스포츠 이벤트를 자신의 삶 속에 접목하게 되는데 이것이 바로 프로 스포츠 이벤트이다. 이는 인접한 국가들이 각 지역의 스포츠를 독자적으로 또는 연합하여 자신의 지역을 대표하여 경기를 치르게 되었는데 대표적인 것이 유럽의 축구 경기이다. 이는 각 국가 내에서 또는 국가 간의 경기로 그리고 각 클럽들 간의 경기 등을 통해 사람들을 모이게 하고 즐거움을 주고 있다.

제3절 이벤트의 분류

이벤트의 종류와 분류는 학자에 따라 또는 주최하는 기관에 따라 매우 다양하게 나타난다. 따라서 각각의 특성에 따라 분류되기 때문에 어느 분류가 옳다고 특정 지을 수는 없다. 또 이벤트에는 인간 활동의 다양한 현상을 범주에 포함시키므로 그 종류를 명확히 구분하기 어렵다. 그렇다 할지라도 이벤트의 종류를 분류할 필요는 있다. 왜냐하면 이를 통해 이벤트의 영역을 유추할 수 있으며 업무체계를 계통화하고 조직의 효율성을 추구할 수 있기 때문이다. 이벤트의 종류를 내용에 따라 분류해 보면 〈표 1-5〉과 같다.

표 1-5 내용에 따른 이벤트의 분류

기 준	분 류	이벤트 예
실시형태에 따른 분류	공연 이벤트	음악 · 연극 · 무용 등의 무대공연, 마당놀이
	전시 이벤트	산림 · 농업전시관, 철도전시관, 미술조각전문전시 등
	회의 이벤트	회의, 강연, 심포지엄, 국제회의 등
	축제 이벤트	지역축제, 민속축제, 관광축제 등
	시상 이벤트	아카데미영화상 등과 같이 다양한 볼거리를 곁들인 시상식 등
	경연 이벤트	가요콩쿠르, 국악경연, 음악경연 등
	집회 및 대회	캠페인, 걷기대회, 궐기대회 등
	스포츠 이벤트	월드컵, 올림픽, 프로스포츠 등
	레저 이벤트	수상스키, 래프팅, 암벽등반, 동굴탐사, 산악자전거 등
주최자에 따른 분류	국가 이벤트	국가 또는 지방자치단체가 주최자가 되어 실시하는 이벤트
	공공 이벤트	사회단체 · 공공기관 등이 주관하는 이벤트로 공공성 · 공익성이 강하고 그 사회가 추구하는 전통이나 이벤트
	기업 이벤트	기업의 이익추구를 목적으로 개최하는 이벤트로 공공성 · 이익성이 강하고 그 사회가 추구하는 전통이나 이벤트
	개인 이벤트	소규모로 실시하며 사교적이고 친목적인 성격이 강함

기 준	분 류	이벤트 예
장소에 따른 분류	실내 이벤트	재미 또는 흥미 위주의 이벤트
	실외 이벤트	실외공간에서 개최되는 이벤트
	국내 이벤트	지방 또는 중앙에서 개최되는 각종 이벤트
	해외 이벤트	해외참가형 이벤트, 박람회, 해외공연 등
규모에 따른 분류	지역 이벤트	지역민의 결속과 상호 연대의식을 강조하는 이벤트
	전국(국가) 이벤트	중앙행정부처와 많은 국민들이 참여하는 대규모 이벤트
	국제 이벤트	여러 국가가 참여하는 이벤트, 국제민속축제, 올림픽, 박람회 등

자료 : 지진호, "관광이벤트 기획과 운영에 관한 연구(1999)."

1. 개최 목적에 따른 분류

이벤트는 주최자와 개최 목적에 따라 공적 이벤트와 사적 이벤트로 구분한다. 공적 이벤트란 상업성이 낮은 이벤트이며 주최자가 국가기관이나 공공기관으로 일반대중을 대상으로 개최하는 이벤트를 의미한다. 공적 이벤트는 주로 지역 이미지의 제고와 지역 커뮤니티 · 지역민들의 단결, 지역 산업의 진흥과 활성화를 목적으로 개최한다. 이에 반해 사적 이벤트란 일반 기업이나 개인이 개최하는 이벤트로 공적 이벤트와는 달리 상업성이 매우 높은 이벤트다. 사적 이벤트는 기업 이미지의 제고와 기업 · 상품의 PR, 조직원들의 단결과 인센티브를 통한 서비스 정신의 함양, 각종 정보의 교류, 기업이나 개인의 매출증진 등의 목적으로 개최한다.

표 1-6 개최 목적에 따른 이벤트의 분류

구 분		내 용
공적 이벤트	문화 이벤트	영화제, 예술제, 음악회 등
	전시 이벤트	박람회, 특별전 등
	스포츠 이벤트	월드컵, 올림픽, 각종 스포츠 경기 등
	축제형 이벤트	거리축제, 각종 지방 전통 축제 등
	컨벤션	국제회의, 심포지엄 등

구 분		내 용
사적 이벤트	판촉 이벤트	신제품 설명회, 기업 판촉활동 등
	사내 이벤트	인센티브 여행, 사내파티 등
	전시 이벤트	신제품발표회, 품평회, 모터쇼 등의 업계전시회 등
	정보교류 이벤트	세미나 등

2. 규모에 의한 분류

1) 메가 이벤트(Mega-events)

메가 이벤트는 규모가 매우 크며 전 세계의 관심을 받는 이벤트를 의미한다. 메가 이벤트는 국가적인 이벤트로 국가의 경제 전체뿐만 아니라 이미지에도 매우 큰 영향을 미치는 이벤트이다. 메가 이벤트에는 월드컵, 올림픽, 세계 육상선수권대회 등의 스포츠 이벤트와 세계적으로 인정받는 규모의 박람회 등이 포함된다.

표 1-7 메가 이벤트에 대한 학자들의 정의

학 자	내 용
Getz	참관객 : 100만 이상 비용 : 5억 달러 이상 지명도 : '반드시' 보아야 하는 이벤트 영향 : 관광 · 경제 분야의 파급효과가 매우 크며, 각종 매체의 관심 집중
Hall	개최목적 : 경제뿐 아니라 국제 관광시장을 겨냥 영향 : 참관객 수, 목표시장, 공공재정 지원 수준, 정치적 영향, 방송매체의 관심, 시설 건립, 경제적 · 사회적 효과의 규모 등

그림 1-7 월드컵 개막식

자료 : 네이버

2) 홀마크 이벤트(Hallmark events)

홀마크 이벤트는 마을, 도시 또는 지역을 나타내는 이벤트이다. 일반적으로 지역명을 따는 경우가 많고, 높은 인지도를 가지고 있는 이벤트를 의미하며, 대표적으로 브라질의 리우카니발, 독일의 뮌헨맥주축제, 스코틀랜드의 에딘버러 페스티벌을 들 수 있다.

표 1-8 홀마크 이벤트에 대한 학자들의 정의

학 자	내 용
Getz	지속적으로 개최되는 이벤트로 전통, 매력도, 이미지, 홍보적 측면에서 큰 영향을 미치며 개최지에 경쟁력을 부여하는 이벤트
Ritchie	제한된 기간에 개최되며, 관광지의 인지도, 매력, 경제적 이익을 위해 개발된 이벤트

[그림 1-7] 호주의 마디그라 축제

자료 : 하나투어

3) 메이저 이벤트(Major events)

메이저 이벤트는 그 규모와 매체의 관심도에서 보았을 때 상당한 수의 참가자를 유치할 수 있으며, 경제적 이익을 기대할 수 있는 이벤트이다. 여기에는 각종 스포츠 이벤트, 문화 이벤트, 컨벤션 등이 포함된다.

표 1-9 규모에 의한 분류

구 분	내 용
메가 이벤트	월드컵, 올림픽, 세계 육상선수권대회, 박람회 등
홀마크 이벤트	브라질의 리우카니발, 독일의 뮌헨맥주축제, 스코틀랜드의 에딘버러 페스티벌 등
메이저 이벤트	각종 스포츠 이벤트, 문화이벤트, 컨벤션 등

3. 참가형태에 따른 분류

참가형태에 따른 이벤트의 분류는 주로 참가자의 동기에 의해서 이루어진다. 보고 즐기는 단순한 목적의 감상형 이벤트, 이벤트 행사에 직접 참여하여 체험을 통해 즐거움 및 정보를 얻는 체험형 이벤트, 특정 단체나 소속기관에 대한 소속감을 고취시키기 위한 귀속형 이벤트, 이벤트에 참여하여 자아실현을 구현하고자 하는 자아실현형 이벤트, 이벤트에 참여함으로써 경품 등의 경제적 이익을 얻기 위한 편익형 이벤트, 정보공유나 지식을 얻고자 하는 정보취득형 이벤트, 회의참가를 통한 이득이나 정보를 얻고자 하는 회의형 이벤트 등으로 분류한다.

표 1-10 참가형태에 따른 분류

구 분	내 용
감상형 이벤트	보고 즐기는 단순한 목적
체험형 이벤트	이벤트 행사에 직접 참여하여 체험을 통해 즐거움 및 정보 취득
귀속형 이벤트	특정 단체나 소속기관에 대한 소속감 고취
자아실현형 이벤트	이벤트에 참여하여 자아실현을 구현
편익형 이벤트	이벤트에 참여함으로써 경품 등의 경제적 이익 획득
정보취득형 이벤트	정보공유나 정보 취득
회의형 이벤트	회의참가를 통한 이득이나 정보 획득

4. 학자 및 기관의 분류

이벤트는 그 범위가 매우 큰 만큼 분류도 다양하다. 분류의 기준과 목적에 따라 매우 다양한 분류가 제시되고 있다. 일반적인 분류의 기준으로는 ① 주체, ② 목적, ③ 주제, ④ 참가자의 특성, ⑤ 이벤트의 특성 등을 들 수 있다.

1) 일본 이벤트산업진흥협회의 분류

매년 일본의 이벤트백서(白書)를 발간하고 있는 일본의 대표적인 이벤트관련 협회(日本イベント産業振興協會, 1999 : 5)인 이벤트산업진흥협회는 일본 내의 이벤트를 다음의 표와 같이 7가지로 분류하고, 이벤트별로 분류방법과 관련된 특징적 내용을 기술하여 통계치 작성에 활용하고 있다.

표 1-11 일본 이벤트산업진흥협회의 이벤트 분류

분 류	내 용
박람회	엑스포 및 그에 준하는 지방박람회
페스티벌	지방자치단체 · 공공단체가 기획하는 복합형 이벤트로 박람회에 포함되지 않는 지방의 소형 박람회, 축제, 퍼레이드, 경관에 관련되어 개최되는 벚꽃축제 등의 행사, 또는 다양한 형태의 이벤트
見本市 · 전시회	일반 민간기업 · 단체가 전시하는 見本市 · 전시회
회의 이벤트	2개국 이상의 참가자가 있는 국제회의, 업계 · 학회 등의 각종 단체가 개최하는 여러 단체개최 국내회의, 지방자치단체가 개최하는 지자체개최 국내회의
문화 이벤트	민간단체 또는 기업을 스폰서로 하는 음악 · 연극 이벤트 및 특별미술전, 지자체 주도의 일반적인 문화 이벤트
스포츠 이벤트	민간단체 또는 기업을 스폰서로 하는 일반적인 스포츠 이벤트, 국가 또는 체육관련 조직이 주최하는 경기대회, 지자체 주도의 스포츠 이벤트 등
판촉 이벤트	기업 판촉활동의 일환으로 행해지는 판촉 이벤트, 신제품발표회, 단독전시회, 주간연간행사, 판매점대회 등

2) 이경모의 분류

이경모는 이벤트의 유형을 대분류와 소분류, 세분류 등 세 가지의 내용별로 분류하고 대분류를 8가지로 구분하였는데 이는 축제 이벤트, 전시 · 박람회 이벤트, 회의 이벤트, 문화 이벤트, 스포츠 이벤트, 기업 이벤트, 정치 이벤트, 개인 이벤트 등이다.

표 1-12 이경모의 이벤트 분류

대분류	소분류	세분류
축제 이벤트	개최기간별	지역자치단체축제, 민간단체주최축제
	프로그램별	전통문화축제, 예술 축제, 종합축제
	개최목적별	주민화합축제, 문화관광축제, 산업축제
	자원유형별	자연, 조형구조물, 생활용품, 역사적 사건, 역사적 인물, 음식, 전통문화
	실시형태별	축제, 지역축제, 카니발, 축연, 퍼레이드, 가장행렬

<table>
<tr><th>대분류</th><th colspan="2">소분류</th><th>세분류</th></tr>
<tr><td rowspan="7">전시 · 박람회 이벤트</td><td rowspan="4">전시회</td><td rowspan="2">전시목적별</td><td>교역전시 : 교역전, 견본시, 상업전시회</td></tr>
<tr><td>감상전시 : 예술품전시회, 문화유산전시회</td></tr>
<tr><td>개최주기별</td><td>비엔날레, 트리엔날레, 키토리엔날레</td></tr>
<tr><td>전시주제별</td><td>정치, 경제, 문화, 예술, 기술, 과학, 의학, 산업, 교육, 관광, 친선, 스포츠, 종교, 무역</td></tr>
<tr><td rowspan="3">박람회</td><td rowspan="2">BIE 인준별</td><td>BIE 인준 : 국제박람회, 세계박람회, 민국박람회</td></tr>
<tr><td>BIE 비인준 : 전국규모 박람회, 지방박람회</td></tr>
<tr><td>행사주제별</td><td>인간, 자연, 과학, 환경, 평화, 생활, 기술</td></tr>
<tr><td rowspan="5">회의 이벤트</td><td colspan="2" rowspan="2">규모별</td><td>대규모 : 컨벤션, 컨퍼런스, 컨그레스</td></tr>
<tr><td>소규모 : 포럼, 심포지엄, 패널디스커션, 워크숍, 강연, 세미나, 미팅</td></tr>
<tr><td colspan="2">개최조직별</td><td>협회, 기업, 교육, 연구기관, 정부기관, 지자체, 정당, 종교단체, 사회봉사단체</td></tr>
<tr><td colspan="2">회의주제별</td><td>정치, 경제, 사회, 문화, 예술, 시술, 과학</td></tr>
<tr><td colspan="2">참가대상별</td><td>지역회의, 국내회의, 국제회의</td></tr>
<tr><td rowspan="2">문화 이벤트</td><td colspan="2">문화주제별</td><td>방송, 연회, 음악, 예능, 연극, 영화</td></tr>
<tr><td colspan="2">경쟁 유무별</td><td>경연대회, 발표회, 콘서트</td></tr>
<tr><td rowspan="2">스포츠 이벤트</td><td colspan="2">상업성 유무별</td><td>프로 스포츠경기, 아마추어 스포츠경기</td></tr>
<tr><td colspan="2">참여형태별</td><td>관전하는 스포츠, 선수로 참여하는 스포츠기업</td></tr>
<tr><td rowspan="2">기업 촉진 이벤트</td><td colspan="2">실시형태별</td><td>신상품설명회, 판촉 캠페인, 사내 체육대회, 사은서비스</td></tr>
<tr><td colspan="2">개최목적별</td><td>PR, 판촉판매, 사내 단합, 고객 서비스</td></tr>
<tr><td>정치 이벤트</td><td colspan="2">개최목적별</td><td>전당대회, 정치연설, 군중집회, 후원회</td></tr>
<tr><td rowspan="2">개인 이벤트</td><td colspan="2">규칙적 반복</td><td>생일, 결혼기념</td></tr>
<tr><td colspan="2">불규칙적</td><td>파티, 축하연, 특정모임</td></tr>
</table>

자료 : 이경모, "이벤트학 원론 (2002)"

3) Getz의 분류

Getz(1997)는 이벤트를 문화 이벤트, 예술 · 엔터테인먼트 이벤트, 상업 이벤트, 스포츠 이벤트, 레크리에이션 이벤트, 정치 이벤트, 교육 · 과학 이벤트, 개인 이벤트 등 8가지로 구분하였다.

표 1-13 Getz의 이벤트 분류

유 형	구체적인 내용
문화 이벤트	축제, 카니발, 종교 이벤트, 퍼레이드, 문화유산행사
예술 · 엔터테인먼트 이벤트	콘서트, 공연 이벤트, 전시회, 시상식
상업 이벤트	박람회, 트레이드 쇼, 컨벤션, 홍보 이벤트, 기금조성 이벤트
스포츠 이벤트	프로, 아마추어 경기
교육 · 과학 이벤트	세미나, 워크숍, 학술대회, 통역이 필요한 이벤트
레크리에이션 이벤트	재미를 위한 게임 또는 운동경기, 오락 이벤트
정치 이벤트	취임식, VIP 방문, 정치적 참여, 임명식
개인 이벤트	기념일, 가족휴가, 파티, 잔치, 동창회 등

자료 : Getz Event Management & Event Tourism(New York: Cognizant Communication Corporation, 1997), p.7

4) 손대현의 분류

손대현(1996)은 이벤트의 소재를 중심으로 이벤트의 존재양식을 3가지로 분류하였다. 참가자의 규모와 주요목표시장을 기준으로 수백만 명에서 수천만 명이 참가하는 대형 이벤트(mega event), 수십만 명이 참가하는 지역규모의 축제(festival), 수백 명에서 수만 명까지 참가하는 독창적이고 개성적인 소형 이벤트(mini event)로 구분하였다.

표 1-14 이벤트의 존재양식

구 분	규모 및 특성	내 용
대형 이벤트 (mega event)	수백만 명에서 수천만 명 참가	박람회, 전람회, 물상전
축제(festival)	수십만 명 참가	• 민속축제(전통민속, 민간신앙축제) • 향토축제(꽃축제, 농 · 임 · 수산물 · 음식축제 등)
소형 이벤트 (mini event)	독창적 · 개성적 이벤트	시청각 예술, 영화제, 사진촬영 이벤트, 기념행사 · 음악, 연극제, 레포츠(레저+스포츠), 축하행사 · 댄스, 문학의 밤

자료 : 손대현, "Event 소재발굴, 기획과 연출, 상품화 기법", 자치행정, 10월호(1996), 56쪽

제4절 이벤트 특성

1. 이벤트의 구성요소

이벤트를 개최하기 위해서는 많은 유 · 무형의 요소들이 있다. 이는 이벤트의 원활한 성공을 위해 갖추어야 할 필수적인 요소들이다. 이는 학자마다 다양하게 나타나는데 일반적으로 이벤트를 구성하는 요소들은 다음과 같다.

1) 이벤트 구성원

이벤트는 사람이 주최하여 사람을 대상으로 이루어지는 하나의 행사이다. 즉 누가(who) 누구를(whom) 위하여 개최하는 이벤트인가 하는 것은 이벤트 개최 전 기획 및 운영의 개념을 설정하는데 있어 매우 중요한 요소라고 할 수 있다. 이벤트의 구성원은 주최자와 이벤트 참가 대상자 모두를 포함한다. 즉 주최자가 자신이 의도하는 이벤트의 목적 등 메시지를 전달하는 것과 메시지를 전달받거나 설득당하는 참가자 모두를 포함하는 것을 말한다. 이벤트 구성원 간에 커뮤니케이션의 일치가 이루어졌

을 때 성공적인 이벤트를 치룰 수 있다. 주최자는 참가자의 인구통계적 · 사회적 · 경제적인 범위를 설정하여 이를 바탕으로 성공적인 모객을 할 수 있다.

2) 이벤트 목적

주최자는 이벤트 개최의 목적을 항상 명확히 참가자들에게 제시해야 한다. 주최자가 명확한 목적을 갖고 있을 때에만 성공적인 이벤트를 개최할 수 있다. 이벤트를 왜(why) 개최하느냐 하는 것은 모든 이벤트의 개최목적 또는 개최목표와 관련되는 것으로 이벤트 개최의 개념(concept)을 설정하는 요소라고 할 수 있다. 특히 그 목적은 크게 공익, 기업이익, 지역진흥 등으로 나눌 수가 있는데, 기업적 측면에서 보면, 판매촉진을 위한 자체 기획행사 혹은 박람회, 견본시 등의 참여로 판매촉진과 연결될 수 있고, 지역발전을 위한 축제의 경우 지역의 진흥을 위해 이벤트를 개최한다. 이러한 이벤트 개최목적에는 지역주민 단합, 개최지 이미지 고양 등 지역사회와 관련된 목적과 판매촉진, 기업의 인지도 제고 등 기업의 촉진(promotion)목적, 메가 이벤트 개최를 통한 지역 및 국가이미지 제고, 경제적 효과의 기대 등 매우 다양한 목적이 있다. 따라서 이벤트의 개최목적에 따라 이벤트의 나머지 구성요소의 결정수준이 달라질 수 있으므로 이벤트 개최목적의 명확화는 이벤트를 성공으로 이끌 수 있는 중요한 요소라 할 수 있다.

3) 이벤트 시기

이벤트의 개최 시기는 매우 중요한 사항이다. 즉 특성에 맞는 이벤트를 위해서 적절한 시기의 선택은 필수적이다. 이벤트의 특성에 따라 월별이나 계절별 선택이 중요할 수 있으며 또한 시간대별 프로그램 또한 매우 신중히 고려되어야 한다. 또한 각 이벤트의 특성상 분기별 개최를 할 것인지, 연별 개최를 할 것인지 아니면 격년별 개최를 할 것인지 결정하는 것 또한 중요한 선택 중의 하나이다. 성공적인 이벤트 개최를 위해서는 적절한 타이밍을 선정해야 한다.

4) 이벤트 공간

이벤트는 공간상에서 이루어지게 된다. 이러한 공간은 실제적인 이벤트 행사장이 될 수도 있고 또한 온라인 상이 될 수도 있다. 오늘날 소규모의 이벤트들은 온라인에서도 이루어지고 있다. 이벤트 공간이란 이벤트를 위해 참가자들이 모이는 장소를 말한다. 이러한 이벤트의 장소선택에 따라서 이벤트의 성격이 달라질 수 있으며 또한 참가자들의 인구통계학적 분포 또한 달라질 수 있다. 따라서 이벤트의 실시 이전에 정확한 표적시장과 규모를 산출하여 적당한 장소를 제공하고 사람들의 참여와 분위기를 유도할 수 있도록 해야 한다.

5) 이벤트 프로그램

이벤트는 개최 목적에 맞는 프로그램을 가지고 있어야 한다. 즉 이벤트는 성격에 따라 프로그램이 다르게 운영될 수 있으며 각기 그 이벤트만의 독특한 프로그램을 운영하는 것이 행사운영에 중요한 요소 중 하나이다. 오늘날 수많은 지역축제 행사들이 공통적인 프로그램을 차별 없이 운영하고 있으며 이는 이벤트의 특성을 떨어뜨리는 대표적인 악성 요인이다. 현장성 있는 프로그램과 주제에 맞는 프로그램, 차별화된 프로그램, 참여할 수 있는 프로그램 등 이벤트의 프로그램 구성은 이벤트 운영의 핵심요소이다.

6) 이벤트 환경

이벤트를 구성하고 있는 환경적인 요소로는 교통환경, 시설환경, 자연환경, 사회환경, 문화환경, 정치환경 등 매우 다양하게 나타난다. 이러한 환경에 따라 이벤트는 각기 다른 성격으로 개최되고 또한 환경의 영향에 따라 그 이벤트의 성공과 실패의 사례가 나누어지기도 한다. 따라서 성공적인 이벤트를 위해서는 자신의 환경에 맞는 적절한 이벤트를 설정하여 운영해야 한다.

2. 이벤트의 특성

1) 능동적 참여성

이벤트는 일방적으로 소비자에게 전달하려는 마케팅 전략인 푸쉬(push) 마케팅이 아니라 소비자가 구매하고 싶어서 스스로 구매하는 마케팅 전략인 풀 마케팅(Pull Marketing)이다. 이벤트는 행사개최를 통해 참가자들을 능동적으로, 적극적으로 참여시킬 수 있다. 그러기 위해서는 참가자가 자발적으로 주인의식을 가지고 참여할 수 있는 분위기를 조성해야 한다.

이벤트는 현장에서의 다양한 직접체험을 기본으로 하고 있다. 자신이 원하는 것을 느낄 수 있는 모든 종합적인 경험을 만족의 척도로 삼고 있다. 즉 보고, 듣고, 만지고, 냄새 맡고, 느끼고, 인간의 모든 감각을 통한 자극과 특별한 체험적 경험이 이벤트의 능동적 참여를 이끈다. 이로 인해 이벤트 주최자는 그들이 원하는 것을 참가자들에게 강한 감동으로 전달할 수 있는 것이다.

2) 현장성

이벤트는 항상 현장에서 이루어진다. 이벤트는 과거도 미래도 없다. 다만 현장에서 이루어지고 현장에서 끝날 뿐이다. 즉 이벤트는 현장에서 이루어지는 직접적인 커뮤니케이션인 쌍방향 활동이다. 그러므로 이벤트는 현장의 요소, 감동의 요소가 강해 참여하는 이에게 색다른 뜨거운 감동을 선사한다. 이벤트는 주최자와 참여자가 서로의 목적을 위한 만남과 접촉의 장이며, 그것을 매개로 대중과 주최자 사이에서 새로운 관계가 형성되어 현장에서 의미를 창출하기도 한다. 이벤트는 직접 현장에서 느끼고 경험하는 직접경험을 기초로 하고 있기 때문에 이벤트에 참가하는 많은 사람들은 이벤트의 현장감을 느끼기를 원한다. 따라서 이벤트를 잘 표현할 수 있는 독특한 분위기는 물론 화기애애하고 부드러운 분위기, 친절하고 따뜻한 느낌이 들도록 현장이 연출되어야 한다.

3) 정보전달성

이벤트의 특성 중 한 가지는 쌍방향적으로 참여자와 주최자 간 정보와 감성의 소통이 자유롭다는 것이다. 즉 현장에서 필요한 정보를 바로 얻을 수 있고 주최자의 입장에서는 원하는 것을 참가자에게 바로 전달할 수 있다. 우리의 모든 감각기관을 통해 느낌과 감동을 주고 상호 교류를 통해 공유하며, 기획과 진행 또는 현장의 모든 과정을 통해 참가자 상호 간에 직접적 체험의 공감대를 나눌 수 있는 독특한 매체이다. 이벤트는 현장에서의 직접체험을 통한 정보의 상호 교류가 가능한 특성을 지니고 있다.

이벤트는 현장이 있어서 판을 벌려 사람들을 모으고, 여기서 여러 가지 메시지를 일방 소통이 아닌 상호 소통의 방법으로 교환하는 것이다. 이벤트는 그 표현 양식이 각기 독특하며 다양하다. 비슷한 내용이어도 표현의 방식이 다양하거나, 표현의 방식이 같아도 내용이 다르다. 아이디어가 필요하고, 독특한 표현 양식이 필요하고, 창의적인 기법이 필요하다. 특정한 목적을 가지고 특정 기간에 특정 장소, 특정 대상에게 개별적이고도 직접적으로 욕구를 체험시켜 주는 매체이다. 이벤트에 참여하는 사람들은 직접적인 느낌을 가지고 체험을 공유함으로써 참가자 간에 상호 의사소통을 한다.

이벤트를 통하여 주최 조직들은 그들의 정보를 솔직하게 전달하여 주고 참가자와의 상호 교류를 통하여 이를 수정 보완하여 줄 수 있는 장점을 가지고 있으며, 이를 통하여 쌍방이 상호 신뢰를 바탕으로 교류가 가능할 수 있도록 하는 특성을 갖고 있는 것이다.

4) 통합성

이벤트가 가지고 있는 또 다른 특성 중의 하나는 통합성에 있다. 이벤트를 통해 주최자와 주최자 간, 참가자와 참가자 간 또 참가자와 주체자 간의 일체감을 조성할 수 있다. 따라서 연대의식, 동료의식, 단결심, 애사심을 고취시킬 수 있다. 이벤트를 통해서 서로의 팀워크를 확인할 수도 있고, 참가자들의 유대감을 형성할 수도 있다. 대표적인 사례가 2002년 월드컵이다. 월드컵을 통해 모든 국민이 하나로 옷차림까지 통일할 수 있는 것은 이벤트가 아니면 상상하기 힘들 것이다. 이벤트 참가자들은 개최 목적을 긍정적으로 원하기 때문에 방문한다. 따라서 그들의 기본적인 행동과 인식은 유사한 패턴을 지니고 있으며 이는 다른 어느 행위보다 이벤트가 그 사람들을 통합할 수 있는 가장 유리한 조건을 가지고 있는 것이라 할 수 있다.

5) 긍정적 향상성

이벤트를 통해서 주최자와 개최자들은 더욱 향상된 발전을 이룰 수 있다. 만약 기업의 입장에서 보면 현장에서 기업이나 제품에 대한 충실한 정보전달이 가능하며, 현장에서 시식 또는 판촉을 할 수 있으며, 기업과 상품에 대한 올바른 PR로 기업이나 상품에 대한 인지도, 호감도를 대폭 증대시킬 수 있다. 이벤트의 참가자들 또한 직접 체험하고 현장에서 확인함으로써 참가 이전보다 많은 지식 및 만족을 얻을 수 있다. 오늘날 지역축제 이벤트의 대표적인 형태는 대부분 참여형, 체험형 이벤트들이 많다. 이러한 체험과 참여를 통해 교육적인 효과를 얻을 수 있으며 자아 개발에도 많은 영향을 미칠 수 있다. 이러한 이벤트는 지역사회, 국가발전의 주요한 계기가 된다. 특히, 대규모 지역 박람회를 통해 기업 간 선의의 경쟁을 유도하여 제품의 질을 향상시킬 수 있다. 이는 상대적으로 대외경쟁력을 상승시켜 매출증대 유도의 기회가 될 수 있다. 또한 지역의 구심점과 고유 이미지가 형성되어, 지역의 지명도와 품격을 고양시켜 줌으로써 지역발전에 기여한다.

6) 비일상성

이벤트란 어느 한정된 순간에만 특별히 출현하는 것이므로 임시성(臨時性)이 그 존립기반이다. 그대로의 상태로 항상 계속된다면 그것은 이미 이벤트가 아니다. 매일 이루어지는 출퇴근이나 매일 발생하는 업무 등은 이벤트의 범주에 속하지 않는다. 이벤트는 즉각적으로 불규칙한 것이기 때문에 한 이벤트에 동원되는 사람이나 조직은 그때마다 임시로 구성되는 순간적인 관계에서 만들어지기도 한다. 이벤트란 어디까지나 불규칙한 사건이다. 반대로 그렇기 때문에 일상과는 다른 특별한 형태를 취할 수 있는 것이고, 이러한 힘이 이벤트를 특별하게 만들 수 있는 힘이 된다.

오늘날에는 일정한 형식의 이벤트를 지역에 따라 또는 일정에 따라 반복하는 정기적인 개최형식이 존재하기도 한다. 따라서 비일상적이라는 말이 조금은 희석되기도 한다. 그러나 이러한 비일상적인 특성이야말로 특별성을 갖게 해 관심과 참여를 유도하여 사람들을 이벤트로 이끄는 원동력이 되기도 한다.

그림 1-9 이벤트의 구성요소와 특성

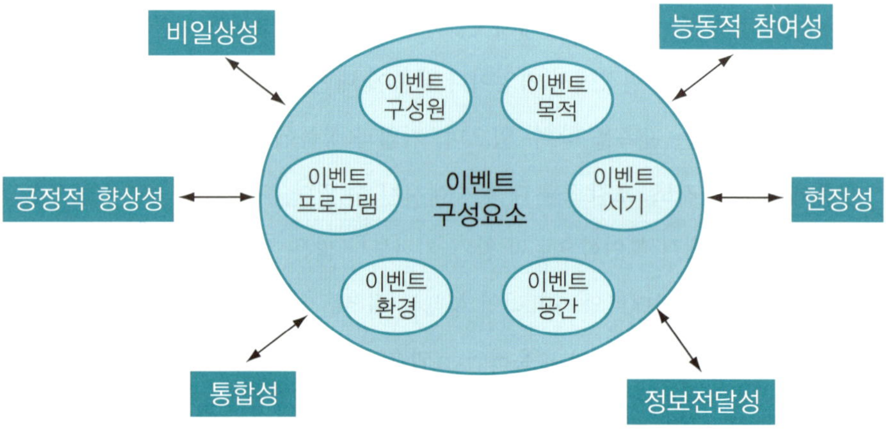

02

이벤트의 효과

Event
Management

이벤트
경영론

제2장

이벤트의 효과

이벤트는 개최 규모와 성격에 따라 지역 및 단체에 수많은 긍정적, 부정적 효과를 주고 있다. 이는 이벤트가 인간의 희노애락과 그 사회 구성원들의 사회 · 문화적인 현상을 담고 있으며, 현대사회에는 이것들이 경제적인 여러 지표로 나타나고 있다. 이벤트 주최자의 관점에서 보면 이벤트 개최가 자신들의 의도에 맞게 진행되어야 하고 이벤트 후에도 향후 발전적인 방향으로 이벤트가 지속적으로 이루어져야 한다.

또한 참가자의 관점에서도 이벤트 참가가 자신들에게 긍정적이고 발전적인 영향을 미치기를 바란다. 이렇듯 성공적인 이벤트를 위해서는 주최자와 참가자들 사이에 쌍방향 커뮤니케이션이 원활히 이루어져야 하며 서로에게 미치는 이벤트의 효과를 올바르게 인식하고 측정하는 것이 중요할 것이다. 모든 이벤트가 항상 긍정적인 면만 있는 것은 아니다. 이벤트의 효과는 먼저 긍정적인 효과와 부정적인 효과 모두를 포함하고 있다. 동전의 양면을 구성하듯이 성공적인 이벤트 뒤에는 항상 어두운 부정적인 효과도 드러나기 마련이다. 이 모두의 효과를 정확히 파악하고 이에 대한 발전적인 방향설정이 성공적인 이벤트에 무엇보다도 중요하다.

제1절 이벤트의 긍정적 효과

1. 경제적 효과

대다수의 많은 이벤트들이 지역 경제의 활성화를 목표로 하여 개최되고 있다. 산업 박람회나 지역축제 이벤트의 경우 그로 인한 경제적 파급효과는 즉각적이고도 광범위하게 직 · 간접적으로 여러 곳에서 나타난다. 이벤트는 관광객을 유치할 뿐만 아니라 동시에 평균 소비액과 체재기간을 늘리는데 있어 촉매제의 역할을 하는 것으로 조사되고 있다. 또한 관광지에 대한 이미지 제고 수단으로 향후 관광지의 경쟁력 확보에 많은 영향을 미치고 있다.

1) 지역 경제의 활성화

과거의 이벤트가 지역 홍보의 역할을 담당하였던 반면 오늘날은 지역 경제 향상에도 많은 기여를 하고 있다. 이벤트 개최를 통해 얻을 수 있는 가장 큰 효과는 무엇보다도 개최지의 경제 활성화에 기여한다는 것이다. 특히 박람회 이벤트와 문화관광 이벤트 등은 경제적 파급효과가 즉각적이고 광범위하게 나타난다.

이벤트 개최를 통해 지역은 이벤트 준비를 위한 여러 가지 다방면의 경제적 행위가 이루어진다. 이는 이벤트 개최를 위한 투자, 즉 건설비, 운영비, 관련 공공사업비 등의 필요로 인해 내수창출의 효과가 나타난다. 즉 이벤트 개최를 위한 투자와 사회하부구조 시설의 개선을 위해 일반 경제와 지역 경제가 활성화되는 것이다. 또한 이러한 사회 하부구조시설물의 개선은 지역의 재개발계획을 촉진시키는 효과가 있다. 이러한 경제적 활동은 이벤트와 직접적으로 연관되지 않은 기타 산업을 활성화시켜 지역 산업에 전반적으로 긍정적인 효과를 가져 오게 된다.

이벤트를 통하여 얻어지는 경제적 효과는 물건의 구입이나 관광수입 등의 직접적인 효과 이외에도 교통이나 숙박 등의 간접적인 측면의 효과도 큰 것으로 알려지고 있다. 즉 이벤트 참가자들이 즐기고 휴식하기 위한 시설들 또한 활성화되어 지역경제에 많은 기여를 하고 있다. 이벤트의 개최는 참가자가 소비하는 지출로 인해 발생하는 것으로서 직접적인 것으로는 입장수입, 투자수입, 상품판매 수익 등이 있다.

또한 무역박람회 · 국제전시회 · 컨벤션 등의 상업적 이벤트는 참가자들의 높은 소비지출로 지역사회에 큰 경제적 이득을 가져다준다고 알려져 있다. 또한 간접적인 효과로는 지역을 방문한 참가자의 경제활동으로 인한 승수효과와 이벤트 주최자와 내부 사람들이 얻게 된 학습효과 및 참가의식의 향상으로 인한 재방문을 통해 지역 경제의 활성화에 도움이 되는 효과가 있다. 또한 이러한 참가자의 소비 행위는 전반적인 산업의 성장을 촉진시키는 역할을 하게 된다.

이러한 간접 효과는 구매의욕의 촉진, 상품 및 기업에 대한 호감도 조성 등 매출과 관련된 효과를 조성한다. 특히 기업의 판촉 이벤트 등을 통해 이러한 현상이 두드러지기도 한다. 또한 이벤트의 개최로 인해 지역의 재방문을 통한 경제 유발효과 또한 매우 중요하다. 이벤트 기간에 방문한 사람들이 그 지역에 대한 좋은 이미지를 가지고 이벤트 기간 이외에 재방문함으로써 또 다른 지역의 경제효과를 얻을 수 있다.

2) 연계 산업의 성장

이벤트와 관련된 직접적인 산업뿐만 아니라 전반적인 연계산업 또한 동반 성장하게 된다. 특히 메가 이벤트라고 할 수 있는 스포츠 이벤트의 경우 숙박, 건설, 식음료 등 그와 관련된 연계 산업 등이 성장하게 된다. 현대의 스포츠 이벤트는 곧 상업의 이벤트이다. 특히 올림픽, 월드컵 등을 통해 이들 이벤트와 직접적으로 관련이 없는 기업들이 스폰서를 하고 있으며 이들은 자신들의 상품을 이벤트 기간을 통해 선전함으로써 간접적인 경제효과를 원하고 있다.

이는 대규모의 이벤트에서 현저하게 볼 수 있으며 이벤트 개최를 위한 건설비 · 운영비 · 관련 공공사업비의 지출과 방문자의 소비 및 관련 민간설비투자 등의 큰 생산유발효과를 갖는다. 더구나 대규모 이벤트를 통해 내수형 소비가 활성화되어 경제발전에 기여할 수 있다. 국내에서도 나타나듯이 월드컵을 치룰 경기장 건설로 인해 국내의 건설 산업이 많은 영향을 받았으며 또한 월드컵 기간 내에 각 음식점에서는 대형 TV가 필수가 되어 각 전자제품 대리점이 특수를 누리기도 하였다. 더욱이 산업에의 영향이라는 점에서 보면, 서비스업 · 제조업 등에 폭넓은 효과를 미친다.

이벤트 개최는 내수형의 소비와 공공투자의 지출 전체에서 차지하는 비율이 높고, 서비스업 · 제조업 등에 효과를 미친다. 이벤트가 열린 관광지나 특정지역 · 장소들은 이벤트 참여자들에게 각인되어 지역의 인지도를 높일 수 있게 된다. 즉 현대의 이벤트는 이벤트 참여만을 목적으로 방문하기보다는 이벤트를 통한 겸목적인 관광이 중심이 되고 있다. 즉 이벤트 참여와 동시에 주변 관광지의 방문을 통해 이벤트와 직접적으로 관련이 없는 지역에도 이벤트의 경제적 효과를 누리게 된다.

3) 고용창출의 효과

이벤트는 사람에 의해서 사람들이 참여하는 행사이다. 따라서 이벤트는 인적인 참여와 인적 서비스가 매우 중요시되는 산업이다. 이것들은 바로 이벤트 개최를 통해서 사람들이 참여하고 운영하는 고용창출의 형태로 나타나는데 이는 이벤트의 대표적인 긍정효과 중 하나이다. 이벤트 사업은 특히 서비스 부문의 고용창출 효과가 매우 크다. 따라서 타 산업보다 숙박업, 음식업, 문화 서비스업 등의 관광 관련 산업에서 그 효과가 뚜렷이 나타난다.

이벤트의 개최는 필연적으로 고용을 창출한다. 이벤트와 직접 관련되는 기업에서의 고용은 물론이지만, 이런 기업과 전후좌우로 연결되어 있는 기업 · 단체들은 업무를 효율적으로 추진하기 위해 고용을 늘리게 된다. 또 고용이 이루어진 노동자들에 의한 소비와 부가지출에 의해 유발된 생산 활동은 또 다른 고용과 그에 의한 소득을 창출한다. 메가 이벤트의 경우 이벤트 개최준비나 개최 중의 사회 및 개인서비스 부문의 고용창출 효과가 높을 뿐만 아니라 개최 후에도 개최지의 경제 활성화와 산업성장의 효과로 인해 고용기회가 확대되는 효과를 얻을 수 있다.

대표적으로 2002년 월드컵을 통해 창출된 고용효과는 24만 5천 명이며(KDI분석), 여수 엑스포 개최 시 유발되는 효과는 생산유발 10조 300억 원, 부가가치 창출 4조 100억 원, 고용유발효과가 9만여 명에 이를 것으로 추산하고 있다(산업연수원).

따라서 하나의 유망한 이벤트 개최를 통해 수많은 사람들이 일자리를 얻고 이를 통해 지역경제의 활성화에 기여할 수 있다.

4) 외화수입 및 세수의 증가

이벤트를 개최함으로써 외국인 방문을 통한 외화수입의 효과와 참가 기업들의 수입 증대로 인한 세수의 증가도 크다. 기업 활동이 활발해짐에 따라 수입이 늘어나고 이에 따른 세수 또한 증가하게 됨은 당연한 이치이다. 또한 고용창출로 인한 개인의 소득이 증가하며, 그로 인한 파급효과가 발생함으로써 국가나 지방자치단체의 세수 증가가 부수적으로 나타날 수 있다. 오늘날 세계적인 이벤트들은 외국인의 많은 관심을 이끌고 있으며 그 기간에 수많은 외국인들이 방문하여 이로 인한 외화수입의 증대는 이벤트가 갖는 긍정적 효과의 대표적인 것이라 할 수 있다.

국제회의나 산업전시회 등과 같이 방문객의 소비지출이 높은 이벤트의 경우 일반 관광객에 비해 숙박 및 쇼핑 등 외화수입의 효과가 크기 때문에 세계 각국의 국제회의 유치기관(CVB : Convention & Visitor's Bureau)들은 이러한 수요를 확보하고자 노력하고 있다.

5) 기술 발전 효과

현대의 이벤트는 기술 발전과 더불어 성장하고 있다. 특히 스포츠 이벤트의 경우 영상과 중계 등 최첨단 미디어 시설과 같이 발전하고 있다. 또한 문화 공연 이벤트의 경우에도 최첨단 기술 등이 등장하고 전시 및 산업 박람회의 경우에도 자신의 최첨단 기술을 먼저 선보이기도 한다. 자동차 엑스포의 경우 신차 등은 대부분 시장에 출시되기 전에 전시되기도 하며 참가자들은 최신형의 제품을 먼저 볼 수 있는 장점을 즐기기 위해 행사에 참여하고 있다. 전문적이고 다양한 이벤트들은 관련기술의 발전을 촉진한다. 아울러 산업과 산업, 산업과 고객의 교류 또한 앞당긴다. 전시 이벤트는 고객과의 직접적인 만남을 만들어주고, 다양한 인적 자원의 교류를 촉진시켜준다. 이벤트를 통해 종래의 특정 산업과 관련 산업의 교류가 진행되기도 하고, 그 결과 시너지 효과로 어떤 기술이 발전되기도 한다. 이벤트 자체가 기술개발 및 제품개발의 목표로 이용되기도 한다.

6) 유통 시스템의 다변화

이벤트를 개최함으로써 기존의 유통 시스템과는 다른 새로운 유통 경제 시스템이 도입되기도 한다. 이벤트를 통해 새로운 상품을 선보이고 이벤트를 통해 새로운 유통 경로를 개발하기도 한다. 이벤트는 홍보 및 마케팅의 활용수단으로 사용되어 고객의 반응을 직접적으로 확인하는 중요한 활동무대이기도 하다. 기업과 기업 간, 기업과 고객 간의 직접 교류의 장이 마련되어 미처 알지 못했던 유통경로를 발견하기도 하며 이러한 다양한 변화를 촉진시키는 이벤트는 궁극적으로 산업발전의 활력소로 작용하여 산업발전의 또 다른 요인이 된다. 이러한 다양한 변화를 촉진시키는 이벤트는 궁극적으로 산업발전의 활력소로 작용하기도 한다.

상품판촉 이벤트의 경우 소비자를 직접 상대함으로써 소비자의 심리에 호소하여 구매를 일으키는 구매의욕 촉진과 기업호감도가 향상하는 효과를 낳기도 한다. 이벤트는 박람회 · 전시회 등의 형식을 통해 상품이나 소프트웨어에 대한 새로운 소비패턴을 선도해 나가는 장으로 이용할 수 있다. 소비패턴은 이벤트 현장에서 주의를 환기시킴으로써 새로운 소비패턴을 창출하는 것이 가능하다. 이벤트는 상품들의 기존 유통경로에 변화를 줄 수도 있다. 즉 새로운 유통경로를 개발하여 매출증대에 기여할 수 있다. 이벤트 현장 자체가 새로운 유통장소로 이용될 수 있으며, 이벤트 현장에서 상담을 통해 새 경로를 만들어낼 수 있다. 이러한 유통경로는 주로 마케팅 능력이 취약한 중소기업 등이 이용할 수 있는 유용한 방법이다. 그리고 이벤트가 마케팅의 주요한 판매촉진의 한 수단으로 활용되고 있는 것도 바로 이런 이유 때문이다. 세계 최대 정보통신제품 전시회인 독일 하노버 세빗(CeVIT)의 경우 최첨단의 제품들이 이벤트를 통해 선을 보이고 이들의 반응에 따라 향후 마케팅을 결정하기도 한다.

2. 문화적 효과

이벤트의 개최는 지역에 내재되어 있던 문화재 및 자원을 보존하고 육성하는 효과를 나타낸다. 대다수의 이벤트들이 문화 · 예술을 토대로 개최됨으로써 이벤트 개최는 문화 · 예술의 발전뿐만 아니라 그 지역의 고유한 문화적 요소와 만나 고유한 문화자원을 계승 · 발전시키고, 지역민에게는 지역의 문화를 교육하고 계승시키는 효과가 있다. 이벤트를 통해 기존의 무시당하고 묻혀왔던 전통문화가 다시 재발견되어 전승 · 계승되는 계기를 마련하게 된다.

1) 국민 문화수준 향상에 기여

현대 산업사회에 많은 사람들이 다람쥐 쳇바퀴 돌듯이 일상생활을 반복적으로 지내고 있다. 비록 문화수준이 높은 문명사회라고 할지라도 그것을 느끼지 못한 채 사회의 부속품처럼 지내고 있는 실정이다. 그러나 이벤트는 그 지역, 그 사회에 속한 사람들에게 문화를 느끼고 체험할 수 있도록 기회를 주고 많은 사람들이 이벤트를 통해서 문화적으로 넓은 공감을 이루고 있다. 이벤트에 의해서 그때까지 관계가 없었던 문화 활동이 이루어지고 육성되며 또 문화의 수혜자 증가 또는 문화수준의 향상이라는 형태에서 문화의 저변이 확대된다. 따라서 이벤트의 활성화는 그 지역의 문화정체성 향상과 문화의 질적 향상에 많은 기여를 하고 있다.

2) 전통문화의 계승 발전

과거 조상들의 삶은 오늘날 사람들에게 진부해 보이기도 하며 이것들을 계승 · 발전하기에 쉽지 않은 측면들이 많다. 모든 사회 구성원들이 과거 전통문화 발전을 위해서 힘쓸 수도 없는 실정이다. 그러나 이벤트를 통해서 전통문화를 복원하고 계승 · 발전시켜 많은 사람들에게 자신의 전통성을 보여주고 복원된 전통문화를 함께 느낌으로써 전통문화가 후세에 이어지도록 기여하고 있다. 지역 이벤트의 경우 대부분은 그 지역의 특색을 나타내기 위해 많은 노력을 한다. 이는 주로 그 지역의 관습, 의복, 역사, 음식, 지역의 역사적 인물, 음악, 미술 등을 들 수 있다.

따라서 문화와 예술을 내용적인 요소로 하는 많은 이벤트는 그 내용의 일부 혹은 전체가 그 지역의 문화 · 예술을 발전시키는 역할을 수행하며, 방문자들에게는 훌륭한 관광자원 요소로 경쟁력을 지니기도 한다. 지역의 고유한 문화적, 예술적 특성들을 기초로 한 지역문화관광 이벤트는 지역 사회의 고유한 문화자원을 계승 · 발전시키는 데 중요한 역할을 수행한다.

3) 문화의 긍정적 보전

그 지역의 문화와 전통을 가미한 문화적 이벤트는 그 지역 주민의 많은 관심을 유발한다. 특히 그 지역을 대표하는 고유한 민속이나 독특한 문화유산은 문화를 이벤트로 만드는 과정에서 원형을 발굴 · 보전하려는 노력이 이루어지고, 현대적 상황과 연계된 변화가 나타남으로써 자연스럽게 이를 보전하기 위한 사회 구성원들의 노력으로 이어진다.

동시에 문화를 이벤트화함으로써 지역홍보나 수익성이 보장됨에 따라 소멸의 위험성이 있는 문화의 보존이 가능하게 된다. 이벤트가 특정지역에서 개최되면 이 행사에 소개된 새로운 업종이 해당지역에 상당히 소개된다. 그래서 그 지방의 전통산업이나 지역산업 및 새 업종이 만나 제3의 새로운 업종으로 발전해 나갈 소지가 많다. 이 경우 문화 이벤트는 그 지역 산업을 촉진시키는 역할을 하게 된다. 이처럼 이벤트는 어떤 형식을 통해서든 그 지역산업에 상당한 도움을 주는 긍정적인 요소로 작용한다.

어떤 문화든지 그 문화는 외부와의 끊임없는 교류를 통해 더욱 성숙 · 발전해 나가는 것이 진보의 일반적인 과정이다. 기존 문화가 다른 문화와 합쳐 한 차원 더 승화된 새로운 문화로 탈바꿈할 때 이 문화는 진보했다고 평가된다.

4) 국민문화 자부심 형성

과거 자신의 문화가 찬란했던 역사를 가지고 있음에도 이를 알지 못한 채 문화적 박탈에 빠지는 경우가 있다. 이는 자신의 문화를 제대로 이해하지 못하는 개인적인 문제뿐 만 아니라 지역사회와 구성원들이 자신의 문화를 이끌어내지 못한 측면도 있다. 그러나 이벤트는 과거와 현재의 문화를 표면적으로 이끌어내어 이를 아름답고 성숙되게 포장함으로써 그 지역 주민이 자신의 문화에 대한 자부심과 동질성을 갖게 해주는 중요한 역할을 한다.

3. 사회적 효과

이벤트의 개최는 지역사회의 발전과 관광지로 경쟁력을 확보하는데 커다란 영향력을 가지고 있다. 이벤트의 이러한 영향력으로 인해 많은 곳에서 지역 특산품의 홍보와 이미지 개선을 위한 지역축제 등의 다양한 이벤트가 개최되고 있다. 또한 이벤트의 개최는 지역주민의 일체감 조성에도 영향을 준다. 이벤트는 개최지역 주민에게 단합의 기회를 제공하고, 지역주민이 갖는 문화에 대한 일체감을 통해 연대의식을 강화시키는 효과를 가진다.

즉, 이벤트는 지역 고유의 문화를 타 지방의 참가자에게 알리는 효과뿐만 아니라, 개최지역의 고유문화에 대한 지역민의 자긍심을 고취시키는 효과를 가지기도 한다. 따라서 이러한 목적의 이벤트 성패는 지역 고유문화에 대한 지역민의 단합과 연대감 조성에 달려 있다고 볼 수 있다.

이벤트는 국제 교류에 있어서도 큰 역할을 수행한다. 국제 규모의 이벤트인 경우 많은 외국인들이 참가하게 된다. 이러한 외국 참가자들과 현지인들의 각계에 걸친 교류뿐만 아니라, 개최지의 이미지 개선을 통한 외국기업의 진출이 확대되는 환경이 조성되고 관광지로서의 경쟁력을 확보하여 이벤트 후에도 여러 사회와 교류 여건이 조성된다. 또한 이벤트 개최는 국제적 문화의 교류, 전시회 등을 통한 정보의 공유, 무역의 증대를 통한 산업 교류의 기회 제공 등 개최지의 국제화 효과에도 큰 역할을 수행하게 된다.

1) 구성원의 일체감 조성

이벤트는 참가하는 사람들 사이에 깊은 공감대를 형성하게 된다. 이러한 공감대를 기초로 단단한 공동체적 유대감의 형성은 국가나 지방자치단체의 발전을 가져올 수 있다. 아무리 좋은 사회 운동이라 하더라도 사람들의 참여와 동참이 없을 때에는 운동을 지속시킬 수가 없다. 이벤트를 통한 사람들의 참여와 뜨거운 공동체적 신명성의 획득은 우리 사회를 변화 · 발전시킬 수 있는 아주 중요한 요소가 된다.

공동체 의식을 반영한 지역축제나 지역 이벤트 및 학교축제 등에 참가한 사람들에게는 깊은 공감대와 유대감이 형성된다. 이러한 공감대를 기초로 공동체적 유대감이 형성되는 것은 국민들로 하여금 정신적 결속력과 일체감을 불어 넣어 지방자치단체나 국가의 발전을 가속화시킬 수 있는 에너지로 승화된다. 이벤트를 통한 일체감 조성과 자발적 참여는 우리 사회를 긍정적으로 변화 · 발전시킨다. 또한 참여자들은 심리적 내지 정신적 차원의 욕구를 이벤트를 통해 해소함으로써 강한 유대감과 함께 정신적 풍요로움을 더해주는 데 기여하기도 한다.

기업 이벤트의 경우 판매점, 도매점, 하청업자, 협력기업, 금융기업, 감독관청 등 기업을 둘러싼 각 관련 조직체에 발생되는 관계개선 및 관계 촉진 효과를 유발한다. 이 중에는 사원 및 사원가족 등을 대상으로 나타나는 내부적 효과도 포함되며 이러한 기업 내의 각종 이벤트 행사는 사원결속을 통해 외부까지도 그 영향이 파급되기도 한다.

2) 원활한 정보 교류

이벤트의 효과는 근본적으로 커뮤니케이션 기능에 있다. 이벤트는 다른 커뮤니케이션 미디어에 비해 수용자와 직접 메시지를 개별적으로 전달하는 기능을 갖고 있다. 즉, 이벤트는 서로 얼굴을 맞대고 메시지를 전달하고 전달받는 커뮤니케이션 미디어이다. 이벤트는 단지 사람이 모이는 장(場)만은 아니다. 신문 · 텔레비전 등 매스미디어는 정보의 균등화를 지향하는 반면, 이벤트는 퍼스널 정보에 의한 다른 사람과의 차별화를 지향하는 측면을 가지고 있다. 따라서 이벤트는 새로운 퍼스널 커뮤니케이션 미디어로 부각되고 있다. 이벤트는 주최자와 참가자 사이에 발생하는 쌍방향의 커뮤니케이션 효과를 낳는다. 이것은 이벤트와 광고 · 선전 등 각종 홍보와 연계해서 그 효과가 커지게 된다. 또 지역이나 장소의 지명도 · 이해도 향상, 주민동원으로 주민 간의 공감대 형성 등의 효과가 발생된다. 또한 지역이 중요한 관광지가 될 수 있는 잠재적 인식이 확산될 수 있어 지역의 균형 있는 발전을 가져올 수 있다.

표 2-1 이벤트 커뮤니케이션의 효과

구 분	내 용	
매체로서의 효과 (태도변용 효과)	• 이벤트 인지, 이벤트 테마의 인지 및 이해 • 발신자(주최자)의 지명도 제고 • 발신자 메시지 내용의 이해 • 발신자의 이미지 제고(호의적 · 비호의적 이미지) • 참가자 계층의 확산 • 이벤트의 평가 및 공감도(이벤트 연출사항의 세부내용에 관한 기술적 · 전문적 의견 등을 포함) • 집객력, 참가횟수, 접촉횟수, 화제성	
사기진작 효과	• 의식향상 • 관계자의 공감	• 의식통일 • 지원의식

이벤트의 주요 기능 중 하나가 커뮤니케이션이다. 이는 이벤트가 매스컴에 보도됨으로써 개최 주체가 지닌 의도를 알 수 있을 뿐 아니라 매스컴의 평론과 해석이 더해져 각계각층의 의식변화와 인식의 변화를 유도하는 효과를 말한다. 올림픽이나 월드컵 개최지와 같은 경우만 보더라도 짧은 기간임에도 행사를 유치한 도시에 전 세계 미디어의 관심이 집중하기 마련이다. 효율적이고 큰 홍보효과 때문에 대도시뿐 아니라 중소도시들도 이벤트 유치를 위해 만전을 기하고 있는 실정이다. 범세계적인 이벤트가 아니더라도 지역축제와 이벤트는 국가 및 지역 내에서의 관심과 흥미를 끌어들이는 국내적 효과가 있다. 이미지 조성과 지역홍보야말로 이벤트 자체가 거두는 성과 외에 이벤트가 가지는 또 다른 성과가 된다.

즉, 광고효과는 이미지를 각인시켜 그로 인한 2차적 수익을 증대하는 효과를 기대할 수 있다. 우리가 가장 많이 접하는 이벤트의 목적에 해당된다고 볼 수 있다. 광고효과를 통해서 이벤트의 주최자들은 자신들의 이미지를 좋은 방향으로 유도 · 전환시킬 수 있는 효과를 가지게 된다는 점에서 아주 매력적인 부분이라 할 수 있다.

3) 지역이미지 제고

오늘날 지속적인 경제성장으로 경제적 여유가 생김으로써 사람들은 각자 개성을 추구하고, 자신만의 정체성을 확립하려는 움직임이 강해졌다. 즉 스스로의 이미지를 찾아서 형성하고 그것을 내보임으로써 자신의 존재를 사회에 알리는 시대가 도래한 것이다. 학교나 기업 등 기관이나 단체 역시 각자의 개성을 살리고 이미지 제고를 위해 정체성 확립에 적극적이다. 학교는 독자적 전통과 교풍을 세워 나가고, 이를 위해 개교기념행사 등 갖가지 이벤트를 전개한다. 기업은 독특한 기업문화를 형성함으로써 정체성 확립에 노력하게 되고, 이를 위해 기념행사와 스포츠 · 문화행사 등 각종 이벤트를 전개한다.

최근 들어서는 기업도 단순히 경제적 부를 창출하는 것뿐 아니라 좋은 기업, 지역과 국가에 봉사하는 기업, 이웃과 친근한 기업 등으로 그 이미지를 변신하고 있다. 이벤트는 자체적인 홍보효과를 이용하여 기업이 원하는 새로운 이미지를 확산시키는데 결정적인 효과를 낼 수 있다. 다른 단체나 지역도 정체성 확립이라는 긍정적인 효과를 얻기 위해 다양한 이벤트를 개최하고 있다.

지역이미지 제고를 위한 방법 중 하나가 퍼스널리티(personality) 효과이다. 이는 이벤트개최를 매스미디어에 보도해 갖는 홍보효과이다. 이 효과는 단순한 주지효과뿐만 아니라, 이벤트에 대한 언론의 평가나 해석이 더해져서 수용자의 의식과 행동을 촉발시키는 효과가 있다. 또한 이벤트에 대한 여론을 환기시키고 형성시키며 촉발시키는 효과가 있다. 이런 여론 촉발효과로 이벤트를 주최한 기업이나 조직은 소비자나 수용자에게 좋은 이미지를 갖도록 하여 자신에게 유리한 환경을 조성하게 된다.

4) 지역 교류의 활성화

이벤트에는 많은 사람들이 참여한다. 특히 컨벤션 이벤트나, 박람회 이벤트, 국제적인 스포츠 이벤트들은 많은 외국인들을 국내로 들어오게 하여 다양한 국제 간 교류를 촉진시킨다. 또한 국내에서도 지역 간 활발한 교류를 활성화시키면서 우리 사회의 발전에 도움을 주고 있다. 이벤트를 통한 국제 · 지역 간 교류는 관광사업 등을 통한 재정적 수입을 증대시키며, 다양한 정보교류를 통해 사회 발전을 촉진시키는 등 다양한 이익을 가져다준다.

컨벤션 이벤트, 박람회 이벤트, 국제적인 스포츠 이벤트들은 많은 외국인들을 국내로 들어오게 하여 다양한 국제교류를 촉진시킨다. 또한 국내에서도 지역 간 활발한 교류를 활성화시키면서 우리 사회의 발전에 도움을 주고 있다. 이런 교류를 통하여 전국 또는 세계적으로 그 지역이나 국가의 지명도가 높아져 이미지가 개선되는 효과를 얻을 뿐 아니라 지역주민이나 국민의 국제감각을 넓히고, 생활의 폭을 넓히는데도 기여하게 된다.

5) 친사회적 이미지 구축

어떠한 사회조직이든지 사람들에게 인정받지 못하는 단체는 그 존립 근거를 상실하게 된다. 경제단체들이 최근까지는 자기 제일주의나 강한 기업의 모습을 주요 기업운영의 이념으로 설정하였으나, 최근에 들어서는 좋은 기업, 지역과 국가에 봉사하는 기업, 이웃과 친근한 기업 등으로 그 이미지를 변신하고 있는 형편이다.

이것은 비단 경제단체뿐만 아니라 정치행정조직을 포함한 모든 사회조직들이 받아들여야만 할 사회적 변화이다. 따라서 각종 사회조직들이 자신들에게 긍정적인 이미지 구축을 위해 다양한 이벤트를 실시한다. 이는 문화적 이벤트로 혹은 사회복지 형태로 표출되는데, 후원 형태의 간접적 방식이나 직접 이벤트를 주관하는 직접 참여 방식 등으로 나누어 볼 수 있다. 다양한 이벤트를 통하여 각 조직체들은 끊임없이 사회적으로 우호적 관계 유지를 위해 노력하고 있으며, 이벤트를 통한 직접적인 감동으로 자신들이 원하는 친사회적 이미지를 구축하려는 것이다.

표 2-2 이벤트의 긍정적 효과

구분	내용	
경제 효과	• 지역경제의 활성화 • 기술발전의 효과 • 외화 수입 및 세수의 증가	• 연계산업의 성장 • 고용창출의 효과
사회 효과	• 국민문화수준 향상에 기여 • 문화의 긍정적 보전	• 전통문화의 계승 발전 • 국민문화 자부심 형성

구 분	내 용	
문화 효과	• 구성원의 일체감 조성 • 원활한 정보교류	• 지역이미지 제고 • 지역 교류의 활성화
관광 효과	• 관광객 유입 • 관광지 연계	• 지역관광자원 홍보 • 관광산업발달 촉진

제2절 이벤트의 부정적 효과

이벤트는 개최지역 및 주민에게 많은 긍정적인 영향을 미치기도 하지만 반대급부적인 영향도 미치게 된다. 이벤트의 개최는 동전의 양면과 같이 긍정적인 부분과 부정적인 부분을 동시에 포함한다.

1) 생활의 쾌적성 저해

이벤트 개최는 일상생활의 쾌적성을 저해하기도 한다. 이벤트는 대중의 이동을 일으킨다. 이는 교통체증으로 이어져 지역민에게 불편을 초래하기도 한다. 또한 성공적인 이벤트의 개최를 위해 이벤트 기간에 교통을 통제하는 상황이 발생하기도 한다. 이는 지역민들의 불편을 감수해야 하는 희생을 요구하게 된다. 일반적으로 이벤트가 개최되면 일시적으로 유동인구가 증가하는 현상이 나타나게 된다. 즉, 이벤트의 개최는 체재인구의 증가로 인한 도시과밀 현상이 나타나고, 이로 인해 지역주민은 일상생활의 불편함을 일으키기도 한다.

2) 사고발생 증가

이벤트의 개최는 사고발생의 증가와 연관이 깊다. 항상 사고발생이 증가하는 것은 아니지만 이벤트 개최 지역에서는 도난과 폭력, 테러 등의 범죄와 우발적 사고들의 발생이 증가하게 된다.

3) 환경의 오염

이벤트의 개최는 지역 쓰레기의 발생과 급속한 개발로 인한 자연환경의 훼손 등의 환경문제를 수반한다. 대중이 지나간 곳에는 어김없이 쓰레기가 발생하게 된다. 또한 개발로 인한 자연의 훼손 등 이벤트의 개최는 많은 환경적인 문제를 야기하고 있다.

4) 주민의 사회 문화적 일탈

지역 주민이 이벤트로 인해 경제 효과에만 치우친 나머지 소비지향적, 금전 만능주의적인 현상을 낳을 수 있다. 또한 전통 가치관 붕괴나 전통 가족주의의 해체 등 문화적 고유성이 퇴색되는 등 많은 부작용을 낳을 수 있다.

그림 2-1 이벤트의 부정적인 효과

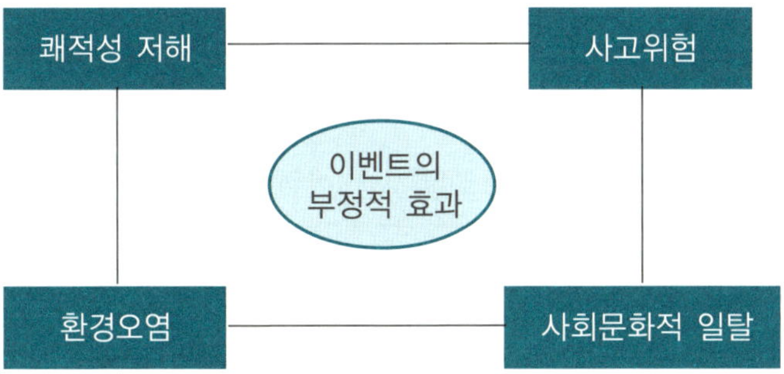

제3절 이벤트의 효과 측정

이벤트의 효과 측정은 결과만 가지고 측정하는 것이 아니라 그 과정도 매우 중요시된다. 즉, 효과 목표화를 설정하여 실시과정에서 착실히 수행해 나가는 것이 중요하다. 이벤트의 효과를 얻고자 할 경우 효과의 소재 · 척도 · 내용의 제약조건을 인식해 둘 필요가 있다. 크게 소재와 척도 및 어떠한 효과를 기대하는가를 정한 다음, 부분적 측정과 종합적인 측정으로 나누어 볼 수 있다.

1. 이벤트 효과 측정 개요

1) 효과의 소재

이벤트 효과 측정은 다양한 개발 기법들이 있다. 이벤트가 벌어지는 장소를 대상으로 어디서 어떠한 형태로 발생하는가를 분명히 해 두는 것이 중요하며 이들의 효과를 어떠한 방법으로 표현할 것인가 결정해야 한다. 사회적 효과, 문화적 효과, 정치적 효과, 경제적 효과 등 각 관점에 따라 다양하게 이벤트 효과를 측정할 수 있다.

2) 효과의 척도

이벤트 효과는 성격이나 상황을 측정하기 위한 각종 배경조건에 따라 다르므로 평가기준에 의해 판정 · 인식된다. 주요 조건으로는 첫째, 이벤트의 구조나 성격에 대한 올바른 파악, 둘째, 측정 작업을 위한 Check List 활용, 셋째, 측정 작업의 조건설정 등이다.

3) 부분적 측정

부분적 측정은 이벤트 행사의 일부분만 측정하는 것을 말한다. 이는 실제의 측정에 있어 직접효과를 파악하는 것으로 입장객 수, 입장료 수입 등이 포함된다. 이는 설문조사 등으로 파악하는데, 입장객의 평가와 이벤트의 감동 및 태도 등을 알 수 있다. 또한 다른 데이터(과거의 매상표 · 경제동향)와 연결시켜 파악할 수 있는데, 경제 파급 효과를 측정하는 기초 데이터가 된다.

4) 종합적인 측정

파악된 각종 효과를 개최주최 측에서 종합적으로 평가하여 판단하는 것을 목적으로 하는 것으로 개최의도의 달성도 등이다. 적절한 이벤트의 효과를 측정함으로써 이벤트 기획에 피드백시킬 수 있는가 하는 것이 이벤트 효과 측정의 기술적 체계이며, 당초의 기대와 비교하여 효과내용의 분석에 의한 원인규명과 예상 외의 반응 등의 원인을 추구하는 데 효과적이다.

기업이 소비자의 관심사항을 알아냈다면, 그들과 함께 할 수 있는 이벤트 프로그램을 개발해야 하는 것은 너무나 당연한 일이다. 하지만 그런 프로그램을 개발하거나 선정하는 것은 매우 힘든 일이다. 이벤트 프로그램을 실행하려고 할 때, 무엇보다도 먼저 필요한 것이 이벤트 프로그램을 평가할 수 있는 평가의 잣대일 것이다. 수없이 많은 이벤트 아이디어가 내부에서 생성되거나 광고회사로부터 제안된다. 그러나 어느 것이 그 기업이 처한 상황에서 가장 효과적이고 적절한 것인지에 대한 판단을 내리기란 쉽지 않다.

이런 고민에 대한 해결의 실마리를 제공해 주는 것이 버슨 마스텔라의 **이벤트 아이디어의 상대적 가치평가**(Relative Value Assessment : RVA) 시스템이다. 이 시스템에서는 이벤트 프로그램의 효율성이 기업이나 제품의 포지셔닝 및 이미지, 매출목표, 마케팅전략, 프로그램의 효율적인 실행 등 여러 가지 기준에 따라 평가된다. 또 여러 이벤트안을 개별적으로 평가한 다음에는 전체를 상대적으로 평가하여 가장 우수한 안을 선정한다. 이벤트는 구체적이고도 명확한 니즈(needs)와 마케팅 목표를 달성하기 위한 전략적 도구로 활용되어야 한다. 따라서 단순한 이벤트 프로그램안 창작보다 그것이 얼마나 효과적인 프로그램인지가 더욱 중요한 것이다. 아무나 할 수 있는 이벤트가 아니라 이벤트에 사용된 비용의 몇 배 이상을 회수할 수 있는 이벤트가 필요한 것이다.

표 2-3 이벤트 아이디어 상대적 가치평가 시스템(버슨 마스텔라의 RVA 시스템)

포지셔닝 · 이미지	
1. 브랜드와 연계되는가?	(　)
2. 기업 이미지 및 개성과 일치하는가?	(　)
3. 제품의 차별적 특성을 강화하는가?	(　)
소계	(　)
각 항목 평균(소계÷3)	(　)

관객도달 · 소구	
1. 정확한 타깃을 도달하는가?	(　)
2. 적절한 도달범위 및 빈도인가?	(　)
3. 타깃의 라이프스타일 및 추구가치에 맞게 소구하는가?	(　)
소계	(　)
각 항목 평균(소계÷3)	(　)

마케팅 · 매출목표	
1. 제품군의 새로운 영역을 구축하는가?	(　)
2. 자사 타 제품의 매출에 기여하는가?	(　)
3. 브랜드 자산을 제고하는가?	(　)
소계	(　)
각 항목 평균(소계÷3)	(　)

마케팅 · 매출전략	
1. 마케팅 · 매출전략과 일관성을 유지하고 이를 지원하는가?	(　)
2. 제품 · 서비스의 계절성에 맞는가?	(　)
3. 제품 · 서비스의 지역성에 맞는가?	(　)
4. 화제성을 유발시키는가?	(　)
5. 효과의 측정이 가능한가?	(　)
소계	(　)
각 항목 평균(소계÷5)	(　)

실행의 효율성	
1. 다른 마케팅 커뮤니케이션 활동과의 효율적인 연계가 가능한가?	( )
2. 소매상과의 효율적인 연계가 가능한가?	( )
3. 관리가 가능한가?	( )
4. 최소노력으로 가능한가?	( )
5. 법적인 문제소지가 없는가?	( )
소계	( )
각 항목 평균(소계÷5)	( )

이미지 · 개성	
1. 이벤트 리더로서 포지셔닝되어 있는가?	( )
2. 경쟁자 이미지와 비교하여 우월성이 있는가?	( )
3. 기업의 이미지나 문화와 일치하는가?	( )
소계	( )
각 항목 평균(소계÷3)	( )

타깃 · 소 구	
1. 높은 타깃 소구력을 갖고 있는가?	( )
2. 타깃 마켓을 겨냥하고 있는가?	( )
3. 지역적 도달 정도는 우수한가?	( )
소계	( )
각 항목 평균(소계÷3)	( )

시장성	
1. 인지도를 창출하는가?	( )
2. 제품의 구매 및 재구매를 유도하는가?	( )
3. 충성도를 높일 수 있는가?	( )
4. 시장점유율을 확대할 수 있는가?	( )
5. 유통망을 강화하는가?	( )
소계	( )
각 항목 평균(소계÷5)	( )

독자성	
1. 고객 및 중간상에게 즐거움을 제공하는가?	( )
2. 독특한가?	( )
3. 경쟁사의 모방이 어려운가?	( )
소계	( )
각 항목 평균(소계÷3)	( )

홍보성	
1. 매년 반복해서 실시할 수 있는가?	(　)
2. TV 등 언론보도가 가능한가?	(　)
소계	(　)
각 항목 평균(소계÷2)	(　)
RVA 점수(각 항목 평균의 합계)	(　)

이각규(2008)는 일반적으로 이벤트는 그 효과를 예상 또는 기대하면서 계획하게 되지만, 측정 방법만이 아닌 기획 단계에서 사전에 몇 개의 대체안을 비교 검토하기 위해 정해진 판단 테이블을 준비하고 그에 따라 개별안을 평가하여 효과적으로 이벤트에 반영하기 위한 표준적인 평가 기법을 고려하는 것이 필요하다고 하였다. 대체안이 없는 경우에도 기대치와 실측치를 정확히 대비해야 하며, 효과 측정 정도에 관한 중요한 조건이 되며, 이 평가 판단을 위한 테이블은 본래 이벤트 기획 때마다 작성되는 것이 바람직하다고 하였다.

효과지표 \ 효과측정의 기법		A. 직접적 계측(혹은 관측)에 의해 파악할 수 있는 효과	B. 앙케트 등을 실시, 그 데이터를 분석하는 것에 의해 파악할 수 있는 효과지표	C. 다른 데이터와 연결 분석에 의해 파악할 수 있는 효과 지표
다이렉트효과	이벤트 자체의 효과 (이벤트의 성과 지표)	• 참가자 수 • 입장료 수입 • 광고료 수입 등 • 기타 수입	• 행사장 내외부의 소비액	
	이벤트 매체로서의 효과		• 이벤트의 인지 • 이벤트 주제의 인지 • 이벤트 내용의 의외성, 화제성 • 개최자의 지명도 • 개최자의 사업 내용 이해 • 개최자에 대한 이미지 • 참가 횟수 • 이벤트 접촉 횟수 • 집객력	
	의식 향상 효과		• 사원의 의식 향상 • 사원의 의식 통일 • 관계자의 공감, 지지의식	
	커뮤니케이션 효과		• 이벤트 매체로서의 효과와 동일함	

효과측정의 기법 / 효과지표		A. 직접적 계측(혹은 관측)에 의해 파악할 수 있는 효과	B. 앙케트 등을 실시, 그 데이터를 분석하는 것에 의해 파악할 수 있는 효과지표	C. 다른 데이터와 연결 분석에 의해 파악할 수 있는 효과 지표
판촉효과		• 이벤트에 의한 행사장 내 상품 매출 • 행사장에서 거래 조건에 대한 사전 문의 상담, 질문 건수	• 구입 의도, 사용 의도 • 호의적 태도 • 사용 구입량의 증가 • 브랜드 교체의 촉진 • 구입 준비 행위 • 신규 사용 촉진	
판매효과		• 행사장 내 매출		• 지역기업, 농특산물 전체 매출 • 상품, 브랜드 매출 • 시장 점유율
직접적 파급 효과			• 이벤트의 인지 • 이벤트 주제의 인지 • 이벤트 주제의 이해 • 이벤트의 평가 공감 • 이벤트 내용의 소구력 • 이벤트 내용의 임팩트 • 개최 주체의 지명도 • 개최 주체의 사업 내용 이해 • 개최 주체에 대한 이미지	
간접적 파급 효과	경제 파급 효과			• 생산 유발액 • 소득 증가율 • 소비 유발액 • 물류 증가량 • 상업 매출액 증가액 • 세 수익 증가액 • 고용 기회의 증대
	기술 발전 효과	• 첨단 기술의 실용화	• 기술 지식의 보급 • 첨단 기술, 지식의 보급 • 자사 보유 기술의 어필	
	환경 개선 효과		• 환경 개선 의식의 향상 • 지역 이미지의 향상 • 커뮤니티 의식의 향상	• 경제 기반의 충실 • 시가지 재개발
	문화 수준의 향상			• 교육 수준의 향상 • 교육 문화 시설의 충실
퍼블리시티 효과			• 고지 효과(홍보 효과) • 효과 여론, 의식 환기	
인센티브 효과		• 거래량의 증가 • 거래 조건의 향상	• 사업 협력, 공헌도 향상 • 공감 의식, 이해도 향상 • 거래도 조건에 대한 협조 이해 • 영업 행위의 활성화	

2. 이벤트의 경제적 효과 측정

이벤트의 효과를 측정하는 데는 여러 방법이 있다. 그러나 이벤트가 실제로 얼마나 경제적으로 행사를 운영했는지 알아보기 위해 Getz(1994 : 437~439)는 경제적 효과 측정방법을 제시하였다. 즉 이벤트 개최와 운영에 따른 이벤트 자체의 수익과 손실을 기준으로 한 경제적 효과에서부터 지역경제에 파급된 간접효과를 포함한 비용·편익의 산정에 이르기까지 여러 가지 방법이 있다.

표 2-4 이벤트의 경제적 효과 측정방법

접근방법	목 적	일반적인 방법
손익분기 또는 이익·손실	• 재무적 효율 및 지급능력에 대한 단기평가	• 직접수입과 직접비용의 산출 • 이익 또는 손실의 산정
투자수익률	• 스폰서와 보조금 지급자의 편익산정 • 개인투자자에 대한 투자수익률(ROI) 계산	• 보조금·스폰서십과 방문수준 • 경제적 편익과의 관계산정 • 표준 ROI산정법 이용
경제적 규모	• 개최지 입장에서 이벤트의 경제적 규모 산정	• 총방문자수와 소비지출 및 주최자의 지출규모 산정
경제적 영향	• 개최지의 거시적 경제편익 산정	• 직·간접 수익과 고용효과 계산 • 승수 및 계량통계 모델 이용
비용과 편익	• 개최지 지역사회와 환경을 고려한 비용·편익 평가 • 이벤트 순가치(純價値) 결정	• 유·무형 비용과 편익의 장단기 비교 • 투자의 기회비용 평가 • 파급효과 계산 • 이벤트 순가치(純價値) 계산

자료 : Getz, 1994 : 437~439.

1) 손익분기 측정방법

손익분기점 분석은 총수익과 총비용이 일치하는 수준에서의 매출량 또는 매출액 수준을 측정하는 분석을 말한다. 이는 매출량 또는 매출액이 BEP(Break-even point)를 넘어서면 이익, BEP에 미치지 못하면 손실을 발생한다. 이는 이벤트의 개최와 운영에 따른 개최자의 재무적 성과를 측정할 목적으로 수행되는 이벤트 효과에 대한 평가방법이라고 할 수 있다. 이 방법은 이벤트 수행을 위해 투여된 직접비용과 이벤트 개최로부터 얻어진 직접수입을 비교하여 이벤트의 운영을 통해 어느 정도의 직접이익 또는 직접손실을 발생시켰는지를 산정하는 접근방법이다. 손익분기점은 주로 다음과 같이 산출한다.

- 손익분기점(채산점)을 산출

  $$\text{손익분기점 매출액} = \text{고정비} \div \left(1 - \frac{\text{변동비}}{\text{매출액}}\right)$$

- 어떤 일정한 매출을 하였을 때 발생하는 손익액 산출

  $$\text{손익액} = \text{매출액} \times \left(1 - \frac{\text{변동비}}{\text{매출액}}\right) - \text{고정비}$$

- 특정의 목표이익을 얻기 위하여 필요로 하는 매출액 산출

  $$\text{필요매출액} = (\text{고정비} + \text{목표이익}) \div \left(1 - \frac{\text{변동비}}{\text{매출액}}\right)$$

그림 2-2 이벤트 손익분기점

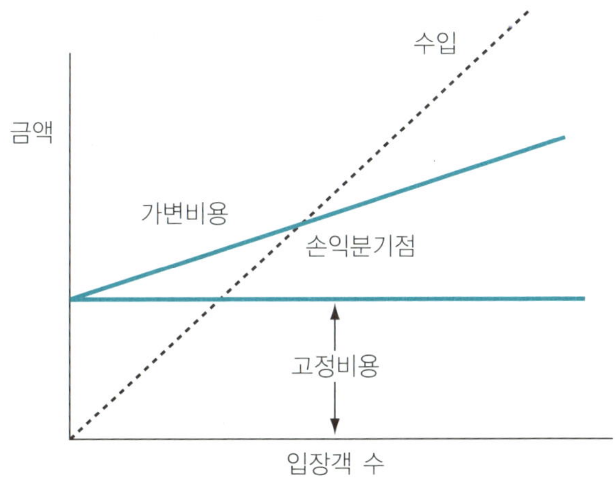

2) 투자수익률(ROI, return on investment) 측정방법

투자수익률 분석은 순이익을 투자액으로 나누어 분석함으로써 기업의 총괄적인 경영성과를 측정할 수 있게 한다. 이 분석은 기업의 경영성과를 크게 수익성 요인과

활동성 요인으로 나눈 다음 다시 세부항목으로 분류하여 궁극적으로 회사의 경영성과를 계획, 통제하는 것을 목적으로 한다.

투자수익률 분석은 미국의 듀퐁(Du Pont)사가 내부통제시스템의 일환으로 개발한 것으로, 투자의 개념을 총자산으로 본 총자산순이익률(ROA, Return On Assets)로 나타내었다. 그러나 오늘날에는 투자를 자기자본으로 본 자기자본이익률(ROE, Return On Equity)이 널리 사용되고 있다. 이벤트 행사에 스폰서십을 제공한 기업들은 자신들이 투자한 비용에 비해 얼마나 많은 효과를 얻었는지를 알고 싶어 하며 이를 통해 다음 이벤트의 스폰서십 규모가 결정될 것이다.

3) 경제적 규모 측정방법

경제적 규모 측정방법은 개최지 입장에서 이벤트의 경제적 규모 산정을 목표로 한다. 주최자가 이벤트 개최를 위한 비용을 산정하고 이것을 이벤트 참가자들의 총지출규모와 비교하여 경제적 규모를 측정하는 방법론이다.

경제적 규모 측정방법이 유효하게 사용되기 위해서는 주최자의 지출규모뿐만 아니라 이벤트 참가자 수와 참가자들의 소비지출을 정확히 산출할 수 있어야 하기 때문에 측정을 어떠한 방법으로 진행할 것인가가 매우 중요하다.

4) 경제적 영향 측정방법

경제적 영향에 관한 측정방법은 개최지의 경제 수입, 외화 수입 및 세수의 증가, 개최지주민을 위한 일자리 창출효과 외에도 연계산업의 성장, 기술 발전, 경제 시스템의 다변화 효과 등의 경제적 영향에 관한 단기적 · 장기적인 영향을 모두 측정하여 개최지의 거시적 경제편익을 산정하는 방법론이다. 연계산업의 성장, 개최지 이미지 제고 등의 경제적 영향은 그 측정이 매우 어렵기 때문에 신뢰성과 타당성을 얻기 위해서는 측정방법의 선택이 매우 중요하다.

이벤트 개최 시 측정하는 경제적 파급효과 분석은 이벤트 실시 사업연도 기간의 총투자비와 국내외 방문객들의 관광소비 지출비용으로 인한 경제적 파급효과를 사용한다. 이는 이벤트 행사 시 집행된 투자소요액에 의한 파급효과와 행사 기간 동안 지출된 방문객 및 외국인 관광객의 관광소비액에 따른 파급효과를 분석하는 것을 말한다. 지역경제의 파급효과를 분석하는 방법은 경제기반모형(Economic base model), 변화 · 할당모형(shift share analysis), 지역경제계량모형(regional econometrics model)과 산업연관모형이 있다. 일반적으로 각 산업 간의 투입과 산출의 연관성이 분명하고 산업 간 또는 경제구조 전반에 걸쳐 광범위한 직 · 간접의 파급효과를 분석할 수 있는 산업연관모형을 적용하여 분석한다. 산업연관 분석은 경제구조 분석, 경제정책의 파급효과 측정과 더불어 경제계획 수립의 기초 자료로 유용하게 활용되고 있는 경제 분석이다.

5) 비용 · 편익(Cost-Benefit Analysis) 측정방법

비용 · 편익분석은 특정 사업 및 서비스에 대해 비용과 편익을 동시에 고려하여 경제적 타당성을 평가하는 방법론이다. 희소한 자원을 효율적으로 사용하기 위해 투입 대비 산출(편익)의 개념으로 특정사업 및 서비스를 평가하는 것으로 특정사업으로부터 발생하는 사회적 관점에서의 비용과 편익을 화폐단위로 측정하여 사회적 순편익을 도출한다. 비용 · 편익의 접근방법은 이벤트의 긍정적 경제효과만을 산정하는 것이 아니고, 이벤트 개최를 위해 투여되는 경제적 비용 및 지역사회와 지역환경에 부과되는 간접비용을 고려하는 방법이다. 즉 비용 · 편익의 산정은 이벤트 개최로 인해 발생하는 경제적 이익과 경제적 비용의 비교, 사회적 문제나 심리적 편익 등 무형의 비용과 편익의 비교를 통해 이루어질 수 있다.

6) 방문객 소비지출 분석

방문객의 소비지출 분석을 위해선 1인당 방문객의 평균 소비지출액을 산출해야 한다. 이는 설문을 통한 샘플링 조사와 직접 대면 조사를 사용한다. 소비지출 내용으로는 교통비, 숙박비, 식음료비, 유흥비, 쇼핑비 등이 있으며 이는 각 항목을 세부적으로 조사하는 방법과 전체 항목을 통틀어 지출한 비용을 조사할 수 있다.

$$TE = V \times AE$$

TE = 관광지출액, V= 관광총량, AE = 1인당 1일당 평균 지출액

방문객의 소비지출 분석은 그 지역의 생산유발효과, 소득유발효과, 부가가치유발효과, 순간접세유발효과, 수입유발효과 등과 연계되며, 이와 함께 고용효과를 측정할 수 있다.

03

이벤트 운영

Event Management

이벤트 경영론

제3장 이벤트 운영

제1절 이벤트 운영 개요

운영이란 조직이나 기구, 사업체 따위를 운용하고 경영하거나 어떤 대상을 관리하고 운용하는 것을 의미한다. 이벤트의 원활한 운영을 위해서는 사전 및 사후의 많은 준비와 노력을 해야 한다. 사전준비는 기획서를 바탕으로 시작된다. 여기에는 이벤트 행사와 관련된 많은 과정과 내용이 포함되는데 이벤트 운영의 기초는 바로 이러한 기획의 완벽한 준비가 우선이다. 기획서와 관련한 사항은 5장의 기획서 수립에서 자세히 언급되어 있다.

이벤트의 원활한 운영을 위해서는 사전 및 사후에 많은 준비와 노력이 필요하고 각각의 다양한 조직 및 구성원들을 비롯한 모든 행사와 관련된 사항들이 조직적으로 짜여야 하는데 이는 조직, 프로그램, 서비스 행사장, 인력을 비롯한 각각 이벤트의 특성에 맞게 구성되어야 한다. 모든 행사는 준비 단계에서 철저한 조사를 시작으로 마무리 단계까지 원활한 시스템으로 이루어져야 한다. 이벤트 운영의 준비단계로는 다음과 같다.

1) 예산의 설정 및 집행방법 설정

모든 행사는 운영의 규모에 따라 예산을 책정하게 된다. 책정된 예산은 각각 행사의 성격과 시스템에 의해 변동되기도 하는데 집행방법에 따라 서로 다른 규모의 예산이 설정되기도 한다. 따라서 올바른 운영을 위해서는 사전에 정확한 예산과 이에 대한 집행방법 등이 정확하게 규정되어야 한다.

2) 법률적 제한 검토

이벤트 행사의 경우 행사의 운영에 비해 현지 법률적인 타당성이 있는가를 검토하여 이에 대한 준비를 해야 한다. 해상 및 수상 관련 이벤트의 경우 해양법, 수질관리법 등을 고려해야 하며, 산악 행사의 경우 산림법 등 행사에 맞는 법률적 검토가 필요하다.

3) 행사의 내용과 시설 규모 확인

각 이벤트의 성격에 맞는 프로그램에 따라 시설들이 다르게 운영된다. 축제 이벤트의 경우 여러 체험 및 관람 시설들이 필요하며, 문화공연 이벤트의 경우 무대 장치에 필요한 조명 · 음향 · 영상 · 특수효과 · 카메라와 같은 시설들이 필요하다. 따라서 이런 시설들을 사전에 미리 섭외하고 계약해야 하며, 배치도를 완성하여 행사 당일에 차질이 없도록 준비해야 한다.

4) 행사 준비 인원의 확정과 대외 인사 섭외

행사에 필요한 인원을 어떻게 배치하고 또한 외부 인사를 초청하거나 유명 인사를 섭외하는 일은 행사의 진행을 위해서 매우 중요하다. 유명 인사들은 행사 개최 이전부터 미리 섭외에 들어가야 하며 확정적인 시간을 약정해 두는 것이 매우 중요하다.

5) 홍보물 제작과 홍보

행사를 위한 홍보는 성공적 이벤트의 필수요소이다. 홍보를 하기 위해서는 어떠한 수단을 사용할 것인지를 미리 설정하는 것이 중요하다. 홍보는 크게 온라인 홍보, 오프라인 홍보 등으로 나눌 수 있으며 온라인 홍보의 경우 TV 광고, 이메일 광고, 포털 사이트 광고, UCC 등 다양한 홍보 제작물 등을 활용해야 한다. 오프라인 홍보의 경우 차량 광고, 옥외 광고물, 팜플렛, 리플렛 등 다양한 광고 홍보물을 제작하여 체계적으로 배포, 배치하는 홍보전략을 수립해야 한다.

6) 스폰서 유치

이벤트 행사 시 운영과 관련하여 비용이 발생하기 마련이다. 따라서 이벤트 운영비용을 위한 다양한 자금의 확보가 필요하다. 자금의 확보는 주최기관 및 관련 기관들의 자금이 필수적이지만 이에 따른 기업 및 다른 단체들의 스폰서 확보 또한 중요한 자금원 중의 하나이다. 기업은 자신의 홍보와 이익을 위해서라면 그에 따른 투자를 하기 마련이다. 따라서 성공적인 이벤트를 운영하고 기획한다면 다양한 스폰서를 유치할 수 있다. 그러나 이벤트 시작 전에는 성패를 증명하기가 어려우므로 관계자들의 다양한 스폰서 확보 전략이 필요하다.

7) 행사 운영 매뉴얼 제작

모든 이벤트는 행사와 관련한 인원 및 장비를 비롯해 구체적인 동선 및 이와 관련한 모든 작업 등을 포함하는 운영 매뉴얼의 제작이 필요하다. 따라서 행사 시 관련자들은 운영 매뉴얼의 지침에 따라 행사를 진행해야 한다.

8) 최종점검 및 리허설

행사를 시행하기 전에 관련자들이 이와 똑같은 상황에서 미리 해봄으로써 행사 시 실수를 줄일 수 있다. 행사의 무대 상황, 프로그램 상황, 인력 상황 등 다양한 상황을 실제처럼 미리 실시해야 사전에 더욱 정확한 시간의 소요와 돌출 요인들을 파악할 수 있다. 이러한 운영 준비를 위해서는 구성원들의 다양한 노력이 필요하다. 이벤트의 운영을 세부적으로 나누어 성공적인 이벤트 행사를 치루는 것은 무엇보다 중요한 과제 중 하나이다. 본 장은 이러한 이벤트의 성공적인 운영을 위하여 구성분야별로 운영방안을 제시하고자 한다.

제2절 이벤트 조직 운영

1. 이벤트 조직의 의의

현대사회 이벤트는 다양한 프로그램과 조직을 가짐으로써 다른 이벤트보다 특색있고 경쟁력을 갖기 위해 많은 노력을 기울이고 있다. 과거의 이벤트 조직은 주로 관주도 형식에 치우쳐져 있었으나 시간이 흐를수록 현대 이벤트 조직은 지역주민, 방문자, 스폰서, 협력업체, 자매기관 등 다양한 조직들이 참여하여 더욱 전문적이고 효율적인 조직체계를 이루고 있다. 성공적인 이벤트를 위해 관련 조직들은 각자의 능력과 화합을 최대한으로 이끌어내어 많은 시간과 노력을 기울여야 한다.

안경모(2002)는 이벤트와 관련된 조직들을 조직위원회, 개최지, 스폰서, 미디어 협력업자, 참가자 및 관람객으로 구분하여, 초창기의 이벤트와는 달리 근래 이벤트는 자신의 특성에 맞게 전문화되고 있으며, 이벤트 조직 또한 과거 독립적인 운영체제에서 지역 및 기업들과 연계한 복합적인 운영체제로 변모하고 있고, 이들은 서로 각자의 목표를 위해 참여하며 관련자들의 목적에 맞게 구성되어야 한다고 하였다.

그림 3-1 이벤트와 관련된 이해당사자 간의 관계

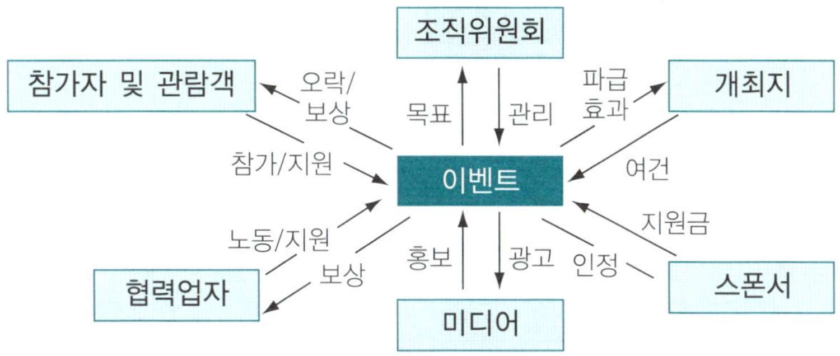

자료 : 안경모 외, 페스티발스페셜이벤트경영, 백산출판사

2. 이벤트 조직의 특성

이벤트의 조직은 이벤트의 특성상 서로 다양한 구성을 이루고 있다. 일반적으로 이벤트 운영은 조직위원회 및 실행위원회를 중심으로 사무국 등을 비롯한 실무국과 이들을 뒷받침하기 위한 전문적인 실행부서로 이루어져 있다. 이들 조직은 이벤트의 내용이나 목적 · 규모 등에 따라 다양한 형태를 가지고 있으며 조현호는 이를 다음 그림과 같이 니다내고 있다.

이벤트 조직은 각자 특성에 맞는 다양한 조직 구성을 이루고 있다. 축제 이벤트의 경우 각 정부와 지방자치단체 및 민간에서 주최하는 경우에 따라 서로 조직 자체가 다르게 나타난다. 주요 조직으로는 제전위원회를 비롯하여 집행위원회, 자문위원회 등이 있고, 실행 부서로는 기획, 공연 및 연출, 재정, 홍보 등 여러 실행 분과들이 유기적으로 움직이는 특성을 지니고 있다.

그림 3-2 이벤트 운영조직도

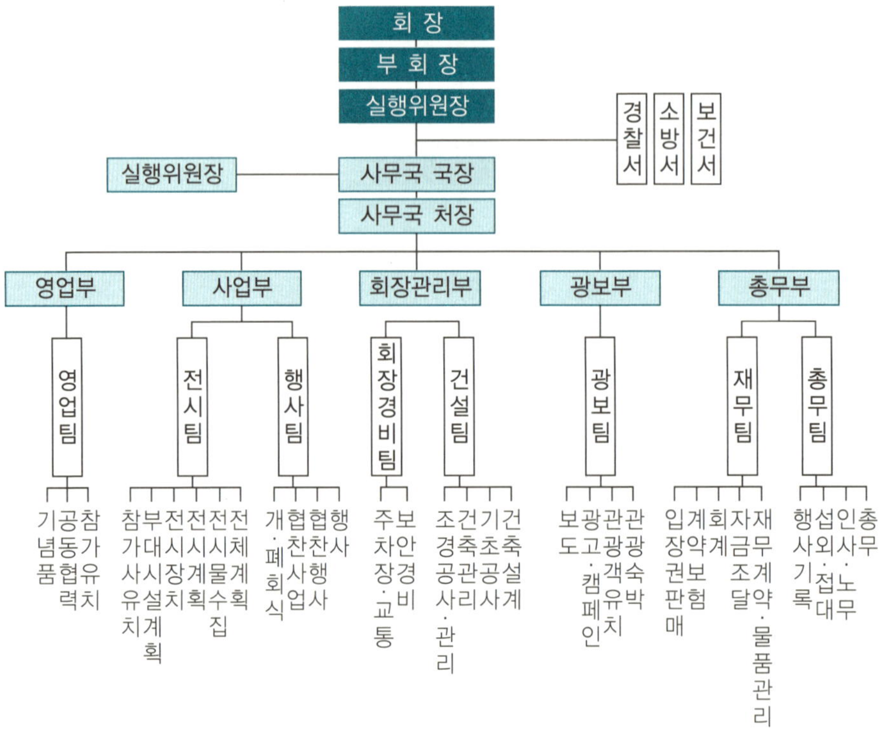

자료 : 조현호 외, 2006 : 113

회의 이벤트의 경우는 조직위원회와 회의사무국, 전시사무국 등이 있으며, 회의사무국은 등록 담당, 회의장 담당 등이 있으며, 전시사무국은 전시장 안내 및 전시장 경비와 보수 등을 하게 된다. 스포츠 이벤트의 조직 경우 의전, 선수관리, 매체관리와 행사의식 등 다른 이벤트 조직과는 서로 상이한 특징을 가지고 있다. 문화공연 이벤트 또한 연출자와 관리감독 등의 조직 아래 무대, 음악, 매표 등 이들 이벤트만의 독특한 조직구조를 구성하고 있다.

그림 3-3 축제 이벤트 조직도

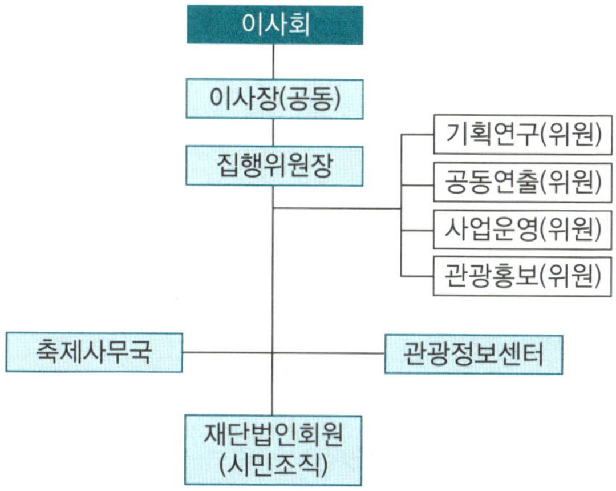

자료 : 안동 축제 관광 페스티발

이벤트 개최에 필요한 조직은 각 이벤트의 특성에 따라 다양하게 나타난다. 그러나 대부분의 경우 기본적으로 조직위원회를 구성하여 각자의 행사를 잘 운영할 수 있도록 지역의 전문가 또는 명망가들 위주로 구성한다. 따라서 이벤트의 조직은 대부분 이들 조직위원회와 유기적으로 결합하여 각 특성에 맞는 실무 부서를 두게 된다. 축제 이벤트, 회의 · 전시 이벤트, 스포츠 이벤트, 공연 이벤트 등 각 성격에 맞는 실행 부서를 운영하여 각자의 특색 있는 업무를 수행해야 한다. 따라서 조직위원회와 이들 실행 부서의 유기적인 운영과 화합이 이벤트 성공에 중요한 요소로 작용하게 된다. 이처럼 이벤트는 각 행사의 특성상 서로 다른 조직 구조를 가지고 있지만 일반적인 이벤트의 조직 구성을 살펴보면 다음과 같다.

그림 3-4 스포츠 이벤트 조직도

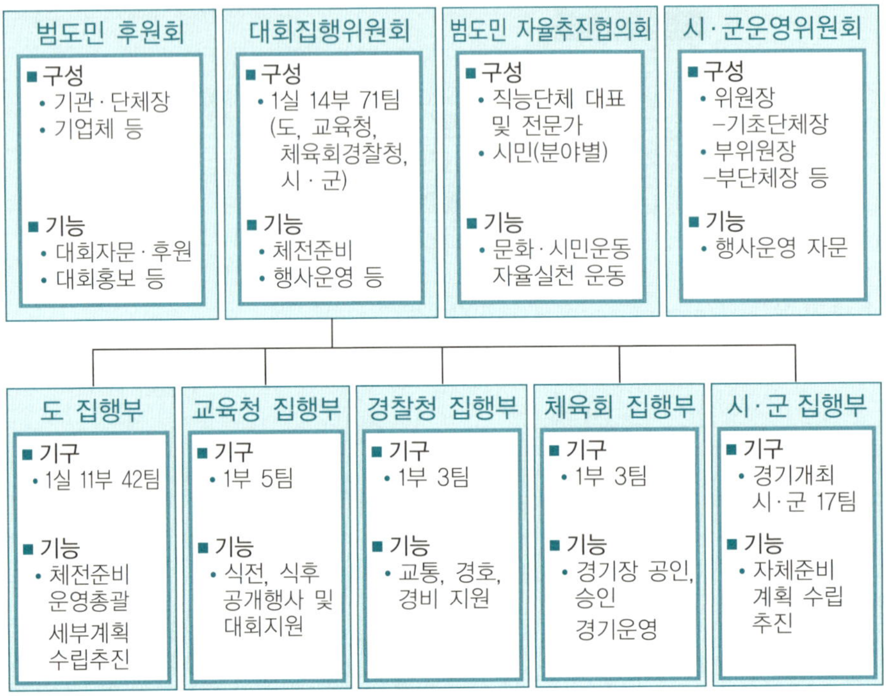

자료 : 전국체전 조직도

1) 조직위원회

조직위원회는 각 성격에 따라서 이사회라고 명칭되기도 하며 이들은 이벤트 조직의 임무, 비전 및 전략을 수행하기 위한 책임기관이라고 할 수 있다. 조직위원회는 조직의 직원과 자원봉사자 및 조직수행업무의 모든 법적 · 재정적 책임기관으로 이벤트의 미래방향을 설정하고, 목표, 희망하는 특정결과, 가치기준의 설정 및 기본정책을 개발하는 핵심기관이다. 조직위원회는 이벤트 시작부터 종료 시까지 행사와 관련한 가장 중요한 결정기구로 구성원은 조직위원장, 고문, 감사, 위원 등으로 구성하고, 주로 전략적 측면의 정책결정과 개최목적 및 개최목표를 관리한다. 조직위원회의 위원장은 주로 지역 명사나 유력인사들이 맡는 경우가 많으며 이는 성공적인 이벤트를 위해서는 지역주민 및 관련자들의 신뢰와 책임감 등이 중요 요소로 작용하기 때문이다.

2) 분과위원회

분과위원회는 이벤트의 특성에 맞는 업무를 관장하는 부서이며 이들은 주로 전문적인 관련자들이 분포되어 있다. 이벤트마다 상이하겠지만 주로 운영분과, 재무분과, 시설분과, 홍보분과, 관광분과 등 특성에 맞는 전문적인 구성원들로 이루어져 각자의 전문성을 최대로 발휘해야 하는 조직이다. 분과위원회는 대부분 상임위원회(standing committee)의 형태로 구성되는 것이 일반적이지만 소규모 이벤트나 일시적으로 운영되는 이벤트의 경우 외부 위탁운영 또는 이벤트 기획 대행업체에 일임하는 경우가 많다.

3) 집행위원회

집행위원회는 추진위원회에서 결정된 사항을 바탕으로 실제적으로 축제를 기획 · 준비하고 실행하는 조직이다. 집행위원장은 추진위원회에서 결정되며, 집행위원장은 상설 또는 축제준비 및 기간 중에만 운영되는 사무국을 관장한다.

4) 실행사무국

중소규모의 이벤트 경우 전문적인 분과위원회를 갖기엔 인력과 자원이 원활하지 않을 수 있다. 따라서 이러한 이벤트들은 대부분 실행사무국에서 대부분의 업무를 총괄하여 운영하고 있다. 경우에 따라서 외부 대행업체에 위탁하기도 하며 이는 단기 행사에서 정규적 인력을 대처하기 어려운 경우 인력 수급의 원활화를 위해 취해지고 있는 방법 중 하나이다.

5) 임시전문위원회

대부분 이벤트의 경우 행사 기간이 짧고 일 년 중에 단기간에 치러지기 때문에 정규적인 위원회를 유지하기 위해서는 많은 시간과 비용이 소요되게 된다. 따라서 각 이벤트 조직들은 행사 기간을 전후해서 이들을 지원하고 운영하기 위한 임시조직을 구성하게 되는데 이러한 임시조직은 이벤트가 끝나면 조직은 해산하게 된다.

6) 자문위원회

자문위원회는 이벤트와 관련된 전문가들이 자신들의 경험과 노하우를 이벤트에 반영함으로써 성공적인 이벤트를 위해 지속적인 노력을 기울이는 조직이다. 특히 지방자치단체의 축제 이벤트 경우 매년 개최되기 때문에 이 행사를 위해 관공서의 관련 부서 직원이나 축제와 관련된 전문가 등으로 구성하여 행사를 준비한다면 성공적인 행사가 될 가능성이 높을 것이다.

제3절 프로그램 운영

이벤트의 특성을 가장 잘 나타내는 것이 프로그램이다. 따라서 프로그램을 운영하는 것은 이벤트의 특징을 표현하는 것과 동일하다고 할 수 있다. 프로그램이란 이벤트를 구성하고 있는 다양한 요소들을 표현하는 것으로 이러한 프로그램은 이벤트 참가자들에게 위락적 내용뿐 아니라 그 외의 여러 기능을 제공한다. 또한 프로그램의 기획과 내용에 따라 참가자들이 느끼는 심리적 만족은 서로 다르게 나타나며 이벤트의 이미지 형성에도 큰 작용을 한다. 따라서 기획자의 프로그램 기획과 실행 조직들의 관리가 성공적인 이벤트의 중요 열쇠가 된다.

1. 이벤트 프로그램 개요

이벤트 프로그램이란 이벤트를 구성하고 있는 다양한 요소들을 일컫는 말로 참가자들을 위해 미리 짜여진 물리적 또는 활동적인 유무형의 구성을 말한다. 이벤트는 그 특성상 서로 다양한 프로그램을 보유하게 되는데 프로그램 기간에 따라 상설 프로그램과 비상설 프로그램으로 나눌 수 있으며, 활동 영역에 따라 체험 프로그램과 관람형 프로그램으로 나눌 수 있다.

1) 상설 프로그램

상설 프로그램은 이벤트가 진행되는 동안 지속적으로 이루어지는 프로그램을 말한다. 상설 이벤트는 주로 그 행사의 성격을 가장 잘 나타내는 프로그램이 주를 이루며 이런 상설 프로그램의 활성화에 따라 이벤트가 활기를 띠게 된다. 대표적으로 전시 이벤트, 기념품 판매 이벤트, 체험 형태의 이벤트, 지역홍보 이벤트 등 이벤트의 특성을 표현하기 위해 다양하게 나타난다.

2) 비상설 프로그램

비상설 프로그램은 단기간의 프로그램을 말하며 일정 기간에만 실시하고 그 후에는 실시하지 않는 프로그램을 말한다. 이는 일시적인 특별 행사에 필요한 프로그램을 말하며 전야제, 개회식, 폐회식, 시상식 등을 들 수 있다. 비상설 프로그램은 비록 단기적이고 짧은 행사이지만 오히려 상설 프로그램보다 더 많이 참가자들의 흥미를 이끌 수 있으므로 잘 구성된 프로그램을 설정한다면 좋은 결과를 낳을 수 있다.

그림 3-5 비상설 프로그램(개막식)

자료 : 제65회 백제문화제 개막식

3) 체험 프로그램

현대사회의 관광형태는 수동적인 관광행태에서 능동적인 관광행태로, 관람형 관광행위에서 체험형 관광행위로 변해가고 있다. 이벤트 역시 많은 참가자들이 직접 와서 관람하는 것 이외에 직접 만지고 체험하는 형태의 프로그램이 선호되고 있다. 문화체육관광부 선정 최우수 축제의 경우 대부분이 참가자들을 위한 체험형 프로그램을 충실하게 운영하고 있는 축제들이다. 체험 프로그램은 참가자들이 직접 느낄 수 있는 가장 좋은 방법 중 하나다.

그림 3-6 **축제 체험 프로그램**

자료 : 보령머드축제위원회

4) 관람형 프로그램

이벤트 특성에 따라 관람형 프로그램이 더 효과적인 경우가 많다. 특히 전시 이벤트나 문화공연 이벤트의 경우 관람형 프로그램만으로도 충분한 이벤트의 즐거움을 느낄 수 있다. 관람형 프로그램의 내용은 음악, 무용, 연극, 민속 공연, 유물전 등 다양하게 나타난다.

2. 이벤트 프로그램 기획

이벤트 프로그램은 그 행사의 성격을 가장 잘 나타낼 수 있도록 설계해야 한다. 따라서 그 행사의 특성을 가장 잘 이해하고 콘셉트를 가장 잘 연결할 수 있는 창의적이고 열정적인 사람들이 모여 행사 하나하나마다 성격에 맞는 프로그램을 구성해야 한다. 오늘날 국내의 수많은 축제 이벤트를 보면 행사의 이름은 각기 다르지만 행사 프로그램은 전문성을 찾기 힘든 경우가 많다. 서로 창의적이지 않은 프로그램들이 혼재되어 있어 그 행사가 무엇을 의도하는지도 알지 못하는 경우도 있다. 따라서 프로그램 기획자들은 이벤트의 성격에 가장 잘 부합하고 이미지를 가장 잘 부각시킬 수 있는 프로그램을 기획하여야 한다. 이러한 프로그램 기획의 첫 출발은 아이디어의 창출에서 시작해 실행 및 평가의 단계를 거쳐 다시 feed back 과정을 거쳐야 한다.

이벤트 프로그램 기획 시 아이디어의 창출 방법에는 여러 가지가 있다. 먼저 이벤트 이해관계자 및 외부로부터의 아이디어를 얻는 방법과 이벤트에 참여하는 수요 또는 현장을 직접 조사하는 방법 등이 있고, 이벤트 기획담당자 또는 개최조직 내 관련 담당자의 기획회의를 통해 구체화시키는 방법이 있을 수 있다. 이벤트 프로그램 기획에 있어 창의적 아이디어 발상(creative idea generation)은 매우 중요하다. 그러나 남들보다 독창적인 아이디어는 갑자기 오는 것이 아니라 이벤트에 대한 평소의 관심과 지식을 갖추어야 함이 우선이다. 이벤트 기획자가 창의성을 배양하기 위해서는 그 외에도 개인적으로 사물에 대한 호기심이 있어야 하며, 창출된 아이디어를 언어적으로 표현할 수 있는 능력을 갖추어야 하고, 또 시각적으로 구성할 수 있는 능력을 지녀야 한다.

창의적 아이디어를 위해서는 기존의 요소를 새롭게 결합하는 능력과 상호 유기적인 관계를 이해하는 능력을 길러야 한다. 이벤트 기획자 역시 이벤트의 특성에 맞는 요소들을 하나씩 결합하여 이들을 각기 유기적이고 독창적인 프로그램으로 개발하여 참가자들을 이끌어야 한다. 창의적 아이디어를 창조하기 위해서는 이것들을 단계적으로 실행해야 하며 이를 5단계로 분리하면 다음과 같다.

1) 자료수집 단계

이 단계는 이벤트 프로그램에 관한 아이디어의 자료가 될 수 있는 자료를 수집하는 단계로 간단하게 생각할 수도 있지만 이것을 무시할 수도 없다. 자료의 수집은 두 가지 유형으로 나누는데 이는 특정자료와 일반자료로 구분할 수 있다.

특정자료는 이벤트와 관련한 자료를 말하며 다른 유사 이벤트의 프로그램 등 전문적이고 세부적인 자료 등을 모두 포함한다. 이러한 특정자료의 수집은 경쟁관계에 있는 이벤트 또는 유사 이벤트의 자료를 대상으로 프로그램 내용을 분석하여 수집하거나 과거 이벤트 참가자의 불만이나 희망사항, 개선사항을 직접 조사하여 체계적으로 자료를 수집할 수도 있다. 일반자료는 이벤트 이외의 자료를 말하며 이는 인구통계학적인 자료, 주변 지역 자료, 역사 문화 자료 등을 포함한다.

2) 감각 단계

이 단계는 머릿속으로 이 자료들을 검토하는 단계로 모든 것이 생각 속에서 뒤죽박죽이고 사방에 명확한 것이 하나도 없는 단계를 말한다. 즉 머릿속으로만 아이디어가 맴돌 뿐 구체적으로 정확하게 돌출되는 아이디어는 아직 없는 단계이다.

이 단계에서는 수집한 다양한 이벤트 관련 자료를 그대로 느끼는 것이 중요하다. 이런 과정을 통해 불확실하거나 파편적인 아이디어들이 천천히 생각나도록 관련 자료들을 퍼즐 맞추듯이 지속적으로 생각해야 한다.

3) 자료의 통합 단계

이 단계는 무의식에서 자료들이 통합되도록 하는 단계로 절대적으로 어떤 의식적인 노력을 해서는 안 된다. 이벤트와 관련된 주제를 통째로 놓아두고 가능한 완전하게 문제를 잊기 위해 노력해야 한다. 이를 위해 음악을 듣거나 영화관에 가는 등 상상력과 감성을 고무시키는 일이라면 무엇이든 자극을 해야 한다. 일단 문제를 무의식에 맡기고 잠자는 동안에도 머리 안에서 아이디어가 이루어지도록 해야 한다.

4) 탄생 단계

이 단계는 프로그램 등의 아이디어가 실제로 탄생하는 단계로 대부분의 창의적인 아이디어가 나올 것이라고 거의 기대를 하지 않을 때 떠오르게 된다. 즉, 한밤중이나 화장실에서나 목욕할 때나 운전할 때 등 주로 무의식적일 때 나오는 경우가 많다. 하지만 중요한 것은 해당 이벤트와 관련된 아이디어에 관한 생각을 계속해야 한다는 것이다.

5) 정교화 단계

이 단계는 아이디어가 실제로 이용될 수 있도록 다듬고 발전시키는 단계로 이제 막 탄생한 작은 아이디어를 현실의 세계로 데리고 나와야 한다. 주로 아이디어가 처음 나올 때는 일반적으로 아주 훌륭하다는 생각은 하지 못하겠지만 아이디어를 가다듬고, 정확한 조건이나 긴박한 현실상황에 맞추기 위해서는 큰 인내심을 가지고 작업해야 한다. 또한 창의적이고 좋은 아이디어를 위해 다른 이벤트 프로그램 전문가와 상의하거나 타인과의 토론을 통해 비평을 받아들이고 이를 개선 · 발전시켜 나가는 것이 좋다.

이벤트 기획담당자 또는 개최조직 내 관련 담당자와의 기획회의(creative meeting)를 통해 구체화하는 방법은 브레인스토밍이나 형태학적 분석 등의 방법을 이용한다. 브레인스토밍(brainstorming)은 다양한 아이디어 중 새롭고 기발한 아이디어를 채택하는 방법으로 비판금지, 자유로운 토의, 많은 토의내용을 원칙으로 하는 방법이다.

형태학적 분석(morphological analysis)이란 이벤트의 목표라는 문제의 명시적 정의를 설정하고, 시간, 장소, 프로그램의 내용 등 중요 매개변수를 정한 다음, 매개변수의 가능한 조합을 열거하여 대안의 타당성을 검토하는 것으로 프로그램의 기획과 구성에 동시에 사용할 수 있는 방법이다.

이 같은 아이디어 발상 단계를 거쳐 창의적인 아이디어가 완성되면 프로그램 관리자는 이를 현실화할 수 있도록 구체적인 실행방법을 찾아야 한다. 아이디어가 아무리 독창적이고 참신하다고 할지라도 너무 추상적이고 비현실적이면 실행하는 데 많은 어려움이 따르게 된다. 창출된 아이디어를 구체화하기 위해서는 그 아이디어가 개최 목적과 일치 여부, 전반적인 경쟁력 여부, 법률적으로 타당성 여부와 현실적으로 실행이 가능한지를 면밀히 검토해야 한다.

더불어 프로그램을 운영하는 데 있어서 경제적으로 타당성이 있는지 또는 내부적으로 충분한 운영능력이 있는지도 세부적으로 검토해야 한다. 즉 시설과 장비제작 가능성 및 비용, 조직의 프로그램 운영능력, 프로그램 운영을 위한 적합한 장소 이용가능성, 기타 프로그램 운영비용 등이 검토되어야 한다. 이런 실행가능성이 충분히 검토되면, 창출된 아이디어로 기획된 다양한 프로그램을 어떻게 구성할 것인가가 계획되어야 한다. 따라서 이를 구체화 할 수 있는 능력을 배양하는 것도 이벤트 프로그램 기획자의 중요한 몫이다.

3. 프로그램 구성

1) 이벤트 프로그램 라이프 싸이클

이벤트 프로그램은 한 번 기획되면 feed back을 거쳐 수정되어야 하며 이들 프로그램 또한 일정한 수명을 가지고 있다. 아무리 좋은 프로그램이라고 할지라도 너무 오랫동안 지속되면 방문자들에게 식상함을 줄 것이다. 놀이공원의 기구들 또한 지속적으로 변화되듯이 이벤트 프로그램 또한 시간이 지남에 따라 지속적으로 변화를 주어야 한다.

2) 프로그램 포트폴리오

Getz는 이벤트 프로그램 포트폴리오 개발목적을 수익발생, 지역사회 공헌, 표적시장 유인, 커다란 홍보효과로 제시하고 있다. 이벤트 또한 하나의 경제 활동 행위로 본다면 이런 활동들은 이익을 내고 주요 방문객들을 유혹하거나 상당한 홍보효과를 발휘하는 모티브로서 활용하게 된다.

Getz는 이벤트 프로그램 포트폴리오 평가를 영리추구 상황에 있어서 BCG Matrix로 적용하였는데 이 모델은 수요와 시장 배분 인자들에 바탕을 두고 있다. 이 방법은 미국의 컨설팅 회사인 보스턴 컨설팅 그룹(Boston Consulting Group)에 의해 개발된 기법으로 성장-점유율 매트릭스(Growth-Share Matrix)라고도 하며 사업이 속한 시장의 성장률과 상대적 시장점유율의 관계 분석을 통해 각 사업을 평가하고 전략을 제시해주는 분석방법이다.

〈그림 3-7〉의 BCG 매트릭스를 보면, **별**은 매년 인기 있고 경쟁우위를 차지하는 프로그램을 말하며 주최자들은 최대의 성장과 이득을 위해 이 프로그램을 지속적으로 발전시켜 나가기를 희망한다. **금송아지** 단계는 경쟁적 우위와 높은 시장점유율은 보이지만 프로그램의 성장률은 낮고 시장에서 다른 프로그램에 비해 독창성을 가지고 있으며 높은 상대적 시장점유율을 유지하고 있는 프로그램으로 수명주기상 성장 후기부터 쇠퇴기까지 속하는 프로그램을 말한다. **개**의 단계는 참가자들의 호응도 낮으면서 상대적 점유율도 낮은 상황에 속하며 프로그램 수명주기상 성장 후기에서 쇠퇴기까지 속하는 프로그램을 말한다. **물음표**는 성장률은 높으나 상대적으로 점유율이 낮은 프로그램으로 수명주기상 도입기부터 성장기 초반에 속하는 프로그램을 말한다.

그림 3-7 BCG 매트릭스

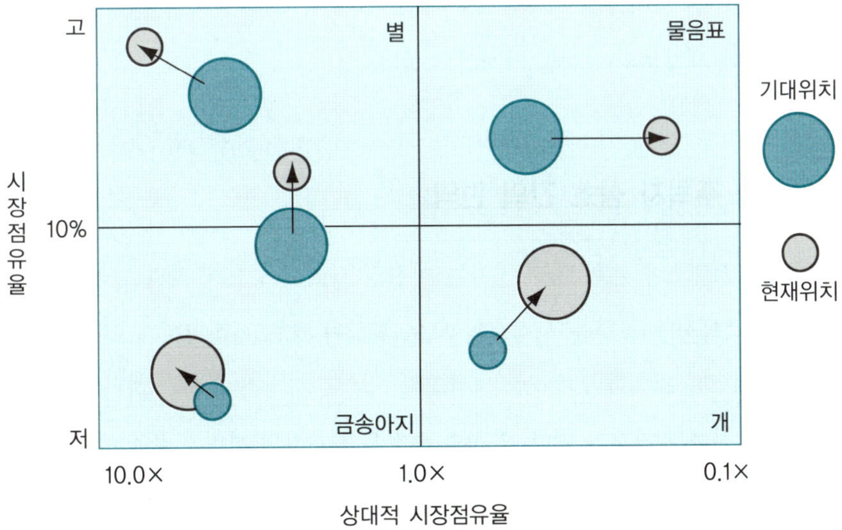

제4절 서비스 운영

1. 이벤트 서비스 마케팅 전략

이벤트는 환경적인 요인을 비롯하여 여러 주변의 변수와 연계되어 행사가 이루어지게 마련이다. 따라서 복합적인 여러 환경들과 유기적으로 연계전략을 구사해야 효과적인 이벤트 행사를 이끌어 낼 수 있다. 이러한 연계전략(Association strategies)은 서비스와 상표명, 상징물 또는 서비스의 무형성의 결점을 극복하기 위한 그 밖의 관찰 가능한 증거 간의 결합을 강조하는 전략을 말한다. 이는 지역과 관련된 연계, 브랜드와 관련된 연계 등 다양한 연계전략을 예로 들 수 있다. 이벤트는 일반적으로 유형물을 제공하지 않기 때문에 이벤트 그 자체가 브랜드가 될 수 있다. 따라서 적절한 브랜드의 선정은 이벤트 주최자에게 대단히 중요하며, 적절하고 확인 가능한 브랜드는 이벤트의 이미지를 확립하고 포지셔닝해 무형성을 극복하는 전략이다.

2. 이벤트 서비스 품질 향상

이벤트 서비스는 주최자와 참가자들 서로 간의 이익과 상호 신뢰를 위해 매우 중요하다. 주최자는 서비스를 제공함으로써 참가자의 신뢰와 만족을 얻고 방문자는 이 서비스를 통해 재방문의 기회를 가지기도 한다.

1) 참가자와 주최자 상호 간의 편익

참가자의 서비스에 대한 여러 평가는 이전의 서비스 경험에 따라 달라질 수도 있으며, 주최 측에서 제공하는 서비스의 모든 과정이 빠르고 정확하게 이루어질 경우 상호 간의 편익을 최대화할 수 있다. 이러한 이벤트 서비스 품질은 하나의 기능으로써 사람을 움직이는 기초가 되며, 양질의 품질은 참가자의 서비스 품질평가에 긍정적인 영향을 주게 된다.

2) 주최 측의 수익전략

서비스 품질은 리더십(leadership) 및 커뮤니케이션(communication)과 불가분의 관계에 있고, 서비스 공약도 준수하는 것이며, 결과적으로 이벤트 주최 측의 수익전략이기도 하다. 따라서 서비스 품질을 관리함에 있어 총체적인 관리가 요구된다. 총체적 품질관리(total quality control)는 참가자 만족을 충족시키면서 경제적으로 마케팅 · 프로그램 개발 그리고 서비스를 제공할 수 있도록 주최 측에서 여러 차원의 서비스 품질개발 · 서비스 품질유지 그리고 서비스 품질개선 노력을 통합시키는 효과적인 시스템이다.

3) 이벤트 참가자의 신뢰와 경쟁적 우위

서비스 품질은 고객의 신뢰이며, 경쟁적 우위를 확보하는 기본요소가 된다. 오늘날 서비스 기업들은 과학과 기술의 진보에 힘입어 생산성과 수익성을 높이기 위한 고객창출과 고품질화로 부가가치를 높이고 있다.

많은 이벤트 주최자들이 행사의 서비스 품질을 향상시킴으로써 행사의 질 향상, 운영비 절감, 행사 직원의 동기유발, 이벤트 신뢰성의 증대, 이벤트 이미지의 제고 등의 이점을 얻을 수 있다. 방문자의 욕구를 충족시켜 줄 수 있는 서비스를 제공하기 위해서는 서비스 제공의 시간(속도), 융통성(원하는 서비스의 제공), 서비스의 최상주의, 방문자가 완벽한 즐거움을 느낄 수 있는 프로그램 제공에 힘써야 한다.

4) 사후 평가자료

서비스 품질은 방문자의 입장에서 행사를 판단하는 평가자료가 되며, 양질의 이벤트 서비스 품질은 방문자의 서비스 품질평가에 긍정적인 영향을 주게 된다. 또한 서비스 품질은 주최자의 입장에서 볼 때 경제 이벤트와 시장위치를 파악하는 기준이 된다.

3. 효과적인 이벤트 서비스 운영

1) 고객욕구와 파악

이벤트 방문자 또는 시장이 원하는 것이 무엇인지 아는 것은 고품질 서비스를 제공하기 위한 가장 첫 번째 단계인 동시에 가장 중요한 단계이다. 고객의 기대를 조금이라도 잘못 알게 되면 여러 가지 문제가 생길 수 있다. 다른 경쟁 이벤트에서 참가자의 욕구를 정확히 파악하는 경우, 상당수의 방문객을 잃을 수도 있으며, 경우에 따라서는 방문자들이 별로 중요하지 않게 생각하는 프로그램이나 행사에 돈이나 시간 또는 다른 자원을 낭비할 수도 있다.

2) 서비스 여건에 맞는 품질 표준의 설정

방문자가 원하는 것이 무엇인지를 정확히 알고 나면 두 번째로 중요한 문제는 이 지식을 이벤트 여건에 맞는 서비스품질 표준으로 변화시키는 것이다. 이를 위해서는 고객 중심의 품질이 유지되도록 운영위원회 및 스폰서 업체가 지속적으로 지원해야 하며 실행 부서에서 행사 방문자 중심의 서비스를 표준설정하고 주최자의 서비스 제공을 위한 기능인식과 새로운 경영방식을 수용해야 한다. 또한 행사의 계속성과 신뢰성을 보장하기 위한 업무의 표준화를 실시하고 방문자의 기대에 맞도록 실제적이고 명확한 서비스 품질목적의 설정이 이루어져야 한다. 행사 진행요원 및 자원봉사자들의 우선적 업무수행을 주지시키고 이벤트 종사자의 서비스 향상을 위한 목적과 우선순위를 이해하고 기준을 설정해야 한다. 이와 더불어 시행된 업무의 향후 평가와 결과를 토대로 보완한 후 다음 행사 시에는 더욱 발전적인 방향으로 시행하고 우수한 관리자와 직원의 보상이 이루어져야 한다.

3) 이벤트 서비스 품질 표준 달성

이벤트 서비스를 제공했을 경우 실제로 전달된 서비스가 행사 진행 요원들의 능력이나 수행의도에 따라서 질이 다른 서비스가 제공될 수 있다. 이렇듯 바람직한 수준의 서비스를 수행할 수 없거나 수행하려 하지 않을 때 Gap이 발생하는데, 설정된 서비스 품질 표준에 맞도록 활용될 수 있는 이벤트 서비스 품질 관리기법이 다음과 같이 설정되어야 한다.

(1) 담당자의 명확한 역할 분담

담당자의 역할을 분명히 하고, 각자의 업무가 어떻게 방문자의 만족에 기여하는지를 이해한다. 담당 직무를 적절히 수행하는데 필요한 지식이 부족하거나 훈련을 받지 못하였을 경우, 그들은 역할모호성(role ambiguity)을 느끼게 되므로 관리자는 담당자의 역할명료성을 증진시키기 위해서 4개의 중요한 도구, 즉 커뮤니케이션 · 피드백 · 자신감 · 능력을 사용할 줄 알아야 한다.

(2) 진행요원의 적절한 배치

이벤트 방문자가 원하는 수준의 서비스를 제공할 수 있는 숙련된 업무능력과 기능을 갖춘 진행요원을 적재적소에 배치함으로써 이벤트 서비스 품질 향상에 기여할 수 있다. 이를 위해서는 잘 짜여진 직원훈련 프로그램을 개발할 필요가 있다. 좋은 훈련을 받은 유능한 직원은 더 나은 서비스를 제공하며, 감시가 덜 필요하고, 또 업무의 효율성도 높다.

(3) 자원봉사 프로그램 실시

자원봉사자를 위한 전문적인 프로그램을 시행해야 한다. 전문적인 고정 인력이 모자랄 때는 자원봉사자를 적극 활용해야 한다. 이벤트 특성상 고정적인 인력을 유지하기가 쉽지 않다. 따라서 단기적인 이벤트 행사의 경우 지역의 우수한 인재를 활용한 자원 봉사자들을 적극적으로 활용해야 하며 이들에 대한 독자적인 서비스 프로그램을 유지하여 실행해야 한다. 주로 자원봉사자들은 업무에 대한 전문성과 열정이 정규 직원보다 떨어지게 마련이다. 따라서 이들을 관리할 수 있는 프로그램을 적극 도입하여 더 향상될 수 있도록 격려하고 지원함으로써 자원봉사자 개인의 능력을 최대한 발휘하도록 해야 한다.

(4) 관련자의 서비스 품질 과정 참가

서비스 품질 표준설정 과정에 이벤트 관련자들을 참여시켜 서로 간의 역할에 혼란을 제거한다. 이벤트 행사 시 방문객들에게 프로그램 등을 실행하고 안내하기에 앞서 관련 종사자들에게 그것을 이해시키지 않으면 안 된다. 서비스 품질을 설정할 경우 서비스 품질 표준설정에 담당자들을 참가시켜야 하며, 이를 통해 서로 간의 역할도 명확히 할 수 있다.

(5) 업무 우선순위와 시간관리 교육

업무의 우선순위 배정과 시간관리 교육을 실시한다. 이벤트 종사자들은 그들이 대하는 모든 참가자들의 모든 욕구를 충족시켜 줄 수는 없다는 생각을 빈번히 갖게 된다. 따라서 업무의 우선순위 결정과 시간관리 교육계획을 종사자들 스스로가 세우고 지켜 나가도록 훈련시킨다.

(6) 권한 부여

목표달성을 위한 부서별 · 업장별 중간관리자와 담당자 또는 자원봉사자들에게 권한을 부여한다. 중간관리자와 담당자에게 권한을 부여하는 것은 그들이 직무를 더 잘 수행하고 기업이 성장하는 데 도움이 된다. 권한부여는 행사장의 가장 밑에 있는 담당자들에게 의사결정권한을 부여하는 것이며, 방문자의 응대에 관한 중요한 의사결정을 직접 할 수 있게 하는 것이다.

행사 담당자들에게 권한을 부여하는 것이 방문자들이 느끼는 문제점에 대한 신속한 해결책이 될 수 있는데, 이는 행사 방문자들을 만족시키는 서비스를 제공하는 것은 여러 직원이 아닌 방문자와 마주하는 행사 요원 한 사람이기 때문이다.

제5절 행사장 운영

이벤트는 많은 사람이 모이고 이동하는 장소이다. 따라서 행사장의 관리에 무엇보다도 신경을 기울여야 한다. 이를 위해서는 이벤트의 특성에 맞는 행사장을 선정해야 하며 교통수단을 적절히 운영하고 관리하여 이동에 민첩하게 대응해야 한다. 또한 사고의 위험이 없는지 면밀히 검토하여 현장을 적절히 통제 또는 해제시켜야 한다.

1. 행사장 위치 운영

1) 행사장 부지

행사장의 부지는 행사를 개최하는 데 있어 가장 우선되어야 할 선제 요건이다. 이러한 행사장 부지를 선정하는데 있어서 다음과 같은 요소들을 충분히 검토해야 한다.

(1) 수용력

행사와 관련한 방문객들을 충분히 예측하여 수용력을 파악해야 한다. 적은 참가인원에 지나치게 넓은 행사장 부지를 선정한다면 행사가 초라해 보일 것이며 많은 행사인원에 좁은 행사장 부지를 선정해도 행사가 어렵게 된다. 따라서 충분한 사전 예측을 통해 많은 행사 인원이 충분한 행사장을 활용할 수 있는 행사장 부지를 선정해야 한다.

(2) 비용성

행사장의 부지가 비용적으로 합당한지를 결정해야 한다. 접근성만 강조한 나머지 지나치게 비싼 비용으로 임대한다든지 행사의 수익성에 비해 너무 고가의 행사장 부지를 선정한다면 성공적인 이벤트가 되기 어렵다. 따라서 이벤트의 경제성을 고려하여 적절한 부지를 선정해야 한다.

2) 행사장 위치

이벤트는 장소가 반드시 있어야 하는 행사이다. 따라서 이런 장소를 어떠한 위치에 설정하느냐는 방문객 유치에 있어 중요한 변수가 된다. 이러한 이벤트 행사장 위치에 대한 중요성과 관련된 특징을 보면 다음과 같다.

(1) 접근성

행사장에 대한 접근성은 무엇보다도 중요하다. 아무리 좋은 행사를 하고 있다고 할지라도 방문객들에게 접근성이 떨어진다면 성공하기 쉽지 않을 것이다. 만약 접근성이 떨어진다면 대비적인 수단을 강구해야 할 것이다. 사전에 도로와 주차에 대한 준비를 충분히 확보하여 고객의 접근성을 원활히 유도해야 한다.

(2) 가시성

이벤트 참가자들이 분위기나 흥미를 느낄 수 있는 가시적인 행사장 위치가 중요하다. 특히 폐쇄된 공간이 아닌 실외에서 실시하는 이벤트 행사의 경우 행사 참가자 이외의 다른 통행자들에게도 흥미를 이끌 수 있는 가시적이고 독특한 공간의 설정이 필요하다.

(3) 중심성

이벤트 참가자들을 많이 유인하기 위해서는 행사장의 위치가 시내 중심 또는 지역의 중심부에 위치해 있는 것이 유리하다. 변방 또는 너무 외곽에 위치한다면 많은 관람객을 끌어들이기 쉽지 않을 것이다.

(4) 밀집성

이벤트는 행사 이외의 다른 업무도 동시에 치를 수 있도록 주변시설이 밀집되어 있는 위치면 행사를 수월히 진행할 수 있다. 이는 행사를 잘 알지 못했지만 다른 업무로 인해 행사장 주변에 있다가 흥미를 가지고 참여할 수 있기 때문이다.

(5) 적정성

이벤트를 개최하는데 행사장 위치가 법률적인 문제는 없는지, 행사로 인해서 주변의 다른 시설과 업무에 해를 미치지 않는지를 고려해야 한다. 또한, 그 장소가 환경적, 사회 · 문화적으로 어떤 영향을 받는지를 면밀히 검토하여야 할 것이다.

(6) 적합성

행사의 목적과 분위기, 이미지가 그 행사장과 잘 결합이 되는지를 고려해야 한다. 문화행사는 문화 관련 지역에, 축제 이벤트 행사는 그 분위기와 이미지가 맞는 지역을 선택해야 한다.

3) 행사장 설치

행사장을 운영하기 위한 설치는 참가자들의 안전과 즐거움을 위해서 신경을 기울여야 하는 부분이다. 쾌적한 행사장을 설치하기 위해서는 다음과 같은 요소들이 필요하다.

(1) 안전성

행사장을 설치할 때 무엇보다 중요한 것은 안전성이다. 행사장 무대와 주변 관람석 또는 참여 프로그램 행사장 역시 방문객들의 안전에 이상이 없는지를 반드시 확인해야 한다. 문화 축제 행사 시에 안전성을 외면한 채 행사를 진행하다간 큰 낭패를 당할 수 있다.

(2) 집중성

이벤트 행사장은 무엇보다도 관중 또는 참가자들이 집중할 수 있는 시설 등을 구비해야 한다. 화려한 조명이나 색다른 장비를 활용하여 참가자들이 프로그램에 집중을 유도함으로써 만족을 느끼고 좋은 이미지를 갖도록 해야 한다.

(3) 분산성

하나의 행사장은 그 행사장에만 집중이 필요하지만 여러 행사장이 산재해 있는 경우 이를 분산시킬 수 있도록 동선 관리 및 배치를 해야 한다. 따라서 여러 행사장을 골고루 볼 수 있는 행사장 구조가 이루어져야 한다. 동선 관리는 원활한 행사진행을 위해 충분히 고려되어야 한다.

2. 행사장 서비스 운영

행사장 운영과 관련하여 방문객들에게 좋은 품질의 서비스를 제공해야 한다. 특히 행사장의 분위기와 서비스는 방문객의 서비스 만족과 직결되므로 항상 행사장 서비스에 많은 관심과 노력을 기울여야 한다. 또한, 이런 서비스는 하나씩 독립된 개체들이 아니라 서로 유기적으로 결합된 하나의 통합 시스템으로 관리해야 한다. 일반적으로 행사장 운영과 관련된 서비스는 다음과 같이 구분할 수 있다.

1) 교통 서비스

교통안내 서비스, 교통시설 제공 서비스, 교통정리 서비스, 주차 서비스, 방문객 수송 서비스 등

2) 안내 서비스

행사장 안내 서비스, 홍보물 제공 서비스, 통역 서비스, VIP 접객 서비스, 관람객 동선 관리, 매표 관리 등

3) 편의, 위생 서비스

식음료 서비스, 상점 서비스, 휴식 서비스, 화장실 서비스, 쓰레기 관리 등

4) 안전 서비스

긴급사태 응답, 커뮤니케이션, 응급 의료 서비스, 방송 서비스, 분실물 신고 등

5) 기술제공 서비스

행사장 음향, 행사장 조명, 상하수 시설, 가스 시설 등

제6절 인력 운영

1. 인력 운영

1) 내부 인력 운영

내부 인력 운영은 이벤트 행사 개최 전후 과정에서 지속적으로 관리하고 향후 동일 이벤트를 준비하는 인력을 말한다. 인력 운영은 인력 관리로 표현하기도 하는데 인력 관리(Human Resource Management, HR)란 조직체의 목표를 추구하기 위해 성원들을 효과적으로 고용해서 조직하는 과정을 말한다.

Stone & Meltz는 인력 관리를 계획 수립(수요 측정, 예측), 직무 분석, 직원 모집과 고용, 오리엔테이션, 연수교육, 간부 소질개발, 보상과 특별한 수당, 건강과 안전 대책, 근로관계, 상담과 구직 알선 프로그램을 포함한다고 하였다. 그러나 오늘날 이

벤트의 인력은 대부분 자원봉사 등 외부 인력에 의존하고 있으며 정규 직원인 내부 인력은 수적으로 소수에 불과하다.

2) 외부 인력 운영

이벤트 운영의 큰 특징 중 하나는 자원봉사자들이 역할이 대단히 크다는 점이다. 대부분의 행사는 자원봉사자들에 의해 진행되며 전문적인 내부 인력 또한 흔히 계약제 또는 파트타이머들이며 이들 또한 자원봉사자들로부터 배출된 경우가 많다. 또한 행사 주최자들과 지역 공동체와의 좋은 관계는 자원봉사자들을 잘 뽑을 수 있도록 하는데 매우 중요한 역할을 한다.

자원봉사자란 보수를 바라지 않고 자발적으로 기관 및 단체에 자신의 서비스를 제공하거나 활동에 참여하는 사람을 의미한다. 자원봉사자는 자원봉사 활동을 통해서 얻을 수 있는 개인적인 목적을 가지고 있다. 자원봉사자는 여러 경로를 통해 모집된다. 대부분의 경우 관련 후원 단체들을 위주로 자원봉사자들이 모집된다. 이들 관련 단체들은 이벤트의 성격에 잘 부합되기 때문에 전문적인 경영, 재무기획, 마케팅, 기술 등 다양한 능력을 갖춘 임시 근로자를 제공해 줄 수도 있다. 또한 국내에서는 대학과 같은 교육기관 등으로부터 자원봉사를 모집하기도 하며 그 외에 사회봉사 단체나 이익단체, 전문성 있는 개인들을 통해서 모집하기도 한다.

3) 자원봉사자 운영

자원봉사자란 사회 또는 공공의 이익을 위해 어떤 대가를 바라지 않고 자발적으로 참여하는 사람을 말한다. 이들에 의한 이벤트 자원봉사 활동은 공통의 흥미를 가지고 일정 기간에 이벤트가 표방하는 비전 및 목표를 적극적으로 표출하고 자발적으로 발전시키는 활동을 말한다.

(1) 자원봉사자의 유형

❶ 보상에 따른 유형 : 순수 무급, 일반 무급, 유급 자원봉사자

❷ 역할에 따른 유형 : ① 통번역, ② 경기진행, ③ 기술지원, ④ 의무, ⑤ 행정관리, ⑥ 사무지원, ⑦ 서비스, ⑧ 문화 · 예술, ⑨ 통제, ⑩ 기타

(2) 자원봉사자의 형태

활동주체	기관	자원봉사 활동내용
공공	중앙정부 및 지방자치단체	상시적인 관광안내 자원봉사활동
		일시적인 축제 및 대규모 국제행사에 참여하는 자원봉사활동
	관광공사	명예통역안내원, 관광환경파수꾼
	자원봉사센터	지역사회, 여성, 청소년 관광자원봉사활동
민간	관광 및 유사관광분야 시민단체	질서, 청결, 친절 캠페인, 관광지 모니터링, 관광안내, 약사탐방 등의 자원봉사활동

(3) 자원봉사자 인적관리 과정

자원봉사자는 먼저 홍보를 통해서 모집을 하게 된다. 그후 오리엔테이션을 거쳐 그 역할을 결정하고 이에 맞는 교육 및 훈련을 하게 된다. 이벤트 실시 이전부터 각 위치에 배치되어 실전 훈련을 하게 되며, 이벤트 실시 기간 중에는 각자의 역할에 대한 책임을 다해야 한다. 이벤트 실시 기간 중 또는 후에 이에 대한 적절한 보상을 실시하여 구성원들의 사기를 북돋아줄 수 있도록 해야 한다. 그리고 이들에 대한 업무의 평가 및 재교육도 중요한 과정 중의 하나이다.

2. 인력 교육

1) 오리엔테이션

이벤트 종사원들의 업무를 숙지시키고 좋은 성과물을 얻기 위해서는 오리엔테이션을 실시하는 것이 중요하다. 특히 이벤트는 정규적인 업무가 아니라 단기간의 비정

규 업무이기 때문에 충분한 업무숙지가 필요한데 오리엔테이션은 이에 매우 필요한 과정이다.

Getz는 오리엔테이션 프로그램을 효율적으로 진행하려면 이벤트에 대한 기본정보 제공을 해야 하며, 행사장과 공급업체 등을 방문하여 업무를 익히고, 다른 직원 및 자원봉사자에게 자기를 소개하고, 조직 문화, 역사, 작업환경에 대한 교육을 받아야 한다고 하였다. 이를 통해 지속적인 분위기를 이어갈 수 있기 때문에 오리엔테이션에서 이벤트의 분위기를 반영시키는 것이 중요하다.

2) 업무 교육

이벤트 종사자들이 효율적으로 업무를 수행하기 위해서는 일정 형태의 교육을 받아야 한다. 특히 교육은 자신의 업무와 직접적인 관련이 있는 교육도 있지만 간접적인 공통 교육 프로그램 등을 받는 것이 중요하다. 자신의 업무뿐 아니라 다른 종사원의 업무를 파악하는 것도 조직의 효율성을 위해 중요하기 때문이다.

이러한 교육은 직장동료가 수행하는 비공식 현장 교육에서부터 광범위한 교육기법을 사용한 공식 교육프로그램에 이르기까지 다양한데 안경모 등(2002)은 교육의 형태와 깊이는 현재의 업무능력과 필요한 업무능력 간의 차이에 따라 결정된다고 하여 이러한 차이를 다음의 활동을 통해 확인할 수 있다고 하였다.

- 기존 직원의 업무능력 평가(필요한 교육 확인)
- 직무능력 분석(직무명세서에 명시된 기술)
- 직원대상 조사(직원이 필요하다고 말하는 기술)

이벤트의 성격상, 자주 개최되지 않고, 단기간 진행되므로 자원봉사자에 대한 교육은 대부분 현장에서 이벤트 매니저나 감독관의 지휘 아래 진행된다. 이러한 상황에서 교육이 효과적으로 이루어지려면 다음 사항을 포함해야 한다.

(1) 학습목표

교육종료 후 교육생이 수행할 수 있는 업무내용의 개요를 파악한다.

(2) 적절한 교과과정

교육내용은 학습목표와 적합해야 한다.

(3) 적절한 교육전략

그룹토의, 강연, 강연/토론, 사례연구, 실연, 현장교육과 같은 형태를 이용한다.

(4) 효율적인 교육

교육자는 위에서 지시를 내리는 전문가가 아니라 기술을 이해하고 설명하면서 교육생의 행동을 관찰, 실수를 교정해주는 조력자의 역할을 한다.

(5) 평가

교육생이 적절한 교육을 습득하였는지 평가해야 한다.

3. 동기부여

동기부여란 조직 내 구성원들에게 조직에 대한 열정 및 애정을 심어주어 개인 또는 조직의 목표를 완수할 수 있도록 환경을 제공하는 것을 말한다. 동기부여에 대한 관심은 매슬로우의 욕구 이론과 허즈버그 이론 등이 발표되면서 조직 내 인력을 관리하는 선진국에서 시작되어 사회 및 산업 여러 분야에 대해 동기적 측면에 관한 연구가 활발히 진행되어 왔다. 이는 산업 및 조직 행동에 있어서 동기에 관한 관심이 크게 대두되고 있음을 나타내는 것으로 이런 상황의 배경에는 먼저 조직 구성원들 개개인의 자주적이고 자발적인 능력을 요구하는 조직 내 민주주의가 강하게 요구되었으며 조직의 효율성이나 생산성과 관련하여 경영자 및 조직 연구가들이 조직에서의 인간 형태에 대해 큰 관심을 갖게 되었기 때문이다. 이러한 동기부여는 다음과 같은 중요성을 갖게 한다.

- 자아실현 기회를 제공

- 과업수행에 대한 자긍심과 자신감 보유
- 직무만족과 생산성 향상
- 조직 유효성을 제고
- 조직의 긍정적 변화
- 인간에 대한 중요성 증대
- 기업 경쟁력을 제고

조직 구성원들에게 동기를 부여하는 능력은 이벤트 관리자가 갖추어야 할 능력 중 기본항목이며 특히 자원봉사자들에게 보상이 주어질 때 이벤트는 매우 창조적이고 효과적이다. Getz(이무영 역, 2005)는 자원 봉사들에게 동기를 부여하는 방법에 대해 그들의 노고를 치하하고 이에 대한 보상을 하는 일반적인 방법들을 다음과 같이 나열해 놓았다.

- 이벤트 무료입장, 무료로 음식 및 음료제공
- 이벤트 기념품 제공(특히 핀이나 옷)
- 쫑파티와 같은 특별한 행사 개최
- 감사패
- 대중매체를 통해서 또는 이벤트에서 그들의 노고를 알리는 방법
- 좀 더 많은 책임을 부여하고 상위 직책으로 승진시키는 방법
- 유명인사, 공연자, VIP들과의 만남
- 매니저, 디렉터, 스폰서, VIP들의 개인적인 감사 인사

04

이벤트 재무

Event
Management

이벤트
경영론

제4장

이벤트 재무

제1절 이벤트 재무

1. 이벤트 재무관리 개요

모든 조직에서 재무관리는 매우 중요한 업무이다. 재무는 금전적인 것과 직접 연결되기 때문에 조직의 상위 직급자들은 재무구조의 흐름을 제대로 파악해야 하며 재무구조를 원활하게 지시할 수 있을 정도의 지식과 재능을 갖추어야 한다. 특히 이벤트의 특성상 재무구조는 연중 장기적인 흐름이 아니라 이벤트 기간의 한시적인 흐름이기 때문에 순간 오류가 큰 어려움을 낳을 수 있다.

따라서 한시적인 이벤트 행사라고 할지라도 현금 흐름파악, 재무제표의 작성, 원가계산서 및 세금계산서 등의 올바른 작성 등이 향후 이벤트의 성공에 많은 영향을 미치게 된다. 아무리 성대하고 큰 행사를 운영했다고 할지라도 재무구조가 좋지 않아 구성원들 모두에게 금전적으로 큰 피해를 준다면 이것은 올바른 행사라고 할 수 없다. 따라서 이벤트가 개최하기 이전부터 자금의 흐름을 파악하여 이벤트 종료 후까지 튼튼한 재무구조를 이루어야 한다.

이벤트의 재무는 이벤트 전 · 중 · 후의 재무관리로 나눌 수 있는데 이벤트 전의 재무관리는 수입으로 보면 스폰서 등을 통한 스폰서십 등이 있고 지출은 행사를 위한 물품 기자재 구입 등이 있다. 이벤트 중의 재무관리로서는 행사 중의 물품판매 관리,

입장권 관리, 행사장 부대비용 관리 등이 있으며, 이벤트 후의 관리로는 부대비용 및 행사 비용 정산, 직원의 인건비 등이 있다. 이러한 관리를 체계적이고 효율적으로 하는 것이 이벤트 재무관리의 핵심이며 중간에 어느 흐름이 끊어진다면 이벤트의 성공도 불투명하게 된다. 이벤트 기간에는 수많은 자금이 유입되고 지출된다. 이러한 자금의 파악이 이벤트 관리자에게는 필수적인 사항이다. 정무영(2005)은 이벤트 매니저들과 기획가들은 비용-수입 관리와 예산을 짜는데 더 현대화하고 정교해질수록 이벤트 조직은 점점 더 사업화된다고 하여 이벤트 재무과정을 다음과 같이 설명하였다.

- 이벤트는 사업이고, 사업으로써 경영되어야 한다.
- 이벤트 조직은 재정적 자급자족을 보장하기 위해 수익을 창출하는 것을 목표로 삼아야 한다. 이익이 없으면 이월 기금도 없을 것이고, 확장을 위한 자본 투자의 가능성도 거의 없을 것이다.
- 이벤트는 전체적인 비용(수입 관리, 예산 수립, 표준화된 회계보고 시스템 등)을 포함하여 재무계획과 제어시스템을 설립해야만 한다.

2. 이벤트 재무관리 계획

이벤트의 재무관리는 자금의 흐름을 어떻게 파악하느냐가 주요 관건이다. 즉 자금관리 시 주의를 요하는 사항을 파악하여 이를 보완하고 개선해 나가는 것이 필요하다.

1) 자금관리 시 고려사항

이벤트 자금은 꼭 생산과 판매에 의한 자금 수입이 아니라 기부금 및 입장권 등 다양하게 나타난다. 수입된 자금을 어떻게 쓰고 관리하여야 하는가의 문제 역시 자금조달 만큼 중요하다. 이러한 문제는 이벤트의 장단기 재무전략 수립에 직결된다. 자금관리에 있어 중요한 사항은 조달된 자금으로 어떻게 그 이벤트 행사 및 프로그램 또는 이미지 등 가치를 창출 할 수 있는 것인가, 창출된 가치는 어떻게 배분하며 또한 어떻게 다시 활용할 것인가, 그리고 관리에 따른 위험을 어떻게 관리해야 할 것인가의 문제를 고려해야 한다. 이벤트 자금의 관리의 구체적인 내용은 〈표 4-1〉과 같다.

표 4-1 자금관리의 고려사항

고려사항	내 용
가치창출(Value Creation) • 주최자, 방문객, 이벤트 종사자	• 가치 창출 • 올바른 현금흐름(Positive Cash-Flow) • 현금회수 대안
가치배분(Slicing the Value Pie) • 위험과 수익배분 • 현금-위험-시간	• 외부 자금 조달 관련된 핵심적인 사항과 법적 절차 • 스폰서 등 외부의 자금주에게 효과적인 사업계획 설명 • 미리 예측하고 대비하여야 할 위험 • 시기(Timing)의 결정적인 중요성
위험처리(Covering Risk) • 부채 : 통제 • 자본 : 단계적 모집	• 필요 자금과 효과적인 조달 • 자금조달 원천 사용 가능 • 필요한 재무 네트워크로서 관계를 굳건히 해야 하는 사람 • 다양한 재무자원 관리

자료 : Jeffry A. Timmons, 「New Venture Creation : Entrepreneurship for the 21st century」, Mcgraw Hill, 1999., 논자 재구성

2) 자금흐름의 예측

이벤트 개최 시 자금이 얼마나 필요하며 얼마가 유입되고 지출되는지는 여러 문제들이 복합적으로 작용하기 때문에 개최시기 이전부터 신중하게 계획을 세워야 한다. 이는 먼저 이벤트 관리자의 전략에 따라 변할 수 있다.

이벤트 관리자가 어떠한 마케팅 전략과 운영전략을 세우고 이를 집행하느냐에 따라 자금의 양이나 필요시기가 다르게 된다. 또한 이벤트의 특성에 따라 자금의 흐름이 달라질 수 있다. 즉 단순히 물건을 진열하고 판매하는 이벤트냐 또는 현장 판매가 거의 없는 전시형 이벤트냐에 따라 자금의 흐름이 다르게 된다. 또한 무대 공연 등 기초적인 행사 장비가 많이 들어가는 공연 이벤트의 경우와 단순한 운영을 필요로 하는 이벤트의 경우 자금의 흐름이 달라질 수 있다. 각 이벤트의 특성에 따라서 장비를 먼저 구입 또는 대여하고 나중에 지불하는 경우와 현지에서 직접 자금을 지불해야 하는 경우 등 특성에 따라서 서로 다른 자금의 흐름을 가지고 있기 때문에 이와 관련한 예측을 신중히 설계하여 집행해야 한다.

그리고 이벤트 관리자는 현재 운영할 수 있는 자금조달 구성을 신중히 고려해야 한다. 스폰서에 의한 자금이든지 아니면 정부의 보조금인지 또는 민간에서 받은 것인

지를 신중하게 고려하여 이것들을 바로 집행할 수 있는 자금과 향후에 들어오는 자금으로 구분하여 파악함으로써 자금의 흐름이 이상 없게 운영해야 한다. 자금의 흐름은 인간의 동맥과 같아서 한번 흐름이 끊어지면 운영에 치명적인 상처를 입힐 수 있다. 따라서 이벤트 관리자는 이벤트 이전과 중 · 후 등 모든 시간별로 자금 흐름의 계획을 철저히 세워서 집행해야 한다.

실제로 현금흐름을 계산하는 것은 그리 어렵지 않다. 간단한 회계적 지식만 알고 있으면 누구나 현금흐름표를 작성할 수 있다. 그러나 이벤트는 현장성이 강하기 때문에 각 이벤트의 특수한 상황을 고려하여 현금흐름에 영향을 주는 요인을 파악하는 것이 현금흐름의 예측과 재무전략의 수립에 도움이 된다.

3. 이벤트 재무전략 수립

이벤트 재무전략을 수립하기 위해서는 다음과 같은 요인들을 고려해야 한다.

- 현재까지의 경영 실적과 성과
- 스폰서가 인식하고 있는 위험
- 현재 이벤트의 특성과 기술
- 방문자 및 수익의 예상 성장률
- 이벤트의 외부 인지도와 발전가능성
- 이벤트 참가자의 요구수익률과 내부수익률
- 필요 자본금액과 조직 내의 자체 산정액
- 성장, 통제, 유동성, 회수 등에 관한 관리자의 목표
- 다른 이벤트와 비교 분석
- 이벤트 관련의 요구 조건 및 계약

재무전략의 수립을 위한 논리와 작업의 흐름을 예시하면 〈그림 4-1〉과 같다. 현금 조달과 소진의 시기 등을 예측하고 이에 대한 대안을 마련하는 등 재무 전반에 관한 사항뿐 아니라 사업기회를 추구하는 과정에서 수립된 마케팅이나 생산운영 등에 관

한 전략에 따라 자금을 조달하기 위한 여러 요구사항을 고려하여 재무전략을 수립해야 한다.

그림 4-1 **재무전략 수립의 예**

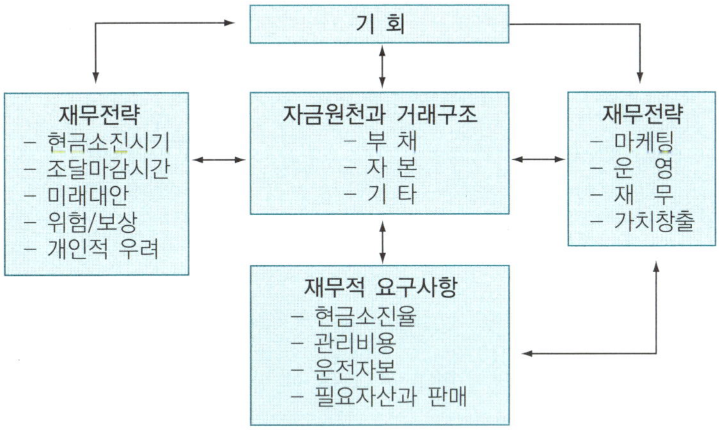

자료 : Jeffry A. Timmons, 「New Venture Creation : Entrepreneurship for the 21st century」, Mcgraw Hill, 1999.

제2절 이벤트 예산수립

1. 이벤트 예산수립 개요

이벤트를 개최할 때 가장 기본이 되는 것이 자금의 흐름이며 가장 우선시해야 하는 것이 바로 예산의 수립이다. 이벤트는 대부분 정해진 행사 내에서 치러지기 때문에 이에 맞는 예산을 확보하고 집행해야 한다. 따라서 행사 이전과 행사 중 · 후에 소요될 자금을 미리 파악하여 예산을 수립해야 한다. 이는 참가자 수, 참여 업체, 프로그램 내용, 이벤트 기간, 필요 장비, 투입되는 인력 등을 사전에 파악해 이에 대한 적절한 예산을 수립해야 함을 의미한다. 대부분의 이벤트는 행사 이전에 미리 자금의 발생이 이루어진다. 즉 이벤트에 대한 홍보, 장비의 임대, 조직 관리 비용 등 행사 이전부터 발생하는 비용을 적절히 파악하여 이에 맞는 예산을 수립해야 한다. 또한 예산수립을 할 때 중요한 것이 현재 보유하고 있는 자금과 수입을 파악하여 세워야 한다는 것이다. 이벤트에 대한 질적, 양적 강화를 위해 수입 및 보유 자금을 무시한 채 예산을 세워서는 안 되며, 반대로 지나치게 자금의 유출을 의식한 나머지 인색한 예산 편성은 행사의 질을 떨어뜨릴 수 있다. 따라서 자금 관리자는 이러한 자금의 파악을 철저히 하여 자금의 유입 시기, 지출 시기 등에 알맞은 적절한 예산을 편성해야 한다.

2. 이벤트 예산관리

1) 이벤트 예산관리 기능

예산관리는 행사 및 관련 조직의 원활한 운영활동에 매우 중요하다. 따라서 예산관리가 갖는 기능은 이벤트 운영에서도 매우 중요한 기능을 하고 있다. 이는 다음과 같다.

(1) 계획기능

예산관리는 이벤트 관리자가 행사를 운영하는데 이벤트의 목표에 따라 사업계획을 계수적으로 예산화하는 기능을 가지고 있다. 이는 다양한 프로그램과 아이템을 각각 개별적으로 비용을 수치화하여 경영에 적용할 수 있음을 의미한다.

(2) 조정기능

예산관리는 서로 다른 부서, 프로그램, 또는 다른 사업별로 운영되는 부문 간의 조정기능을 한다. 미리 예산을 확보하여 사전에 이에 대한 적절한 운영을 하다가 행사별로 자금에 차질이 생기면 이를 합리적으로 운영할 수 있음을 의미한다.

(3) 평가기능

이벤트 예산은 사후 실적을 예산과 대비하여 분석, 평가하는 기능을 한다. 즉 이벤트 행사 이후에 소요되는 비용을 파악하여 초기 예산에 알맞게 운영이 되었는지를 평가할 수 있다. 이는 향후 차기 행사 운영에도 반영할 수 있다.

2) 이벤트 예산수립 시 고려사항

이벤트는 현장성이 강하기 때문에 미래에 대한 정확한 예측이 필요하다. 따라서 예산을 수립할 경우 이에 대한 고려사항을 충분히 감안하여 작성해야 한다. 이경모(2002)는 예산수립 시 고려사항으로 내적 요인과 외적 요인으로 구분하여 이에 대한 대비를 강조하고 있다.

표 4-2 이벤트 예산수립 시 내 · 외부 고려요인

내적 요인	외적 요인
• 지출과 관련되어 수행되는 업무활동내용과 필요성 • 업무활동의 예상비용과 우선순위 • 업무활동으로부터 얻어지는 편익과 수익 • 지출의 관리 · 통제방법	• 세금 및 이자 • 인플레이션 • 보험 • 환율 • 비상예산

자료 : 이경모, 2002 : 231

3. 이벤트 예산운영

1) 예산편성

이벤트 경영에서 사용되는 예산편성 시 유의해야 할 것은 예산과 관련한 주관 업무를 한 부서 또는 담당자에게 일임해야 한다는 것이다. 이는 예산편성 시에는 사업 단위별, 예산항목별로 예산 주관부서를 선정하여 예산편성 및 관리 업무를 총괄적으로 수행토록 해야 함을 의미한다. 그럼으로써 예산과 관련한 불필요한 부서 이기주의나 필요 없는 예산의 낭비를 줄일 수 있으며 예산을 집중적으로 통제할 수 있다. 또한 예산편성 시에는 이벤트 관련 부서들이 통일적으로 적용할 수 있도록 편성 기준을 설정하여 통보해야 하는데 이는 부서 간의 신뢰를 주고 예산의 정확한 집행이 이루어질 수 있도록 도와주는 역할을 한다. 이와 더불어 예산편성 시에는 통일적으로 적용할 수 있는 양식을 작성하여 통보하는 것도 중요하다.

안경모(2002)는 예산 편성과정을 5단계로 나누고 이를 이벤트의 경제활동을 설정하는 것부터 시작하여 예산 가이드라인의 설정, 비용 및 수입 부분 확인 및 예상을 거쳐 예산 초안을 작성하여 점검하는 것으로 구분하고 있다.

그림 4-2 이벤트 예산 수립과정

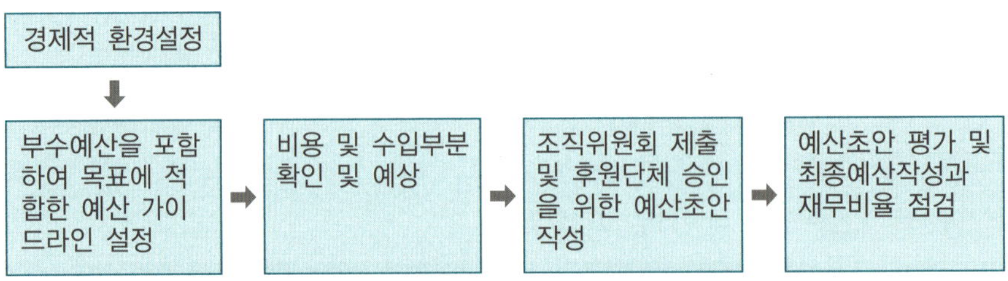

자료 : 안경모, 2002: 211

또한 이경모(2002)는 이벤트 운영에 소요될 필요예산을 추정하기 위해서는 5단계로 구분하여 설명하였는데 먼저 재무자원의 규모를 측정해야 하고, 이를 위해 부문별 하위예산을 집계해야 하며, 이에 따른 가예산을 설정하고 이해관계자의 승인을 받아 최종적으로 예산을 확정해야 한다고 하였다.

2) 수입예산

이벤트의 수입은 그 행사 성격에 따라 다양하게 나타난다. 예를 들면 스포츠 이벤트의 경우 입장료가 대부분의 수입이 되며 음식축제 등은 현장에서 판매하는 음식 등이 대부분의 수입으로 들어오게 된다. 따라서 이벤트의 수입예산은 그 행사의 특성에 따라 적절한 판매예측을 통해 수립해야 하며 이를 위해 많은 데이터나 자료 등을 활용할 수도 있다.

문상의(2003)는 이벤트를 개최하는데 소요되는 경비를 충당하기 위해 수입예산을 편성해야 한다고 하였다. 수입예산 부분에는 컨벤션의 경우 성격과 규모에 따라 다르지만 참가자의 등록비, 주최자의 자기자본, 후원금, 판매수입, 전시수입, 광고수입, 기타 잡수익 등이 있다. 이경모(2002)는 이벤트의 수입원을 행사 전 수입원과 행사 중 수입원으로 구분하였다. 행사 전 수입으로는 지원금 · 기부금 및 스폰서십, 광고판매 등이 있으며, 행사 중 수입으로는 프로그램 운영 및 기념품 판매 등이 있다.

이벤트 예산을 조달하는 방법은 여러 가지가 있다. 이는 크게 직접 이벤트를 운영해서 생기는 운영수입과, 운영과는 상관없이 외부에서 들어오는 지원수입으로 나눈다.

운영수입은 크게 프로그램 운영수입, 판매수입, 광고수입으로 나눌 수 있다. 프로그램 운영수입은 프로그램에 참가하는 사람들에게 직접적으로 받는 수익으로 체험활동 참가비, 참가등록비 등이 있다. 판매수입으로는 현장에서 직접 판매에 의해 이루어지는 수입을 말하며 이는 입장권 판매, 기념품 판매, 부스 판매, 식음료 판매 등으로 발생하는 수입을 말한다. 광고수입은 로고 사용료, 방송중계료 등이 있는데 스포츠 이벤트의 경우 광고수입이 매우 큰 비중을 차지한다. 직접적인 판매수입과는 달리 간접적으로 얻어지는 지원수입은 크게 지원금과 스폰서십으로 나뉜다.

그림 4-3 **프로그램 운영수익**

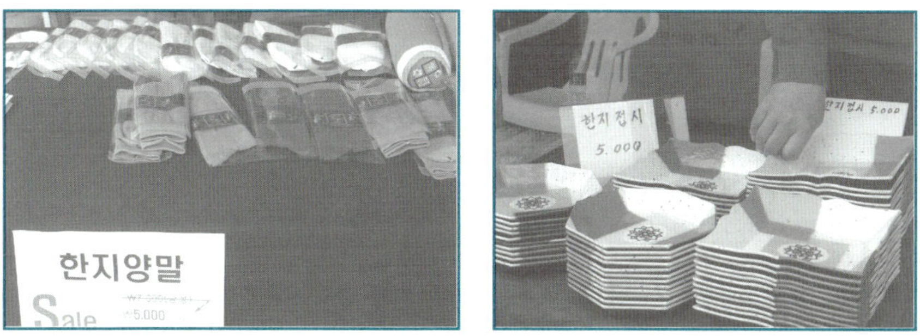

지원금으로는 각 지자체 위주의 행사를 위해 편성해 두었던 이벤트 예산이 있으며 문화관광체육부 또는 정부에서 지원하는 정부 보조지원금이 있다. 현재 수십 개의 지역 축제가 문화관광지원 축제로 선정되어 정부의 보조금을 받고 있다. 또한 정부 및 관공서 지원금 이외에 개인들이 모금하는 성금이나 단체의 기부금, 제전위원회 또는 이벤트 관련자들의 지원 회비 등도 포함된다.

스폰서십으로는 이벤트의 로고나 휘장을 사용할 수 있는 자격을 부여하는 조건으로 기업이나 단체로부터 받는 지원금이며 기업 등은 이벤트를 통해 기업의 광고가 충분히 전달되기를 희망한다.

표 4-3 이벤트 수입원

구 분	항 목	수입원
운영수입	프로그램 운영수입	체험활동 참가비, 참가등록비 등
	판매수입	입장권 판매, 기념품 판매, 부스 판매, 식음료 판매, 저작권 판매
	광고수입	방송중계료, 로고 사용료
지원수입	지원금	관련 지방자치단체 및 정부 지원금, 자치단체 운영 보조금, 개인 성금, 단체 기부금
	스폰서십	라이센스 · 휘장 및 로고 사용권

3) 지출예산

이벤트에 소요되는 지출은 특성에 따라 다양하게 나타난다. 문상희(2003)는 이벤트 지출비용을 성격에 따라 고정비용과 변동비용으로 구분하였다. 국제회의 이벤트의 경우 고정비용은 참가자 수나 개최와 상관없이 계약 시에 지출되는 비용으로 장소의 임차료, 회의장, 초청인사 사례비, 홍보활동비, 조직위 관리비, 시청각기기 및 가구임차료, 인쇄비, 전시장 안전 관리비 등이 있으며, 변동비용은 참가자 수에 의해 영향을 받는 장비로 식음료비, 관광 및 수송비, 각종 공연 사고 행사비 등이 있다. 기타 비용으로 예비비가 있다.

또한 Catherwood & Van Kirk(1992)는 이벤트 비용의 유형을 네 가지로 구분하고 있으며 행정비용과 이벤트스탭의 인력비용을 포함하는 이벤트 운영비용, 행사장 사용비용, 광고와 PR 등의 촉진비용 및 엔터테인먼트 비용 등으로 구분된다. 이경모(2002)는 예산과 관련한 지출항목으로 6가지를 제시하였는데 행정비용, 마케팅비용, 운영비용, 시설 및 장비비용, 교육 및 훈련비용 그리고 프로그램제작 비용으로 구분하였다. 즉 이벤트는 특성에 따라 다양하게 비용이 지출되는 것으로 이러한 이벤트

비용을 종합적으로 정리하면 관리비용, 마케팅비용, 인건비용, 운영비용, 제작비용 및 기타비용으로 나눌 수 있다.

표 4-4 이벤트 비용 항목의 예

구 분	항 목
관리비용	임대비용, 집기비용, 통신비용, 발송비용, 보안비용, 출장비용, 청소비용, 경비비용, 위생비용, 식사비용 등
마케팅비용	광고비용, 홍보물인쇄비용, PR비용, 퍼블리시티비용 등
인건비용	급여비용, 보험비용, 출장비용, 초청강사비용, 각종 교육비용, 공연자 출연료 등
운영비용	행사 차량대여비용, 식음료 및 식사비용, 체험프로그램 재료비용, 이벤트 평가용역비용, 방문객 수송비용, 인허가비용
제작비용	무대장치비용, AV장비비용, 조명장비비용, 음향장비비용, 추가 장비비용, 보안장비비용, 기록물제작비용, 장식비용
기타비용	접대비용, 지역사회 기증, 포상비용, 예비비용

제3절 이벤트 스폰서 관리

1. 이벤트 스폰서십 개념

스폰서십은 기업이 마케팅 커뮤니케이션의 여러 가지 목표를 달성할 목적으로 단체나 개인 또는 기업에게 현금이나 물품 또는 서비스를 제공함으로써 기획, 조직, 실행, 통제하는 활동이다. 전통적인 예술 또는 사회분야에 대가없는 지원이나 후원과는 다르며 이득 등의 반대급부를 얻는 것을 주목적으로 한다. 스폰서십은 자선적인 의미와는 하등 관계가 없으며, 결코 기증의 의미도 없다. 스폰서는 상업적 거래이며, 스폰서 업체는 페스티벌이나 이벤트를 통해 목표시장과의 커뮤니케이션이 가능해짐으로써 광고와 같은 다른 홍보전략보다 스폰서가 훨씬 효과적이라 판단하고 스폰서를 하게 된다.

스폰서십의 정의는 학자들마다 표현하는 데 있어서 다소의 차이는 있으나 양자 간에 상호 이익을 제공한다는 교환의 법칙이 적용되고 있음을 알 수 있다. 영국관광위원회(English Tourist Board)는 스폰서십의 개념을 후원하는 자와 받는 자 양자 간의 상호 이익을 위해서 설정된 목표에 접근하는 사업적인 협약이라고 강조하였다.

Getz(1997)는 스폰서를 가리켜 **기업 또는 개인이 특정한 혜택을 대가로 받기 위해 금전이나 서비스 또는 기타 지원을 조직위원회에 제공하는 것**이라고 정의하였으며 가드너와 슈만(Gardner & Shuman)은 스폰서십(sponsorship)을 판매량의 증가, 기업의 명성과 상품의 이미지 향상 그리고 상품인지도를 증가시키는 것과 같은 다양한 법인의 목표를 달성하기 위해서 이벤트나 대의명분에 투자하는 것이라고 하였다.

Sleight(1989)는 스폰서십을 금전이나 용역을 제공하는 자와 그 대가로 상업적 이익을 목적으로 권리를 부여받거나 제휴를 하는 개인, 이벤트, 혹은 단체와의 사업적 관계라 하였고, Sandler와 Shahi에 의하면 스폰서십은 **특정 행사나 활동과 직접 제휴하는 대가로 행사나 활동에 조직이 직접 재정적 · 인적 · 물질적 지원을 제공하는 것이고, 그 후 자본을 제공하는 조직은 직접적인 제휴를 그들의 사업, 마케팅, 매체 목적을 위해 쓸 수 있다**라고 정의하였다.

미낭한(Meenanghan)은 스폰서십을 상업적 목표를 달성하기 위한 상업적 조직에 의한 활동으로 재정이나 물품에 대한 지원규정이라 하였으며, 샌더와 샤인(Sander & Shain)은 이벤트나 그 활동에 직접적으로 제휴를 위한 교환의 일종으로, 조직에 의해 이벤트나 활동에 직접적으로 공급되는 재원에 대한 규정이라고 하였으며, 그 조직체는 마케팅과 매체목적을 달성하기 위하여 이런 직접적인 제휴를 맺을 수 있다고 하였다.

스폰서십은 기업이미지의 강화나 브랜드 인지도의 증대, 또는 제품이나 서비스 매출의 직접적 증가 등의 기업목표를 위해서 행해지는 특별 이벤트를 특정 형태로 지원하는 것을 의미한다. 스폰서십은 다양한 형태로 이루어질 수 있는데, 개인이나 단체에 의한 스폰서십이나 지속적 또는 일회적 스폰서십 등으로 나눌 수 있다.

그림 4-4 기업의 스폰서십

자료 : http://www.chelseafc.com/

기업이 지원할 수 있는 행사나 활동에는 여러 종류가 있는데, 기본적으로 스포츠, 예술, 교육 또는 지역사회 행사들이 그 대상이 된다. 하지만 이들 중에 일반기업이 선수, 팀 또는 스포츠 행사를 후원하는 것이 대표적인 스폰서십이다. 미국의 EIU(Economist Intelligent Unit)는 스폰서십의 본질적인 요소들을 첫째, 스폰서는 스포츠나 문화적인 의미를 부여하여 어느 정도 여가를 추구하는 활동에 현금이나 물품지원으로 기여를 하는데, 어떤 경우에 있어서는 그런 것이 공동체 사회에 가치가 있을 수 있을 것이고 둘째, 스폰서로 위임된 기업의 활동은 전적으로 상업적인 측면만을 의미하는 것은 아니며 셋째, 스폰서는 일반적으로 퍼브리시티라는 관점을 지니는 형태로 보상을 기대한다는 것으로 정의하고 있다.

이벤트의 스폰서십에서도 위 예와 같은 의미를 부여할 수 있다. 국내의 수많은 이벤트들은 지역에 따라 개최목적이 조금씩 다르기는 하지만, 이벤트를 통해 지역의 발전을 촉진하고, 경제적인 이익을 남기며, 지역을 홍보할 수 있는 기회를 얻으려는 복합적인 목적을 가지고 있다. 그러나 대부분의 이벤트는 독자적인 재원을 확보하는데 많은 어려움을 겪고 있다. 여기에는 초기부터 너무 큰 규모의 이벤트를 계획하거나 전시용의 이벤트를 기획하는 등 지방자치단체가 가지는 불합리성에 의한 원인이 있기도 하지만, 근본적으로 우리나라 대부분의 지방자치단체 재정상태가 열악하다는 한계가 나타나기 때문이다.

오늘날 이벤트는 그 지역을 홍보하는데 매우 유용한 역할을 하고 있으며 이들은 또 하나의 관광자원으로 지역발전에 큰 몫을 하고 있다. 따라서 기업 등을 비롯한 많은 단체들이 이벤트 스폰서에 많은 관심을 가지고 있다. 현재 많은 이벤트 중에서 스포츠 이벤트는 스폰서십이 매우 활발하게 이루어지고 있으나 지역 축제 이벤트의 경우 스폰서십이 제대로 이루어지지 않고 있다. 지역 축제 이벤트를 개최하는 투자 주체는 보통 지방자치단체를 중심으로 하고, 관련기관 및 기업들이 후원하는 형식을 띠고 있다. 이것은 자본 면에서도 마찬가지인데, 중앙정부 및 지방정부 차원의 예산이 배정되고, 여기에 관련기업 및 지역관련자들로부터의 기부금 또는 스폰서십을 확보해 조성하는 특성을 보이고 있다. 따라서 축제 이벤트 또한 기업이 자신 있게 스폰서를 할 수 있는 경쟁력과 영향력을 확보해야 한다.

기업들은 스폰서십과 관련되어 미디어의 높은 광고효과에 관심을 기울이고 있다. 소비자들이 여가를 보내면서 자사의 상품을 현시적으로 인지하는 중요한 커뮤니케이션 수단이 되기 때문이다. 그리고 상대적으로 저렴한 비용으로 중요한 목적 집단과 접촉할 수 있는 기회를 제공한다. 많은 기업들이 스폰서십에 높은 관심을 보이는 배경은 먼저 방송 등 전통적 광고매체의 단가상승으로 인해 새로운 광고 매체의 필요성을 느끼기 때문이다. 둘째는 전통적인 광고의 누수손실과 영향의 한계점이며, 셋째는 미디어 간의 경쟁심화로 인해 스폰서를 활용한 기업홍보가 더 효율적일 수 있다. 넷째는 목적 집단에 효율적으로 접촉할 수 있는 새로운 커뮤니케이션 형태가 필요하기 때문이며, 다섯 번째는 여가 증대와 소비자 라이프 스타일 변화에 대한 기업 측면의 대응이 변하였기 때문이고, 마지막으로 기업이 스폰서십에 관심을 가지게 된 배경은 기업이 공익적인 사회적 책임에 대한 요구가 증가되고 있기 때문이다. 따라서 이벤트 스폰서십 또한 기업이 더 많은 홍보와 기업의 이윤을 얻을 수 있도록 영향력을 키워야 한다.

2. 이벤트 스폰서십 종류

일반적으로 스폰서에 참여한 기업은 소비자에게 강한 인상을 심어 자사의 상품을 긍정적으로 알리고자 한다. 따라서 스폰서가 기업의 입지를 강화해 주는 효과적인 방법의 하나라 믿고 있고, 소비자는 그들이 관심을 가지고 있는 단체나 이벤트에 지원하는 기업이나 제품에 대해 친근감과 함께 호의적인 태도를 갖는다. 스폰서는 그들이 후원하고 있는 이벤트에 근거하여 제품의 이미지를 새롭게 창조할 뿐만 아니라 참가사들을 대상으로 마케팅 목표를 성할 수 있다. 이늘 기업이나 단체가 제공하는 스폰서는 다양한 형태로 나타나고 있는데 다음과 같이 정리할 수 있다.

1) 공식후원사(Official Sponsor)

일정액의 금액을 이벤트 조직위원회 등에 지불하고 휘장과 마스코트 등을 사용할 권리를 부여받으며, 이를 기업이나 제품의 PR, 영업 광고 등에 이용할 수 있다.

2) 공식공급업체(Official Supplier)

금전적인 것보다 행사에 필요한 물자나 용역 등을 지원함으로써 지원되는 공급 물자 등에 휘장과 마스코트를 활용하여 PR, 영업광고를 할 수 있는 권리를 부여받는다. 1928년 암스테르담올림픽 때 코카콜라사가 대량의 코카콜라를 수송하여 미국 선수단에게 제공하여 미국 내에서 코카콜라 선풍을 일으킨 것이 근대 스폰서 마케팅의 효시이다. 미국 소비자의 40%는 올림픽 스폰서라서 코카콜라를 마신다고 할 정도이다.

3) 공식제품, 서비스(Official Product/service)

이는 행사를 기념하는 각종 기념품을 제작, 제조, 판매할 권리를 부여받는 것을 말한다.

그림 4-5 최초의 올림픽 스폰서 업체

4) 장비공급업체(Equipment Supplier)

협력회사 또는 기술제휴사라는 방식을 도입하여 세계적으로 유수한 기업들이 인력과 기술을 투입하여 대회운영과 준비에 만전을 기하도록 하는 반면 기업에는 기술개발과 자사 제품 및 기술을 홍보하고 휘장과 마스코트 등을 활용하여 자사제품을 홍보할 수 있는 기회를 부여받는다.

5) 공식상품화권자(Official License)

라이센싱은 한 기관이 다른 회사에 대하여 판매에 근거한 로열티 지급의 대가로 소매상품에 상표등록된 로고와 용어를 사용할 상업적 권리를 부여하는 계획이다. 라이센싱 산업은 지난 10년간 크게 성장했다. 이러한 라이센싱 성장의 대부분이 상품명과 상표를 보호하려는 기업과 스포츠팀의 치밀하고 방어적인 법률전략의 개발로부터 퍼져나갔다는 점을 주목할 필요가 있다. 오늘날 라이센싱은 몇몇 기업과 스포츠 그리고 흥행기관의 주요 수입원으로서 기능을 하고 있으며 발전가능성이 가장 큰 분야로 기대되고 있다.

3. 이벤트 스폰서십 역할 및 효과

기업들이 마케팅 도구로 스폰서십을 활용하는 목적은 궁극적으로 판매신장과 이를 통해 이윤을 증가시키는 데 있다. 특히 스포츠 이벤트의 경우 현대 사회에서 스포츠가 여가 생활의 중심역할을 하고 있으므로 기업은 스포츠 이벤트 스폰서십이 기업에 더 많은 마케팅 효과를 줄 것이라고 믿고 있다.

영국의 스폰서십 전문 조사 기관인 SRI(Sponsorship Research International)가 미국 월드컵의 성과를 스폰서십 측면에서 조사한 결과, 스폰서로 참여한 기업들은 역동적이고, 선두기업이며, 세계적인 기업이라는 이미지를 심는 데 큰 성과를 거둔 것으로 나타나고 있다고 발표했다. 물론 광고 노출에 의한 인지도 제고도 큰 의미가 있지만, 소비자들의 태도를 형성케 하는 이미지 제고는 더욱 중요한 의미를 가진다고 말하고 있다.

스폰서십은 커뮤니케이션 도구로써의 다른 커뮤니케이션 수단과 상호 작용할 때 그 효과를 더욱 증가시킬 수 있다. 기업에 있어서 스폰서십은 전통적인 커뮤니케이션 수단과 무관하게 독립적인 기능을 발휘하는 것이 아닌 상호 보완적인 관계에서 기업의 커뮤니케이션 목표를 달성하는 하나의 수단에 불과하다. 스폰서십은 일반적으로 스폰서의 이름 또는 상표만을 짧은 메시지로 전달하여 각인시킬 뿐이고 제품에 대한 구체적인 메시지는 전통적인 수단을 통해서 전달한다. 다만 전통적인 방법을 통해서 얻을 수 없는 효과를 스폰서십을 통해서 획득할 수 있다는 점에서 스폰서십의 가치가 높이 평가되고 있는 것이다. 일본의 최대 광고대행사 덴츠는 기업이 행하는 스폰서십 마케팅 효과를 다음의 5가지로 요약하고 있다.

1) 지명도와 이미지 향상

스폰서십을 통해 매체노출을 통한 인지도를 제고할 수 있다. 이벤트 행사장 및 매체를 통한 노출에 의해 지명도가 상승한다. 협찬하는 이벤트의 긍정적 이미지가 기업 이미지에 추가된다. 또한 스폰서십에 참여함으로써 기업의 이미지가 전국 또는 전 세계로 확대될 수 있다. 기업이 스포츠 이벤트나 유명선수의 긍정적인 특성과 제휴할 때 제품, 서비스 혹은 상표의 이미지를 제고시킬 수 있다. 실제로 98년 박세리가 미국 US오픈에서 우승할 당시 스폰서 업체인 삼성은 박세리의 일거수일투족으로 파생되는 삼성 브랜드의 지속적인 동반상승효과로 인해 10년간 박세리에게 제공할 스폰서비용의 40배가 넘는 엄청난 경제적 효과를 거두었다.

2) 기업 내부 활성화

사원 및 스탭 등 내부 관계자의 자부심 고취를 기대할 수 있다. 이는 권위 있는 이벤트에 특정기업이 공식 스폰서로 참여하는 것은 그 기업이 국제적으로 인정받고 있음을 의미한다. 그렇기 때문에 국제적 이벤트의 공식 스폰서로 참여하는 기업의 조직 구성원들은 국제적 기업의 구성원이라는 자긍심을 갖게 된다.

3) 판매촉진 및 영업지원

스폰서 권리를 통해 독점권 등을 활용하여 판매영업 지원활동뿐 아니라 새로운 영업채널을 개발할 수 있다. 또한 개발 및 주최단체, 행정기관과의 인적관계를 깊게 하여 향후의 비지니스에 활용할 수 있다. 스포츠 이벤트의 경우 스폰서는 대개 1업종에 1기업만을 선정하므로 스폰서는 같은 범주에 속한 다른 경쟁사보다 촉진 활동에서 우위를 점할 수 있다. 대회의 장점을 기업의 이미지와 관련시켜 촉진 활동을 할 수 있기 때문이다. 소비자의 구매 의도는 상표 자체에 대한 긍정적 태도와 친밀감에 영향을 받게 되므로, 스폰서십 기업의 제품에 대한 이미지가 향상되어 판매증대로 이어질 수 있을 것이다. 실제로 3M은 1988년 서울올림픽에 스폰서로 참여하여 매출이 35%나 증대되는 효과를 얻은 것으로 조사되었다.

4) 지역사회 공헌

스폰서십 지원활동을 통해 지역사회 또는 환경에 대한 공헌이 가능하다. 자신의 이미지와 다른 기업과의 경쟁력 우위를 이용해 향후 커뮤니티 활동에 탄력을 줄 수 있다.

5) 경쟁사와의 차별화

단순한 지명도나 이미지 향상뿐 아니라, 스폰서로서의 Category 독점권을 활용하여 협찬 기간 내에는 경쟁사를 배제하고 더욱 확실한 차별화를 노릴 수 있다. 또한 이벤트 기간 내에 독점적인 지위를 활용하여 자사의 기술력을 과시할 수 있다. 기업들이 엄청난 장비와 기술을 제공하면서 기대하는 효과는 이벤트 관계자 및 소비자들에게 자사의 기술력을 과시함으로써 경쟁사와 차별적인 이미지를 제고시키는 것이다.

4. 이벤트 스폰서십 관리

모든 이벤트가 스폰서를 받을 수는 없다. 이것은 스폰서십이 기업의 이익과 연결되어야 하기 때문이다. 따라서 이벤트 기획자는 기업이나 단체에서 스폰서를 받기 위해서 그들에게 그에 상응하는 대가를 제공해 주어야 한다. 기업들 역시 자신들이 스폰서를 하기 위해서 그 이벤트가 적절한지를 판단해야 하는데 Gelgard & Sinclair(1996)는 이벤트가 스폰서를 받기에 적합한지를 판단하는 체크리스트를 작성하였는데 이는 다음과 같다.

- 이벤트가 잠재 스폰서 단체에게 제공할 수 있는 혜택 여부
- 목표시장의 상업적 스폰서 인정 여부
- 이벤트가 자신의 기업 이미지와 적합한지 여부
- 이벤트 조직위원회에 스폰서 패키지를 만들고 제작할 수 있는 전문성과 시간을 갖춘 인력 존재 여부
- 이벤트에 스폰서에 대한 규정 유무 여부

기업들에게 자신의 이벤트 개최가 기업의 마케팅에 효과를 준다는 것을 설득하는 것은 쉽지 않다. 다만 그 이벤트가 국제적인 메가 스포츠 이벤트일 경우 효과가 입증

이 되겠지만 지역 축제의 경우처럼 소규모 행사일 경우 기업들이 선뜻 나서기가 쉽지 않다. 따라서 이벤트 관리자는 성공적인 스폰서십을 유치하기 위해 많은 노력과 업무 수행이 뒤따라야 할 것이다. 성공적으로 스폰서십을 유치하기 위해서 Watt(1998)는 다음과 같은 조건들을 제시하였다.

- 스폰서 확보를 위한 시간과 노력
- 스폰서 확보를 위한 전문적인 지식
- 이벤트 개최의 명확한 목적과 목표
- 스폰서의 정확한 요구를 파악
- 흥미로운 퍼블리시티
- 이벤트에 대한 좋은 이미지와 평판

5. 이벤트 스폰서십 사례

1) 2002 월드컵 대회

2002년 월드컵 대회는 스폰서들의 경쟁 무대였다. 월드컵과 관련한 모든 수익사업은 FIFA가 관장하며, TV방영권 사업, 입장권 판매, 공식파트너, 공식공급업체, 공식상품화사업, 인터넷 및 공식음반 사업 등이 FIFA에 의해 결정된다. 공식후원업체 스폰서십은 FIFA가 직접 계약하는 공식 파트너사(Official Partners)와 대회조직위원회가 FIFA의 승인을 얻어 계약하는 로컬공식공급업체(Local Suppliers)가 있다.

2002년 한일 월드컵 대회 공식 스폰서는 15개 업체로 우리나라의 현대자동차와 한국통신 2개사가 2002 FIFA Worldcup 공식후원 파트너로 참여하였다. 그리고 한국 월드컵조직위원회가 FIFA의 승인을 얻어 체결하는 국내 로컬파트너로서 6개사를 선정하였다.

표 4-5 2002 월드컵대회 공식후원업체 현황

구 분	사업권한	선정기관 및 수입금 귀속	비 고
FIFA 공식파트너/ Official Partners	• 공식명칭, 엠블렘 · 마스코트 등 사용권 • 운동장 펜스광고권(2면) • 입장권 구입 우선권 • 전 세계적 광고 · 판촉권	FIFA	• FIFA가 선정하며 LOC에게는 대회운영에 필요한 공식파트너 물품 등 지원 • 업체수 : 15개
개최지조직위 (LOC) 공식공급업체/ Local Suppliers	• 공식명칭, 엠블렘 · 마스코트 등 사용권 • 운동장 펜스광고권(1면) • 입장권 구입 우선권 • 개최국내 광고 · 판촉권	개최지조직위 (LOC)	• LOC와 FIFA가 상호 협의하여 사업추진(수익금 전액 조직위 귀속) • 업체수 : 6개
공식상품화권자 (200종에 600여 품목)	• 특정 상품에 엠블렘 · 마스코트 등 사용권한	FIFA	• 코오롱 TNSW가 FIFA로부터 한국에서의 공식상품화사업권 획득, 사업대행 • 일본, 덴쯔(Dentsu)사가 사업 대행

자료 : 문화관광부, 2002 : 587

2) 2008 부산국제영화제

아시아 영화의 최대 축제인 부산국제영화제에서는 총 12번의 공식 기자회견과 175번의 개별인터뷰에 약 1천6백 명의 국내외 프레스가 참여하여 아시아 최고의 영화제로 기업의 홍보효과를 극대화시킬 수 있었다. 부산국제영화제는 영화제 상영 기간에 영화제와 관련된 홍보물, 옥외물 및 영상물과 온라인을 통한 스폰서 기업 로고 노출 등 언론의 스포트라이트를 가장 많이 받을 수 있어 스폰서들의 경쟁이 치열하다.

부산국제영화제에 참여하는 스폰서에게는 영화제 기간에 기업의 홍보활동을 위한 부스가 제공되는데 약 100만 명의 유동인구가 움직이는 해운대 피프빌리지 내에서의 홍보부스 운영은 영화제 참가 게스트 및 관객들에게 기업 이미지를 확고하게 심어주는 효과적인 홍보수단이 되고 있다.

표 4-6 부산국제영화제 스폰서 리스크

등급	스폰서 기업
Diamond Sponsor	아티스트리
Gold Sponsors	BNK 부산은행, GENESIS
Premier Sponsors	(주)쇼박스, CJ CGV, 씨제이이엔엠, 롯데컬처웍스, 메가박스 중앙 주식회사, GKL 사회공헌재단
Major Sponsors	JOHNNIE WALKER, 올레 tv, 한국거래소, 파라다이스호텔 부산, (주)네이버, 해운대그랜드호텔, 드비치골프클럽, 탑텐, 대한항공, (주)바른손
BIFF Mecenat	PARKLAND, SUNGWOO HITECH CO., LTD., 대한제강(주), 대선주조, (주)마이비, 한국주택금융공사, 2019 통영 씨푸드 페스타

05

이벤트 기획

Event
Management

이벤트 경영론

제5장

이벤트 기획

제1절 이벤트 기획 수립

1. 이벤트 기획의 개념

기획이란 하나의 과제나 사업을 성공적으로 수립하기 위해 실행해야 하는 가장 중요한 요소로 성공과 실패를 정하는 중요한 요인 중의 하나이다. 현대의 경영 및 마케팅에서는 사업기획, 광고기획, 제품기획, CI기획 등 모든 분야에서 기획이라는 단어가 사용되고 있다. 이는 이벤트 분야에서도 예외일 수는 없다. 성공적인 이벤트를 개최하기 위해서 미리 그 사업의 중요성과 특성을 파악하고 이에 맞는 기획이 이루어져야 향후 더 발전된 이벤트로 성장할 수 있을 것이다.

기획은 전략 전술과 구별되지 않고 쓰이는 경우가 많은데 이를 좀 더 세부적으로 분석하면 차이가 있음을 알 수 있다. 전략은 헤드워크(head Work), 전술은 풋워크(Food Work), 기획은 핸드워크(Hand Work)라고 할 수 있다. 헤드워크는 머리싸움으로 경영자들이 갖추어야 할 능력을 의미하며, 풋워크는 행동이나 직접적 업무의 구조를 이루어내는 것이며, 핸드워크는 구체적인 연구라고 볼 수 있다.

기획과 관련되는 개념으로 계획이 있다. 계획은 과정을 나타낸다. 계획을 뜻하는 단어에는 Plan과 Planning이 모두 쓰이고 있지만, Plan은 과정의 결과로 나타난 안이고, Planning은 과정으로 이해할 수 있다. 계획을 과정으로 인식할 때 과정마다 잘못을 수정하는 Feedback이 가능하게 된다. 이벤트 계획이란 이미 수립된 이념이나 목적을 수행하기 위한 구체적인 기획안을 말한다.

이벤트에서의 기획은 **주어진 여건에서 목적과 목표를 달성하기 위한 과제를 해결하기 위해 짜내는 지혜와 그 과정을 요약하고 제안하여 이벤트 개최를 결정케 하는 창조 작업**을 말한다. 이벤트의 성공적 개최를 위해서는 적절한 계획이 중요한데, 여기에는 적절한 자원의 배분, 예상되는 문제점에 대한 대비, 목표를 달성하기 위한 전략 등의 내용이 포함되어야 한다. 이런 업무를 종합적으로 관리하는 업무가 기획이다. 이벤트를 성공시키기 위해서는 좋은 기획이 전제가 된다.

현대사회는 수많은 이벤트들이 개최되고 있으며 이는 소규모의 개별적인 행사에서 대규모 국제적인 행사까지 다양하게 나타난다. 그러나 이러한 이벤트의 수적 질적인 차이와는 상관없이 이벤트가 성공적으로 이루어지기 위해서는 시작단계에서 마지막 마무리단계까지 치밀한 계획이 우선시 된다. 이벤트 기획에 앞서 먼저 아이디어를 내고 이를 중심으로 여러 자료 및 정보를 수집함과 동시에 내용의 콘셉트를 결정하게 된다. 그리고 기획서를 작성하는데 기획서는 제안서 및 기본 기획서 이외에 시나리오와 일부 스토리보드까지 포함되어 작성하게 된다. 이러한 기획서의 내용을 통해 이벤트가 성공적으로 이루어지기 위한 다양한 마케팅 방법 및 전략이 수립된다. 현재 국내에는 수많은 이벤트가 존재하고 있고, 별다른 특색 없이 운영되는 이벤트가 있는가 하면 어떤 이벤트는 자신들의 독특한 성격을 잘 나타내기도 한다. 이러한 이벤트 행사의 가장 기초가 되는 것이 바로 기획단계이다. 즉 좋은 기획과 실행은 좋은 이벤트를 개최의 원동력이 되는 반면에 부실한 기획은 부실한 이벤트 개최로 이어질 수밖에 없게 된다. 따라서 성공적인 이벤트 행사를 위해서는 이벤트의 특성과 잘 구성된 기획과정이 필수적이라 할 것이다.

2. 이벤트 기획의 필요성

흔히 자신들이 진행해야 할 일들이 성공적으로 이루어지기를 바라는 것이 대부분의 희망일 것이다. 기획은 목표달성을 위해 반드시 필요한 과정이며 성공적인 행사를 위해서 필요한 절차이다. 불완전한 기획은 곧 실패를 부를 수 있으므로 기획과정에서 목적과 목표를 정확하게 설정하는 것이 가장 중요한 부분이라 할 것이다. 이벤트 방문자들이 원하는 것들은 그들의 방문목적과 일치한다. 따라서 이벤트의 목적에 대한 명확한 확립이 중요하며 방문자들을 위한 프로그램의 개발, 호기심을 불러일으킬 만한 스토리, 만족할 만한 충실한 행사 내용 등이 필요하다. 이러한 성공적인 이벤트를 만들기 위해서는 기획이 필요하며 치밀하고 완성도 높은 기획은 분명한 성공을 가져다 줄 수 있을 것이다. 이러한 이벤트 기획의 필요성을 정리하면 다음과 같다.

1) 이벤트 행사의 기초

기획은 무엇을, 어떻게, 왜, 누구를 위해, 얼마의 비용을 들이는지에 대해 구체적으로 제시하며 이에 투입되는 행사의 내용들을 보여준다. 행사에 적합한 프로그램 및 내용들을 구체적으로 기록한 기획서와 스토리 보드는 행사를 원활하게 하고 당사자들의 커뮤니케이션을 부드럽게 해주며 효율적인 진행을 돕는다. 또한 이벤트 기획인 행사의 콘셉트를 명확하게 하며 일관된 이미지를 구사할 수 있도록 그 틀을 제공해 주기도 한다.

2) 방문자의 행동 변화

이벤트 기획시에는 시장에 대한 정보를 적극적으로 수집하고 분석하여 신속하게 대처 및 적용할 수 있는 아이디어를 개발하여야 한다. 시장조사를 바탕으로 이벤트 방문자들의 욕구를 현실로 구체화하는 방안이 제일 먼저 고려되어야 한다. 현대의 관광은 정적인 패턴에서 동적인 패턴으로 변화하고 있다. 즉 과거의 보고 지나치던 관광에서 현재는 체험하고 느끼고 활동하는 관광으로 변화하고 있다. 따라서 현대의 이벤트 또한 방문자의 인식변화에 맞춰 오감을 체험할 수 있는 프로그램 기획이 이루어져야 한다.

3) 한정된 자원과 효율의 극대화

오늘날 이벤트는 한정된 자원 및 인원으로 최대한의 방문객을 성공적으로 유치하는 것이 큰 관건이다. 대부분의 이벤트 개최는 관공서 주도로 이루어지고 있어 자원과 인력의 한계를 가지고 있는 것이 한국 이벤트의 현실이다. 따라서 부족한 재원을 최대한 활용하기 위한 경제적이고 효율적인 방법을 강구해야 한다. 이를 현실화시킬 수 있는 것이 바로 기획의 힘이며 능력이다. 즉 치밀한 기획에 의해 비용 및 인원의 이탈을 줄이고 효율적인 자원을 활용할 수 있어야 한다. 현대사회는 급속한 과학기술의 발달로 인해 재원에 대한 효율적인 활용이 보다 수월하게 되었으므로 기획단계에서부터 이에 대한 적절한 활용방안을 모색하는 것이 필요할 것이다.

4) 이벤트 경쟁력 강화

오늘날 수많은 이벤트들이 난립하고 있다. 치러지는 행사명만 다를 뿐 내용은 거의 흡사하게 이루어지고 있다. 이러한 이벤트는 결코 오래 갈 수 없으며 재방문의 기대도 하기 힘들다. 따라서 경쟁력 있는 이벤트를 운영하기 위해서는 자신만의 독특한 성격과 특성을 나타내야 한다. 주제에 맞고 일관된 운영과 관리를 유지하기 위해서 세밀한 기획과정이 이루어져야 하며 이들 과정 속에 각각의 경쟁력 있는 프로그램이나 관리의 계획이 수립되어야 한다.

3. 이벤트 기획의 구성요소

성공적인 이벤트를 위해서는 좋은 기획이 설정되어야 하듯이 좋은 기획을 위해서는 그에 맞는 구성요소를 갖추어야 한다. 이벤트 기획은 이벤트와 관련된 모든 정보를 정확히 파악하여 자신의 강점과 약점, 동원 가능한 인원의 질과 양, 자금, 시간 등에 관하여 정확하게 알고, 그것들을 어떻게 이용하여 어떤 목적을 이룰 것인가를 분명히 하여야 한다. 따라서 그 성격에 맞는 이벤트 기획요소의 사용은 매우 필수적이다. 이벤트는 성격상 많은 요소들을 포함하고 있지만 현대 이벤트 특성상 다음과 같은 구성요소들이 반드시 포함되어야 할 것이다.

1) 실현성

이벤트를 기획할 때 가장 중요한 것이 실현 가능한 이벤트의 구현이다. 아무리 거창하고 이상적인 이벤트를 기획했다고 할지라도 실현가능성이 희박하다면 아무 필요가 없다. 이벤트 실현성에서 중요한 항목이 바로 시간의 실현성이다. 즉 시기상으로 적절하게 운영을 해야 성공적인 이벤트가 될 수 있다. 즉 해양 축제는 여름철이 좋을 것이며, 농경축제는 봄이나 가을철이 좋을 것이다. 이벤트 기획 시 충분한 시간을 두고 이것들을 실현할 수 있는 시간의 설정이 성패의 중요한 요인이 된다.

또한 시간성에서 중요한 것이 바로 인적인 실현성이다. 즉 방문하는 사람들이 어떠한 목적이 있는지를 파악하고 주체는 이것들을 준비해야 한다. 행사 조직에 대한 현실적인 기획이 이루어져야 할 것이며 현실적인 수용예측을 하여 이를 대비해야 한다.

현실성에서 중요한 요인 중 하나가 예산 및 자금에 대한 현실성이다. 자신이 확보한 예산에 맞는 행사의 기획이 이루어져야 하며 이를 너무 많이 책정하거나 반대로 실 예산보다 적게 책정을 하면 행사의 운영에 차질이 생길 수 있다. 따라서 현실적인 예산운영에 맞춰 기획을 해야 한다.

2) 창조성

이벤트 현장에는 자신만이 가지고 있는 독특한 요소가 충분하여야 하며, 그것은 자신의 목표나 비전과 일치하여야 한다. 이벤트는 새로운 연출의 장이다. 물론 기존의 것들을 재 답습할 수도 있지만 이벤트는 방문객들에게 끊임없이 새로운 즐거움을 줘야 한다. 이를 위해 이벤트는 다른 이벤트에서 갖추지 못한 새로운 아이디어와 프로그램을 기획해야 한다. 얼마나 독특하고 충실하며 효과를 극대화할 수 있는 아이디어냐가 이벤트에서는 매우 중요하다. 그렇다고 이벤트의 아이디어가 특출나야 하는 것은 아니고, 비일상적인 것을 소재로 삼아 참가자들과 같이 느끼고 감동할 수 있는 현장성 있는 소재를 찾는 것이 중요하다는 뜻이다. 따라서 아이디어는 일상과 다른 무엇이며, 훌륭한 아이디어는 방문자들의 흥미를 끌 수 있어야 한다. 즉 아이디어는 주변의 수많은 대상이나 관심사들을 고정관념에서 벗어나 다른 각도에서 생각하거나 접근하는 데서 출발한다. 아이디어는 전혀 엉뚱한 곳에서 기상천외하게 고안해 낼 수도 있다. 아이디어는 기획에 있어 매우 중요한 구실을 한다. 개인의 상상력을 바탕으로 한 풍부한 기획아이디어는 물론, 팀의 발상력 또한 매우 중요하다. 이러한 아이디어를 착안하고 얻을 수 있는 것은 여러 방법이 있다.

(1) 브레인스토밍(brainstorming)

브레인스토밍(brainstorming)은 오스본(Alex Osborn)이 만든 것으로 아이디어 창출과 아이디어 평가를 분리한 방법으로, 자유분방하게 사고할 수 있는 분위기에서 스스로 아이디어를 만들거나 다른 사람이 만든 아이디어로부터 새로운 아이디어를 만들어내는 기법이다. 즉 문제에 대해 가능한 많은 해법들을 도출하는 방법이다.

(2) 명목집단기법(NGT : Nominal Group Technique)

명목집단기법(NGT : Nominal Group Technique)은 1986년 델베크와 벤(A. Delbecq & Q. Van de Ven)이 처음으로 개발한 기법으로, 그룹으로부터 아이디어를 얻고, 그 아이디어들이 그룹 내에서 어느 정도나 지지를 받는지 확인하는 방법이다. 이 방법은 그룹이 어떤 토의에 대한 결론에 도달하려고 할 경우, 브레인스토밍 회의가 끝난 다음에 아이디어를 취합할 경우, 가장 중요한 아이디어나 항목 · 문제를 찾고, 팀이 문제해결과정에서 다음 단계로 나아갈 수 있도록 이것들에 대한 합의를 도달하려고 할 경우 그리고 생성된 아이디어나 항목의 목록에 우선순위를 부여할 때, 팀이 동등하게 참여하고 의견대립이 생기지 않도록 할 경우에 시도하는 방법이다.

(3) 단독 발상법

미국의 전설적인 카피라이터이자 시카고 대학 교수인 제임스 웹 영이 그의 저서 아이디어 창출법(A Technique for producing Ideas)(1965)에서 제시한 발상법으로서 아이디어 개발을 위한 연구 방법이다. 그는 아이디어는 기존 요소의 새로운 결합이라고 하였다. 기존의 요소를 새롭게 결합시킬 수 있는 역량은 관계를 이해하는 능력에 크게 좌우되며 관계성을 빨리 파악해 내는 사람들은 상징적인 것들을 사용함으로써 몇 가지 좋은 아이디어를 떠올린다. 아이디어 창조의 기본 원칙은 먼저 기존 요소를 새로이 결합하고 둘째, 사실들 사이의 관계를 이해하고 정립하는 것이다. 일반원칙이 파악될 때 새로운 적용, 새로운 결합을 위한 열쇠가 제시되며, 그 결과는 아이디어로 나타난다.

아이디어 창출 방법으로 위의 원칙를 바탕으로 다섯 단계 과정을 제시하고 있다.

첫번째 단계는 현실에서 아이디어의 자료가 되는 사실을 수집하는 것이다. 단순하고 분명한 진실로 떠오르는 것으로 깊이 들어가 보면 모든 제품과 소비자 사이에 거의 항상 특정한 관계가 있음을 발견할 수 있으며 이 특정한 관계가 아이디어로 이어진다.

두번째 단계는 정신적인 소화과정이다. 한 가지 사실을 취하여 이것을 이런저런 방법으로 바꿔보고 다른 견지에서 본 다음, 이 사실의 의미를 이해하기 위해 느끼는 것이다.

세번째 단계는 무의식에서 자료들이 통합되도록 하는 배양단계이다. 주제를 놓아두고 완전하게 문제를 잊기 위해 노력하는 과정이다. 문제를 완전히 잊어버리고 상상력과 감성을 고무시키는 일이라면 무엇이든 하며 음악을 듣거나 영화관에 가거나 시나 추리소설을 읽는 것이 해당된다.

네번째 단계는 아이디어 출현 단계이다. 아이디어는 아이디어가 나올 것이라고 거의 기대를 하지 않을 때 떠오른다.

다섯번째 단계는 현실화 단계이다. 아이디어가 실제로 이용될 수 있도록 다듬고 발전시키는 단계이다. 정확한 조건이나 긴박한 현실 상황에 맞추기 위해서는 큰 인내심을 가지고 작업해야 한다. 아이디어를 현명한 사람들의 비평을 받도록 공개해야 한다.

(4) 브레인 라이팅법(BW : Brain Writing)

독일 형태분석법 전문가 홀리거(Holiger)에 의해 고안된 기법으로 각 참가자들의 아이디어를 기록하기 위해 비언어적 접근방법을 사용하는 아이디어창출 기법이다.

브레인 라이팅법은 다양한 아이디어 발굴과 의견 수렴, 또는 문제 해결을 위한 혁신 워크숍 등에서 구성원의 의견을 민주적 · 효율적으로 집약 · 정리할 수 있는 매우 유용한 발상 기법이다. 브레인스토밍법과 같이 자유 연상에 의한 아이디어 개발 방법으로 참여자들은 문제에 대한 대화를 나누지 않고 백지에 각자의 아이디어를 기입하는 방법으로 진행된다.

브레인 라이팅법은 브레인스토밍의 아이디어 조합을 한 장의 종이에 조합시키는 방법으로 참여한 사람들의 상상력과 창의력을 충분히 활용할 수 있다. 또한 여러 사람 앞에서 소극적으로 발언하는 사람의 사고력을 최대한 이끌어낼 수 있다. 또한 참가자의 다양한 견해를 가감 없이 신속하게 모두 게시판에 집합 · 전시함으로써 문제해결에 대한 참신한 아이디어를 발굴할 수 있다. 작성 내용은 익명성이 보장되므로 회의에서 말로 표현하기 어려운 사항 및 조직 내의 감추어진 의견 등이 활발하게 논의될 수 있다.

브레인 라이팅 방법으로는 다음과 같다.

❶ 참가자는 6명 정도 선정한다.

❷ 개개인에게 브레인 라이팅 용지를 나눠준다.

❸ 용지의 가장 윗줄에 문제 진술을 적은 후, 첫 번째 줄에 아이디어를 각각 3개 정도 기입한다.

❹ 아이디어를 적은 용지를 왼쪽 옆 사람에게 넘긴다.

❺ 각자 앞의 사람이 기입한 첫 번째 줄의 아이디어를 보면서 발전시킨 새로운 아이디어를 두 번째 줄에 써 넣는다.

❻ 마지막 줄까지 같은 작업을 반복한 후 가장 적합한 아이디어를 결정한다.

Tip

브레인스토밍 그룹 구성원 각자가 돌아가면서 한 번에 하나의 의견만 제시
브레인 라이팅 시간에 대한 제약이 없고 각 구성원이 가지고 있는 모든 의견 제시

3) 참가성

이벤트의 대표적인 특징 중 하나가 참가성이다. 이벤트는 현장에서 이루어지며 과거와 미래가 없다. 즉 이벤트는 구성원들이 현재 참가함으로써 이루어지는 하나의 과정이다. 따라서 이벤트는 참가하는 사람들을 정확히 파악해야 하며 이들의 현재 수요를 적절히 파악하여 향후 미래 예측에 대비해야 한다.

따라서 참가하는 사람들을 위해서는 이벤트가 우선 재미가 있어야 한다. 그러기 위해서는 엔터테인먼트(entertainment : 재미, 즐거움)를 주축으로 기 · 승 · 전 · 결의 적절한 배치와 구사로 인간의 오감에 호소하며, 모두가 공감을 같이하고 새로운 발견으로 감동을 선사하여야 한다. 공감 없이는 재미도 없고 감동도 없다. 또한 시대의 흐름을 잘 파악하고 생활의 즐거움과 지혜, 그리고 새로운 정보를 대상객에게 프레젠트(present)하는 발상이 중요하다. 현재와 더불어 문화를 만들어가고 이끈다는 자부심이 있어야 한다.

4) 수익성

과거의 이벤트는 지역과 해당 주최의 홍보를 위한 것이 많았지만 현재의 이벤트는 수익과 직결되어야 한다. 즉 이는 이벤트에 참가하는 사람이나 주최를 하는 사람들에게 모두 이익이 있어야 함을 의미한다. 특히 이벤트 기획 시 이벤트를 주최함에 따라 얼마만큼의 수익이 있는지는 반드시 파악해야 할 필수 사항이다. 물론 이러한 수익성은 꼭 경제적이고 금전적인 수익만 한정하는 것은 아니다. 그러나 어느 정도 경제적인 수익이 될 수 있는 환경이 만들어져야 하며 이를 위해 다양한 시도가 이루어져야 한다. 따라서 이벤트 개최 시 경제적인 파급효과와 직 · 간접적인 수익이 얼마인지를

먼저 예측하고 이에 대한 철저한 기획을 수립해야 한다. 또한 경제적인 수익 이외에 사회 · 문화적인 효과도 간과할 수 없다.

5) 안전성

현대 이벤트는 대규모의 이벤트들이 주를 이루고 있다. 특히 오늘날 대형 행사 시 공연문화가 많이 등장하고 있는데 이때 주의해야 할 것들이 바로 안전에 대한 문제이다. 2005년 상주시가 주최한 '상주자전거축제'의 마지막 날 행사로 개최된 MBC '가요콘서트' 녹화장에서 11명이 압사하는 사고가 발생했다. 이는 행사 주최 측의 안전관리 소홀 등에 따른 것으로 밝혀졌다. 안전을 위해서는 행사장 주변의 안내요원 배치, 동선의 관리, 기타 안전시설의 관리가 필수적으로 운영되어야 한다. 특히 그 중 가장 관심을 가져야 할 것이 바로 공간의 점검이다.

6) 공간성

이벤트는 모두 현재 진행형이며 이들은 현재의 공간에서 이루어진다. 전시회 · 연주회 · 실내회의장 · 야외무대 등은 모두 이벤트 공간이다. 이들은 모두 이벤트를 위해 특별히 마련되거나 가설된 장소이다. 공간을 기획하는 데는 길이 · 넓이 · 깊이 등 외형적인 수치와 이들을 미리 점검하는 것이 매우 중요하다. 이벤트 개최공간을 결정하는 데 고려해야 할 중요한 요소로는 다음과 같은 것들이 있다.

❶ 길이 · 넓이 · 깊이에 대한 고려
❷ 배경이나 바닥 등의 재질
❸ 평지, 산, 배경의 경치, 주변의 건물이나 도로 등의 상황
❹ 화물이동과 통로의 크기 및 통과차량
❺ 출입문 · 탈의실 · 휴게실 · 회의실 등의 거리와 동선 및 이동소요시간
❻ 각 공간의 이용가능행동
❼ 관중의 편리 · 안락 · 쾌적성 등의 여부

⑧ 주차 등 보조시설

⑨ 수용능력

⑩ 조명 · 배경세트 등 기자재의 이용가능성

⑪ 전력 · 수도 등과 긴급 상황 발생 시 이용 가능한 보조시설

4. 이벤트 기획의 단계

올바른 이벤트 기획을 하기 위해서는 단계별로 작업하는 것이 좋다. 이는 전문가에 따라 다를 수도 있겠지만 본서에는 6가지 단계로 나누기로 한다.

1) 이벤트 목표

모든 기업이나 조직이 운영되기 위해서는 그들만의 목표가 있어야 한다. 즉 목표에 따라서 방향을 설정할 수 있으며 이 방향이 향후 여러 구성원들의 행동에 영향을 미치게 된다. 이는 이벤트가 어떤 목적을 가지고 운영되어야 하는지를 먼저 설정하고 이에 맞게 운영해야 함을 의미한다. 이벤트의 목표가 우선 설정이 되면 주변의 환경에 따라 많은 행동변화가 이루어지겠지만 그 행사의 운영이 수립되고 변경될 때는 항상 목표에 맞춰 운영되어야 한다.

2) 이벤트 대상 선정

이벤트는 사람이 참여하여 운영하는 행사이다. 즉 이벤트의 목표에 따라서 참가자를 먼저 선정해야 한다. 누구를 향해, 무엇 때문에 하는가를 결정하는 것이다. 전체를 대상으로 하는 이벤트는 그 대상 집단이 불분명한 만큼 초점이 없어서 전체대상에게 만족을 주지 못한다. 대상에 따라서 시장을 세분화하고 그 시장에 따라 시장조사 및 전략수립을 결정해야 한다.

3) 시장조사

시장조사란 어떤 사업을 성공적으로 수행하기 위해 정보를 수집하는 일련의 활동을 말한다. 즉 상품 개발이나 영업활동과 같은 시장조사 활동을 취하기 위해 시장 규모, 소비자 동향의 변화 등 데이터를 수집하여 분석하는 일련의 과정을 말한다. 이벤트 참가 대상에 따라 그들이 필요로 하는 프로그램과 기타 요소들을 찾아내는 것이 시장조사이다. 시장조사 시에는 시장조사의 대상, 프로그램의 내용, 마케팅 방법, 참가자들의 취향 등까지 면밀하게 조사하는 것이 향후 기획에 주요한 자료가 된다. 시장조사가 이루어지면 결과를 면밀히 분석하고 이벤트의 목표와 대상 전략 등을 검토하고 새롭게 수정할 부분이 있으면 수정하여 개발방향을 확정해 나가야 한다.

만약 기획하고 있는 이벤트가 다른 이벤트와 차별화 요소가 약하고 경쟁력이 떨어진다면 다른 방향으로 기획을 설정해야 할 것이다.

4) 이벤트 전략 수립

시장조사가 끝나면 이벤트에 대한 경쟁력을 검토하고 문제가 있는 부분은 수정을 통해 마케팅력을 확보하는 과정이 필수적이다. 다른 경쟁 이벤트와의 차별화를 강화하고 약점이 될 수 있는 것들을 철저히 검토하여 보완하는 작업이 이루어져야 한다.

개발전략을 세우는 과정에서는 소비자 요구(Needs)와 자신의 능력(Seeds)을 정확히 측정하는 것이 중요하다. 즉 방문자가 요구하는 것을 철저히 파악하고, 주최하는 이벤트가 어느 정도의 자금, 인력, 환경적인 능력이 있는지를 철저히 파악하여 강점을 더욱 강화하고 약점을 최대한 보완해야 한다. 전략 수립을 통해 인력자원 관리, 일정관리, 운영관리의 전반적인 계획과 관리 및 통제를 구축해야 한다.

5) 이벤트 마케팅 전략 검토

이벤트의 인력과 방법, 일정이 구성되고 예산이 설정되면 마케팅 전략의 수립이 요구된다. 모든 사업의 궁극적인 목표는 이윤추구에 있듯이 이벤트 역시 이윤추구를 무시할 수 없다. 경제적인 이윤 창출 이외에 사회 · 문화적인 긍정적인 효과를 얻기 위해서도 마케팅 전략은 철저히 요구된다. 이벤트 마케팅은 먼저 소비자의 시장을 파악하고 행사장 규모 및 예상 인원을 파악해야 한다. 따라서 인구통계학적으로 주기별로 적합한 마케팅 전략을 설정해야 한다. 또한 이러한 마케팅 전략을 통해 예상 매출액 및 손익분기점(Break Even Point)을 계산한다. 이벤트 기획은 단순한 개발업무가 아니라 사업과 밀접한 관련을 가지고 있기 때문에 이벤트 매니저는 반드시 손익분기점을 분석할 수 있는 능력을 가지고 있어야 한다.

6) 기획서화

세부 내용들이 결정되면 문서화시켜야 하는데 이것이 기획서이다. 기획서에는 이벤트의 타이틀부터 참여자 개개인의 움직임까지 이벤트 운영에 필요한 모든 내용을 종합한다. 기획서란 실제 업무의 단계를 시각화하여 제시하는 것으로써, 기획서는 상대방이 기획 내용을 효율적으로 파악한 뒤 공감을 갖고 이벤트 실시를 결심하도록 해야 한다. 기획서는 잡다한 것 중에서 핵심만을 모아 콘셉트와 테마와 세부 실시 계획에 맞게 정리하는 것이며, 그 문서를 갖고 타인을 설득하기 위한 목적을 갖는 것이다.

기획서의 구성방법에는 다음 4가지가 있다.

❶ **연역법에 의한 구성** 하나하나씩 구체적인 사실을 종합하고 거기에서 일반적인 원리나 법칙을 도출하는 구성

❷ **귀납법에 의한 구성** 결론부터 제시하고 일반적인 원리에서 특수한 원리나 사실을 추론하는 구성

❸ **스토리(story)에 의한 구성** 기 · 승 · 전 · 결의 스토리 형식으로 풀어서 구성하는 방법

❹ **가상현실의 구성** 이벤트가 모두 만들어진 실제 상황을 가상현실 기술과 컴퓨터 그래픽으로 비디오화시켜 제작하는 경우로 제작 시간과 경비가 따르는 작업

제2절 이벤트 기획 실제

1. 이벤트 기획서 형식

일반적으로 기획서는 크게 양식에 구애받지 않는다. 하지만 기획서는 보는 사람과 제출하는 사람이 어느 정도 형식을 갖추는 것이 좋다. 일반적으로 기획서에 들어갈 사항 및 구성은 다음과 같다.

표 5-1 기획서 구성 및 순서

표지	이벤트의 제목 및 부제목, 제출회사명, 기획회사명, 날짜 등
	인사말
1	기획서의 목차
2	취지, 서문, 기획의도
3	행사 개요(부제, 주최, 행사기간, 장소, 주관, 협찬, 기획 및 진행 등)
4	기획의도
5	기본 컨셉(행사를 한눈에 알 수 있는 도표 등)
6	기본계획
7	축제의 분석(환경분석, 프로그램 분석 등)
8	행사 계획(이벤트와 관련한 전반적인 행사 등)
9	신규 행사 계획(기존의 행사 이외에 새로이 추진하는 행사의 계획)
10	마케팅 홍보 계획
11	자금 운영 계획
12	조직 운영 계획
13	기획사의 연혁과 프로필, 주최자 프로필 등
14	행사와 관련된 자료 첨부

2. 이벤트 기획의 실제

1) 사례 개요

각 지자체의 관광산업에 대한 관심이 높아져 재원 등의 지원이 용이하며 사회적으로 웰빙 트렌드가 형성되어 국내 전통음식의 우수성에 대한 관심이 고조되고 있다. 전주에서 열리는 음식축제를 사례로 살펴보고자 한다(전주대문화관광개발연구소 : 2007).

(1) 전주 음식축제의 개요

음식축제의 개념, 음식축제의 필요성, 음식축제의 현황, 전주 음식관광축제 개최의 필요성

(2) 환경 분석

국내 음식축제의 분석, 국외 음식축제의 분석

(3) 음식축제 사례 분석

국내 음식축제의 사례 분석, 국외 음식축제의 성공사례 분석, 해외 주요국가의 음식관광마케팅 사례

(4) 사업과 목표

개최의 목적 및 축제의 성격, 주제의 선정

(5) 마케팅 전략

전주 음식축제에 대한 전략적 접근, 단계별 홍보전략, 대상별 홍보전략

(6) 운영계획

주요 프로그램의 분석, 개최 장소별 프로그램의 구성, 운영조직의 구성

(7) 자금계획

소요 예산 및 조달방법

(8) 관리시스템

향후 발전방향의 제시

2) 사례 세부 내용

(1) 개최의 목적 및 축제의 성격

■ 개최의 목적

- 한국 전통음식의 세계화와 더불어 전통 음식의 고장이라는 전주 이미지 부각
- 전주의 모든 시민뿐만 아니라 국내외의 모든 관광객들이 전주라는 지역에 모여 한국의 전통음식을 즐기며 어울림으로써 전통과 멋의 고장이라는 전주의 이미지 브랜드화 성취

■ 축제의 성격

- 전주의 전통음식을 주제로 하여 전주시민과 외지인들이 함께 어울릴 수 있는 화합의 장소로써의 역할 수행
- 언제 어디서든 누구나 먹고, 마시고, 즐길 수 있는 전통 음식 도시의 이미지를 구축할 수 있는 축제로 활용

(2) 주제의 선정

■ 축제명의 선정

- 주를 대표할 수 있는 전통 문화와 음식을 어우를 수 있는 축제명

  전주 음식의 축제명 : **맛 · 멋이 가득한 전주 음식문화축제**

※ 역사와 전통의 이미지를 훼손시키지 않는 범위 내에서 음식이라는 축제의 메인 주제와 전주 고유의 문화가 부각될 수 있는 명칭을 선정하고자 하였다.

■ 축제콘셉트의 도출

그림 5-1 전주 음식축제 콘셉트

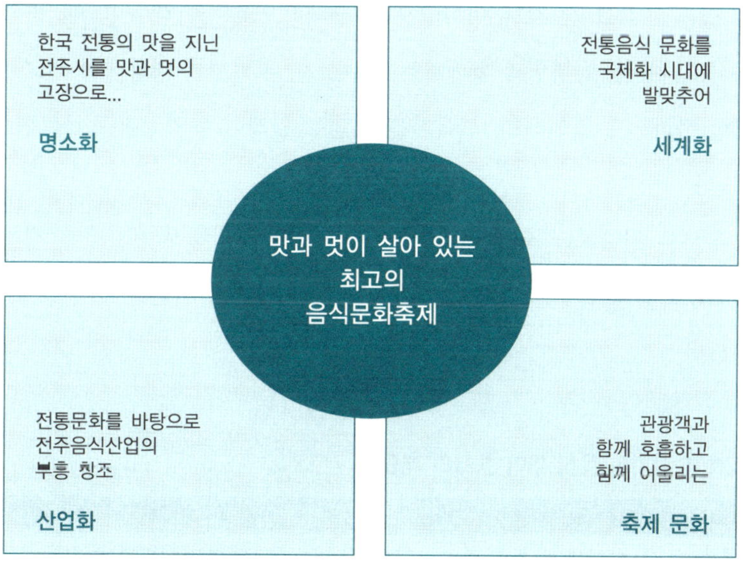

(3) 전주 음식축제 주요 프로그램의 구성

- 전주 음식축제의 프로그램은 크게 **명소화, 글로벌화, 산업화, 관광객 참여** 부문 등 4개 영역으로 구분하여 구성하였다.
- **명소화**에서는 전주를 배경으로 하는 다양한 음식문화를 체험하고 이를 경험할 수 있는 전주 지역을 명소 마케팅할 수 있는 다양한 프로그램으로 구성하였는데, 구체적으로 사파리 음식 투어, 기네스 비빔밥 만들기, 전국 요리명장 조리시연, 워크샵 초빙 및 학술발표회, 수라상진상, 전주 음식시식회, 연인들의 공간 등의 7개 프로그램으로 구성하였다.
- **글로벌화**에서는 전통적 이미지의 전주 전통음식을 세계화할 수 있는 주요 프로

그램으로 구성하였는데, 구체적으로 외국인 퓨전요리 경연대회, 세계 음식 및 조리기구 전시, 각종 퍼포먼스 등의 3개 프로그램으로 구성하였다.

- **산업화**는 전주 음식축제를 발판으로 전주의 식품산업 발달을 도모할 수 있는 주요프로그램으로 구성하였고, 구체적으로 식품전시회, 전주음식 규격화, 전주특산물 체험전, 캐릭터 및 로고 공모전 등의 4개 프로그램으로 구성하였다.
- **관광객 참여** 부문은 축제를 준비하는 사람들과 참여하는 관광객들이 함께하며 즐길 수 있는 프로그램으로 준비하였으며, 구체적으로는 이강주 100배 즐기기, 전주 음식노래자랑, 유명인과 함께하는 진수성찬, 무료쿠폰 경품대회, 소스개발 경연대회, 블라인드 경연대회, 한옥마을 스탬프 릴레이 등의 7개 프로그램으로 구성하였다.
- 각각의 부문은 전주 음식축제의 장기적 발전을 위한 정책적 목표를 상징하며, 이러한 프로그램의 실천은 축제의 안정적 정착과 미래의 비전을 제시하는 것으로 평가된다.

표 5-2 전주 음식축제 사파리 음식 투어 행사의 개요

행사명	사파리 음식 투어
행사내용	전주시 맛집 50여 곳을 선정, 각 업소의 고유메뉴 1점씩을 전시 · 시식 – 입장료를 내고 입장한 관광객은 무료로 시식추진계획
추진계획	• 지정된 공간 내에 위치한 점포를 투어의 대상장소로 설정하고, 이를 관광객에게 안내하고 그 이후의 경영이나 관리는 해당 점포에 일임 • 재료비 및 기초비용을 지원하여 각 점포에서는 관광객에게 무료로 제공이 가능하도록 함 • 입구지역에 5명 / 출구지역에 3명의 상주 안내원을 배정하여 관광객 안내와 입장권을 확인함 • 2명의 직원이 순회하며 음식과 점포 상태를 수시로 점검하며, 이상 발생 시 이를 수정 조치함 • 1천 원 내 · 외의 가격으로 축제 참가자가 부담 없이 즐길 수 있는 명소로 활용
기대효과	• 다양한 참여자의 기호에 부응하는 먹거리 제공 • 축제참여의식 고취 및 함께 즐기는 축제 분위기 조성 • 관광객/참여자에게 음식의 고장, 전주의 이미지 제고
인력운영계획	입구지역 안내요원(민간 자원봉사자) 5명 출구지역 안내요원(민간 자원봉사자) 3명 진행 점검 및 내부 안내(지자체/전문용역인원) 2명 합계 10명

(4) 행사 예산 계획

표 5-3 행사 기초 예산

구 분	사파리 음식 투어	비 고	
인건비(식대 등)	500,000원	행사진행요원	500,000원
운영경비	99,500,000원	재료비 안내 · 홍보비 청소 · 용역비 시설 · 설비 기타 제반비용	50,000,000원 10,000,000원 10,000,000원 20,000,000원 9,500,000원
계	100,000,000원		

표 5-4 전주 음식축제 주요 프로그램 및 예상 인원 및 예산

구분	프로그램	사파리 음식 투어	인원	예산	비고
명소화	사파리 음식 투어	전주시 맛집 50여 곳을 선정, 각 업소의 우수메뉴 1점씩을 전시 · 시식	10명	100,000,000원	
	기네스 비빔밥 만들기	비빔밥을 축제 참가자들 모두가 함께 만들고 나누어 먹는 행사	30명	30,000,000원	
	전국 요리명장 조리시연	전국 유명 요리사들의 조리 전 과정 시연	7명	7,000,000원	
	워크샵 초빙, 학술발표회	전국 요리사 및 요리연구자 워크샵 및 학술발표회	15명	20,000,000원	
	수라상진상	수라상 진상 행렬(퍼레이드) 및 과정 재현	50명	5,000,000원	
	전주 음식 시식회	외국인, CEO, 교수, 특파원 대상 설명회 및 시식	10명	2,000,000원	
	연인들의 공간	음식에 대한 의미를 부여, 남녀만의 장소, 가족만의 장소, 단체맞선장소 등 음식과 남녀관계를 함께 맺을 수 있는 기회의 창출, 호수를 활용한 연인들의 공간 창출	10명	2,000,000원	
글로벌화	외국인 퓨전요리 경연대회	한국의 전통음식을 각국의 전통음식과 퓨전하여 겨루는 대회	10명	2,000,000원	
	세계 음식 및 조리기구 전시	세계 각국의 전통 음식 및 조리기구 전시 및 판매	15명	3,000,000원	
	각종 퍼포먼스	우리 전통음식의 우수성을 알릴 수 있는 외국인 내국인이 어울리는 꽁트나 자작 공연 등의 퍼포먼스	15명	3,000,000원	

구분	프로그램	사파리 음식 투어	인원	예산	비고
산업화	식품전시회	식품제조가공업체 생산품 기획 · 전시 · 판매	10명	2,000,000원	
	전주음식 규격화	전주 전통 음식 조리방법을 규격화하여 교육 및 책으로 판매	5명	5,000,000원	
	전주특산물 체험전	이강주, 태극선과 합죽선 만들기 및 판매대 운영	5명	2,000,000원	
	캐릭터 및 로고 공모전	우수 캐릭터를 통한 캐릭터 산업의 활성화	5명	5,000,000원	
관광객 참여	이강주 100배 즐기기	특산전통주 이강주와 어울리는 음식 만들기	10명	3,000,000원	
	전주음식 노래 자랑	각 참가자들이 음식과 관련된 노래를 부르는 대회와 각자 음식 관련 내용으로 개사한 노래를 부르는 대회	5명	5,000,000원	
	유명인과 함께 하는 진수성찬	매일 저녁 추첨을 통해 유명인과 저녁 만찬을 즐기는 행사	10명	20,000,000원	
	무료쿠폰 경품 대회	전주의 음식을 즐길 수 있는 무료쿠폰 경품 대회	5명	2,000,000원	
	소스개발 경연 대회	우수 개발 소스에 대해서는 판권 등의 확보로 산업화의 가능	10명	5,000,000원	
관광객 참여	블라인드 경연 대회	• 재료를 모르는 상태에서 참가하고 그 자리에서 바로 만들어내는 대회 • 일반인 · 외국인 등의 심사위원에 맞는 요리를 만들기	10명	각 2,000,000원	3회
	한옥마을 스탬프 릴레이	한옥마을의 곳곳을 관광하며 특정장소에서 스탬프를 모두 받아오면 상품 지급	10명	3,000,000원	

(5) 개최 장소별 프로그램의 구성

전주음식축제 축제장의 구성

그림 5-2 축제장의 구성

■ **메인 스테이지(경기 전)**

- 조선왕조 태조 이성계의 어진을 봉정하기 위해 태종 10년(1410년)에 창건되었으며, 전주 이씨의 시조인 이한과 시조비 경주 김씨의 위패가 봉안된 조경묘와 예정대왕 태실비 및 전주사고가 있으며 주변경관이 수려함

■ **전주 한옥마을**

- 예향 전주의 풍류와 멋을 한눈에 느낄 수 있는 풍남동 교동일대 한옥 전통 가옥촌으로 오목대나 코아 리베라 호텔에서 내려다보이는 모습이 일품

■ **덕진공원**

- 전주의 대표적인 도시 공원으로 고려시대에 풍수설을 배경으로 조성된 인공호수가 있음. 연꽃자생지와 호반을 가로지르는 현수교, 보트 등이 풍요로운 안식처 역할을 함

■막걸리 촌

- 대표적인 서민 전통주인 다양한 맛의 막걸리를 즐길 수 있는 공간. 저렴한 가격으로 다양한 막걸리와 먹을거리를 즐길 수 있음

■축제장소의 네트워킹을 위한 제안

- 셔틀버스의 운행을 통해 쉽고 빠르게 각 축제장을 연결
- 축제장별 안내원과 셔틀버스 안내원의 운용으로 방문객들이 보다 쉽게 전주를 이해할 수 있는 기회 제공
- 덕진공원과 한옥마을을 잇는 기린로와 막걸리 촌과 한옥마을을 잇는 장승백이길, 막걸리 촌과 덕진공원을 잇는 공솔나무길을 축제 기간에 일부 교통통제를 통해 많은 관광객들이 빠르게 이동할 수 있는 방안 마련

축제장별 프로그램 구성

■메인장소(경기 전)

- **매일**
  - 세계 음식 및 조리기구 전시 : 세계 각국의 음식 및 조리기구 전시 및 판매
  - 식품전시회 : 식품제조 가공업체 생산품을 기획 · 전시 · 판매하는 행사
  - 전주음식의 시장상품화 : 전주 전통음식의 조리방법을 알려주고 교육하며 시식을 통하여 이를 팜플렛 등으로 제작하여 판매하는 행사
- **1일차**
  - 개회식 개최
  - 전국 요리명장 조리시연 : 전국의 유명 요리사들의 조리 전과정을 시연하고 이를 시식하는 행사
  - 수라상진상 : 수라상진상 행렬(퍼레이드) 및 과정을 재현하는 행사(일반인 참가 가능)

• 2일차

- 기네스 비빔밥 만들기 : 비빔밥을 축제참가자들 모두가 함께 만들고 이를 통해 이웃에게 사랑을 전하고 함께 나누어 즐기는 행사
- 소스개발 경연대회 : 비빔밥 등 전통음식의 소스를 개발하고 이를 상품화하는 행사

• 3일차

- 블라인드 경연대회 : 재료를 모르는 상태에서 참가하고 그 자리에서 바로 주제에 맞는 요리를 만들어내는 대회 및 일반인 · 외국인 등의 심사위원에 맞는 전통요리를 만들어 경연하는 대회

■ 한옥마을

• 매일

- 한옥마을 스탬프 릴레이 : 한옥마을 곳곳에 설치된 지정 장소를 모두 방문하여 도장을 획득하여 오면 소정의 상품을 지급하는 행사로 향후에는 학습효과를 인성해 줄 수 있는 행시
- 이강주, 태극선과 합죽선 만들기 : 전주의 특산물인 이강주와 태극선을 통해 전주가 예로부터 음식뿐만 아니라 문화에서도 우수한 지방임을 강조

• 1일차

- 외국인 퓨전요리 경연대회 : 한국의 전통음식을 각국의 전통음식과 퓨전하여 맛을 겨루는 행사 – 전통음식의 세계화 도모

• 2일차

- 이강주 100배 즐기기 : 전주의 특산 전통주인 이강주와 어울리는 음식만들기 행사
- 유명인과 함께하는 진수성찬 : 매일 추첨을 통해 연예인 등의 유명인과 저녁 만찬을 즐기는 행사

• 3일차

- 전국 요리사 및 요리 연구자 워크샵 및 학술발표회

■ 덕진공원

• 매일

– 사랑의 보트 : 연인 및 부부가 호수 위를 보트를 타고 여유와 낭만을 즐기는 행사

– 각종 퍼포먼스 공연 : 전통음식의 우수성을 알릴 수 있는 외국인 · 내국인이 함께 어울리는 꽁트나 자작 공연 등의 퍼포먼스 개최를 통해 상품을 나누어 주는 행사

• 2일차

– 단체 맞선 : 결혼정보회사와 연계하여 남녀 간의 맞선의 기회를 제공

• 3일차

– 전주음식 노래자랑 : 각 참가자들이 음식과 관련된 노래 및 음식관련 내용으로 개사한 노래를 부르는 대회

■ 막걸리 촌

• 매일

– 사파리 음식 투어 : 전주의 맛집들이 모두 모여 각 업소의 고유메뉴 1점을 전시하고 시식하는 행사

– 무료쿠폰 경품대회 : 전주의 음식을 즐길 수 있는 무료쿠폰을 나누어 주는 경품 행사

(6) 운영조직의 구성

• 세부적인 프로그램 및 개별행사에 필요한 진행요원은 프로그램과 관련한 산업에 종사하는 자영업자 및 종사자, 지역의 민간단체나 지역주민, 인근지역에 재학 중인 중 · 고등학교 및 대학교 등의 자원봉사 희망자를 바탕으로 구성함.

• 운영개요

– 축제 참가자 서비스 – 인원관리 – 동선의 관리 – 안전관리– 교통 · 숙박계획

– 관광객 안내 표지판 – 환경관리

(7) 소요 예산 및 조달 방법

- 전주 전통음식 문화축제의 효과적이고 원활한 운영을 위하여 예산과 이에 따른 자금의 조달 방법을 각각 구분하여 검토함으로써 금전적인 부분에서의 문제점 발생을 사전에 예방함

❶ 축제 예산

표 5-5 축제 운영 예산

구분		내 용	예산	비고
I 전체 축제 준비 예산	인건비	준비위원(프로그램 운영 제외) 회의비 여비 및 교통비 등 소계	30,000,000원 25,000,000원 35,000,000원 90,000,000원	
	홍보비	광고 및 홍보비 안내물 제작 및 인쇄비 홈페이지 및 기타 운영비 소계	50,000,000원 50,000,000원 15,000,000원 115,000,000원	
	용역비	용역비축제 준비 및 운영 컨설팅 프로그램 진행 및 EVENT 소계	35,000,000원 10,000,000원 45,000,000원	
	합계		250,000,000원	
II 프로그램별 예산	명소화	사파리 음식 투어 기네스 비빔밥 만들기 전국 요리명장 조리시연 워크샵 초빙, 학술발표회 수라상진상 전주 음식시식회 연인들의 공간 소계	100,000,000원 30,000,000원 7,000,000원 20,000,000원 5,000,000원 2,000,000원 2,000,000원 166,000,000원	
	글로벌화	외국인 퓨전요리 경연대회 세계 음식 및 조리기구 전시 각종 퍼포먼스 소계	2,000,000원 3,000,000원 2,000,000원 7,000,000원	
	산업화	산업화 식품전시회 전주음식 규격화 전주특산물 체험전 캐릭터 및 로고 공모전 소계	2,000,000원 5,000,000원 2,000,000원 5,000,000원 14,000,000원	

구분		내 용	예산	비고
Ⅱ 프로그램별 예산	관광객 참여	이강주 100배 즐기기	3,000,000원	
		전주 음식노래자랑	5,000,000원	
		유명인과 함께하는 진수성찬	20,000,000원	
		무료쿠폰 경품대회	2,000,000원	
		소스개발 경연대회	5,000,000원	
		블라인드 경연대회	각 2,000,000원	3회
		한옥마을 스탬프 릴레이	3,000,000원	
		소계	44,000,000원	
	합계		231,000,000원	
Ⅲ 사후평가 및 보고 예산	축제 평가 보고서 용역비		20,000,000원	
	소계		20,000,000원	
	합계		20,000,000원	
축제 운영 및 관리비 합계			501,000,000원	

❷ 예산 조달 방법

- 축제 예산은 정부 및 지방자치단체(전주시)의 지원금과 행사부스 및 기타시설의 수익금, 기타 기탁금으로 확보함을 원칙으로 함
- 확보된 예산에서 사용된 지출을 제외한 축제수익은 차년도 축제 준비비용을 제외하고 전주시의 소외계층을 위한 복지비용으로 활용함

표 5-6 축제 예산 조달 방법

구분		내 용	예산	비고
Ⅰ 정부 및 지자체 지원금	지원금	준비위원(프로그램 운영 제외)	50,000,000원	
		여비 및 교통비 등	100,000,000원	
		소계	150,000,000원	
Ⅱ 프로그램별 수익금	운영 수익금	식음료 수익	150,000,000원	
		숙박비	40,000,000원	
		부대시설	30,000,000원	
		상품 판매	60,000,000원	
		기타	20,000,000원	
		소계	300,000,000원	

구분		내 용	예산	비고
Ⅲ 기타 기탁금	기탁금	동문회 및 향우회 지원 기타 민간 투자자 소계	10,000,000원 10,000,000원 20,000,000원	
축제 운영 및 관리비 합계			470,000,000원	

※ 총 투자 운영비에 대비하여 수익금 및 자금조달은 다소 차이가 있으나, 이 부분은 추후 축제로 인하여 발생하는 경제, 고용 파급효과에 대한 투자로 판단할 수 있음.

(8) 홍보전략

❶ 단계별 홍보전략

- 사전 홍보전략
  - 1단계 : 행사의 고지 및 붐 조성
  - 2단계 : 관심집중 / 참여의 유도
- 행사 중 홍보전략
  - 3단계 : 관람유도 전략
- 사후 홍보전략
  - 4단계 : 행사 후 사후관리 전략

❷ 대상별 홍보전략

- 지역별 홍보전략
  - 전주시내 홍보전략
  - 타지역 홍보전략
  - 국외 홍보전략
  - 기타지역 홍보전략
- 연령별 홍보전략
  - 10대 홍보전략 – Education
  - 20대 홍보전략 : Key word – Lovers
  - 30~40대 홍보전략 : Key word – Family

- 50대 홍보전략 : Key word – Romance

- 직업별 홍보전략
  - 직접 연관 산업 홍보
  - 간접 산업 홍보전략

(9) 향후 발전방향의 제시

06

이벤트 브랜드

제1절 브랜드 개요
제2절 이벤트 브랜드

Event Management

이벤트 경영론

제6장

이벤트 브랜드

제1절 브랜드 개요

1. 브랜드의 유래

브랜드의(brand)의 어원은 **불에 달구어 지진다, 화인(火印)하다**라는 뜻으로 사용된 노르웨이 고어 brandr에서 유래되었다. 사전에서는 **브랜드는 제조업사가 제품의 품질을 증명하고 소유권을 나타내기 위하여 불에 달구어진 쇠붙이로 인두질하여 만들어 낸 표(標)이다**라고 정의하고 있다. 이처럼 옛날 사람들이 가축, 상품, 작품에 대한 소유를 나타내고, 타인의 것들과 차별하기 위하여 어떤 표시를 하기 시작한 것이 브랜드의 유래라고 할 수 있다.

고대에는 장인들이나 제조업자들이 자신의 제품을 다른 사람이 만든 것과 구별하고 확인시키기 위하여 오래전부터 제품에 한두 가지의 기호를 사용해 왔으며, 이러한 것은 다양한 역사적 사례를 통하여 나타난다. 고대문명에서 발견된 항아리, 접시, 기와, 벽돌 등에 도공들의 지문이나 이름, 상징들이 새겨져 있는 것이 그 예이다.

12세기 유럽에서는 자신의 정체를 나타내고 기사들의 얼굴을 가면으로 가렸기 때문에 먼 거리에서 서로를 알릴 목적으로 방패나 깃발에 개인의 기호를 사용하였다. 그리스 로마시대에는 상점 주인들이 상점 이름 대신 팔고 있던 물건을 그림으로 나타낼 수 있는 그림이나 표시를 상점 앞에 걸어 놓았다.

그림 6-1 고대의 문양

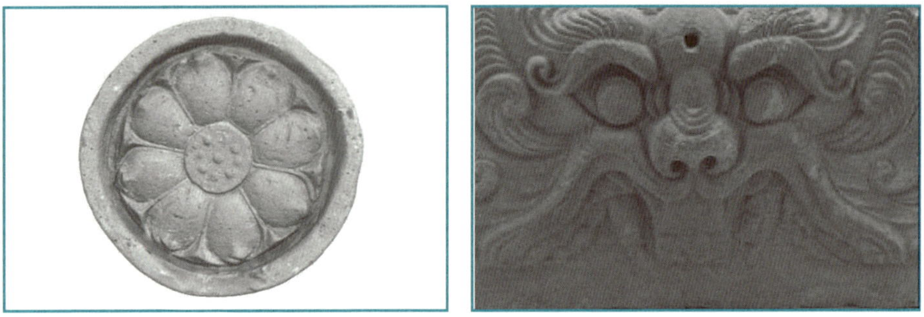

http://cafe.naver.com/mybomulchanggo.

중세기에 접어들면서 기술자들이나 공예품 작가들이 자기 작품에 특별한 표시를 하기 시작했는데 이러한 표시를 통해서 자기 작품을 타인의 작품과 차별시켰고 이는 자기 작품을 보증해 주는 도구로 점점 일반화되기 시작했다. 일반적으로 목장에서 가축을 사육할 때 자신의 가축임을 증명하기 위해 소나 말 등에 인두로 표시를 하는데 이를 브랜딩(branding)이라 한다.

현재와 같은 정립된 브랜드의 개념은 근대에서 출발한다. 산업혁명 이후 근대 자본주의의 발전은 제조업자 브랜드 탄생을 가져오게 하였다. 교통통신 수단의 발전, 대량생산과 포장기술, 광고와 유통점 확대, 인구 증가 등은 소비자의 제품 수요로 이어져 미국 전역을 대상으로 하는 제조업자 브랜드 탄생을 가능케 한 것이다. 초기에는 배에 실리는 나무상자에 낙인을 찍었는데, 점차 이것이 확대되어 제품에 직접 낙인을 찍어서 소매상들이 그들이 주문한 제품의 품질과 무게를 확인할 수 있도록 했다.

1880년대에 이르자 소비자들은 크래커, 차, 옷감, 담배 등에 이름을 붙인 일상적인 제품의 브랜드를 요구했고, 이때 리츠, 립튼, 리바이스, 럭키스트라이크 등의 브랜드들이 생겨 났으며, 이런 브랜드들은 지금도 우리의 의식 속에 각인되어 있다. 이 시기의 브랜드는 단순한 **식별 기능**뿐만 아니라 제품의 **품질 보장, 소비자에 대한 표시** 등의 기능을 수행하였다. 이처럼 고대에서 근대에 걸쳐 다양한 역사적 사례들에서 우리는 브랜드의 유례를 찾아볼 수 있고 시대에 따라 브랜드가 발전해 왔다는 사실을 알 수 있다.

2. 브랜드의 정의

브랜드(brand)는 특정제조업자가 자신의 제품을 다른 경쟁사의 제품과 구별하기 위해 사용하는 수단이고, 경쟁사와 구별되면서 해당 제품을 식별하게 하는 브랜드 네임, 로고, 심벌 또는 이들을 결합한 것으로, 제품 또는 서비스에 고객의 인식과 감정이 부가된 무형의 재화이며, 브랜드 아이덴티티와 이미지의 결합체로 정의된다. 전통적인 브랜드의 정의에 있어서는 기업을 정체성이나 차별화의 대상으로 취급하지 않고 브랜드의 대상에서 제품이나 서비스만을 강조해 왔다. 그러나 현대에는 기업 그 자체도 브랜딩의 가장 중요한 대상 중의 하나로 인식되기 때문에 기업 또한 브랜드 대상에 포함시켜야 한다.

기업은 일반 대중이나 소비자들과의 커뮤니케이션에 있어서 일차적 접촉 대상이 되며, 소비자들이 갖는 기업 브랜드 이미지는 직접적으로 제품이나 서비스 브랜드 이미지와 관계가 있다. 또한 기업 브랜드와 제품 브랜드가 동일한 경우에는 기업 자체가 매우 중요한 브랜딩의 대상이 된다. 심지어 도시, 연예인, 운동선수, 국가, 마을, 이벤트 등 장소까지도 브랜드의 대상으로 볼 수 있다. 미국마케팅협회(American Marketing Association : AMA)는 브랜드를 **자신의 재화(good)나 서비스(service)를 식별시키고(identify), 다른 제공자의 재화나 서비스와 차별화할 목적으로 사용되는 이름, 용어, 기호, 상징, 디자인 또는 특징들의 조합**이라고 정의하였다.

표 6-1 브랜드의 정의

정의자	내 용
AMA 미국마케팅협회	자신의 재화나 서비스를 식별시키고 다른 제공자의 재화나 서비스와 차별화를 목적으로 사용되는 이름, 용어, 기호, 상징, 디지인 또는 특징들의 조합
Hansen	브랜드는 판매자(판매집단)의 상품 혹은 서비스를 다른 것과 구별해서 표시할 수 있도록 하기 위해서 사용되는 단어, 문자, 단어 또는 문자의 집합, 디자인 또는 이것들의 일부로 제품이 동일하다는 것을 식별시키는 모든 것을 포함하는 것
Aaker	판매자 또는 판매자의 상품이나 서비스를 식별시키고 경쟁자들의 것과 차별화하기 위해 사용되는 독특한 이름이나 로고, 등록상표, 포장 디자인과 같은 상징물의 의미
Kotler	한명의 판매자 또는 일단의 판매자들이 자신의 제품이나 서비스를 경쟁자들의 그것과 구별하기 위해 사용하는 용어, 상징, 디자인 또는 그것들의 총합

정의자	내 용
김성제	제조업자 또는 유통업자가 자기의 기업, 제품, 서비스의 정체성을 만들고 경쟁자의 기업, 제품, 서비스와 차별화 할 수 있도록 하기 위하여 활용하는 이름, 용어, 숫자, 심볼, 캐릭터, 슬로건, 디자인, 패키지 또는 이들의 결합체
김재영	판매자가 자신의 제품이나 서비스를 식별하기 위해 사용하는 브랜드 네임, 로고, 심벌, 슬로건, 패키지 뿐만 아니라 제품과 관련된 인식, 경험 및 이미지의 집합체

3. 브랜드의 역할

현대사회 기업은 브랜드를 제조, 유통, 마케팅의 중요 수단으로 인식하고 있으며 소비자들 또한 브랜드에 의해 기업이나 제품을 선호하고 있다. 이는 브랜드 제공자인 기업뿐만이 아니라 소비자 측면에서도 브랜드가 중요한 요소로 이해되고 있음을 증명하고 있다. 브랜드는 소비자에게 친근감 형성과 동시에 제품의 제공자를 식별시키고, 안정감을 제공하며 재화 또는 서비스를 선택하는 데 중요한 역할을 수행한다. 뿐만 아니라 브랜드는 브랜드 제공자뿐만 아니라, 소비자 사이의 직접적인 커뮤니케이션의 도구 역할을 하고 있다. 즉 제품은 공장에서 만들어지지만 브랜드는 소비자가 사는 것이다. 일반 상품과 브랜드 제품은 마케팅 기능과 효과뿐 아니라 가격과 이익에서도 큰 차이를 보인다. 즉 브랜드 제품은 인지도가 높을수록 높은 가격을 받을 수 있으며 차별화가 될 수 없는 일반 상품일수록 그만큼 경쟁력이 낮아져 가격 또한 저렴하게 판매될 수밖에 없다.

표 6-2 일반상품과 브랜드

일반상품명	브랜드명
쌀	임금님표 이천쌀
생수	제주 삼다수
비빔밥	전주 비빔밥
빵	안흥찐빵, 경주빵
호도과자	천안 호도과자
돼지고기	목우촌

1) 소비자 측면에서 브랜드의 역할

(1) 탐색비용 감소

소비자는 구매에 동반하여 여러 위험을 감소시키기 위해 관련 정보를 탐색, 수집한다. 일반적으로 브랜드는 소비자에게 제품의 품질에 대한 정보를 제공함으로써 구매 노력을 감소시켜주는 역할을 한다. 소비자는 제품에 대한 반복적인 탐색과정 없이 브랜드로 인해서 그 상품을 인지할 수 있다. 즉 특정의 품질 수준을 찾는 소비자들은 직접적 혹은 간접적 경험을 한 브랜드를 손쉽게 탐색할 수 있다는 것이다.

(2) 품질에 대한 지각 위험 감소

브랜드의 식별 기능과 품질보증 기능은 특정의 구매 상황에서 구매자들의 제품 구매에 따른 지각 위험을 감소시켜 준다. 소비자들은 제품과 관련하여 품질에 대한 확인을 얻으려 한다. 이러한 상황에서 잘 알려진 브랜드는 품질에 대한 확신을 주며 그로 인해 지각 위험을 감소시켜 준다. 즉 브랜드에 대한 인지도는 품질에 대한 믿음의 상징으로 나타난다.

(3) 소비자 아이덴티티 형성

브랜드가 지닌 상징적 의미는 그것을 소유 또는 사용하는 소비자의 자기 이미지(self-image)를 다른 사람에게 표현 또는 표시하는 중요한 수단이 된다. 좋은 브랜드의 상품을 소지함으로써 자신의 정체성을 찾으려는 의도는 이를 잘 나타내고 있다. 이처럼 소비자의 아이덴티티의 형성에 있어 브랜드의 상징적 의미는 자신이 어떤 사람인가, 다른 사람에게 어떻게 보여지기를 바라는가를 다른 사람에게 표현하는데 기여한다.

(4) 제품 카테고리 지식의 형성에 기여

브랜드는 제품 카테고리를 초월하여 확대되어 그 브랜드 사용자의 새로운 카테고리를 형성한다. 브랜드 충성자는 그 브랜드 기업이 다른 용도의 상품을 판매할 때도 충성스럽게 구매한다는 의미이다. 사용자는 그 의미에 있어서 브랜드가 여러 제품 카테고리에 걸쳐 있는 경우 동일 브랜드가 다른 제품 카테고리의 제공 시에도 동일한 것으로 인식되는 브랜드의 **제품 동화(同化) 작용**과 다른 제품 카테고리에 의해서 다른 것으로 인식되는 브랜드의 **제품 이화(異化) 작용**이 있다.

2) 기업 측면에서 브랜드의 역할

(1) 소비자의 충성도 촉진

어느 연구에서 소비자를 대상으로 블라인드 테스트를 실시한 결과 소비자들은 브랜드에 대한 인지도 없이는 펩시와 코카콜라, 밀러와 버드와이저 간의 차이를 말할 수 없다는 연구결과가 나타났다. 그러나 브랜드 상호가 밝혀질 때 소비자들은 각각 다른 선호를 나타낸다. 분명하게 충성도는 어떤 기능적인 속성이라기보다는 브랜드 이미지에 의하여 나타난다. 이처럼 강력한 브랜드는 소비자의 충성도를 촉진시켜 주는 역할을 한다.

(2) 브랜드 라이센싱의 혜택

브랜드 네임에 대한 허가, 라이센싱은 기업의 큰 이익을 가져다준다. 예로 1988년 썬키스트는 다른 회사들의 수백 가지 제품들이 자사의 브랜드 네임을 사용할 수 있도록 하는 대가로 1,030만 달러의 수익을 챙겼다. 이는 스포츠 경기에서도 많이 나타나는데 월드컵 등 유명한 스포츠 이벤트들은 행사 시 수많은 스폰서 업체들에게 라이센싱을 빌려주는 대가로 많은 수익을 얻고 있다.

(3) 기업의 위기관리 극복수단

기업이 일시적으로 위기에 처했을 경우 강력한 브랜드를 가지고 있느냐, 가지고 있지 않느냐는 매우 중요하다. 1982년 10월 시카고에서 타이레놀 독극물 주입사건이 발생했다. 타이레놀 캡슐을 복용한 후 7명이 사망했던 이 사건으로 J&J(Johnson & Johnson)는 그 동안 쌓아온 이미지가 땅바닥으로 추락하고 말았다. 이 위기를 극복하기 위해 J&J는 타이레놀의 충성고객들의 경험담을 이용한 3개의 광고를 제작하여 방영함으로써 그들이 신뢰감을 가지고 타이레놀을 계속 복용하고 있다는 사실을 소비자들에 확신시키고자 하였다. 이처럼 J&J는 사건 이전에 구축되어 온 브랜드 자산과 타이레놀이 가지고 있는 신뢰라는 브랜드 이미지를 통해 위기를 극복할 수 있었다.

(4) 조직의 구심점 역할과 의미 부여

강력한 브랜드는 조직의 목표에 대해 통일성을 갖게 해주며, 조직인들의 공통된 이해를 도모하게끔 도와준다.

(5) 유통업자로부터 협력 획득

지명도가 높은 브랜드에 대해서는 유통업자로 하여금 신뢰를 확보하여 판매에 대한 협력을 획득하는 것이 수월하다. 높은 지명도의 브랜드 가치는 기업의 자산 가치와 동반한다.

(6) 경쟁우위 원천

특정 브랜드와 제품 카테고리와의 사이에 있어 강력한 브랜드 연상이 확립되어 있으며 후발 기업의 진입이 오히려 역으로 선발기업에게 이득이 되게 한다. 따라서 높은 지명도의 브랜드는 선점의 효과가 매우 크다고 볼 수 있다.

3) 지역 측면에서 브랜드의 역할

오늘날 기업뿐 아니라 지역에서 또한 자체 브랜드를 부각시키기 위해 많은 노력을 하고 있다. 지역 축제뿐만 아니라 자체 내의 농특산물을 특화시키기 위해 브랜드를 사용하고 있으며 공동 브랜드 형태로 이미지를 구축하고 있다.

지역 브랜드란 특정 지역을 상품으로 인식하고 그 지역의 독특한 자산 및 가치를 이미지화하여 다른 지역과 차별화를 이루는 것을 말한다. 따라서 지역 브랜드를 활용하고 가치를 높인다면 지역 발전에도 큰 도움이 된다.

(1) 지역 이미지 상승

지역 브랜드는 지역의 긍정적인 이미지를 가져오게 된다. 브랜드 하나로 그 지역의 공통적인 이미지화를 이끌 수 있으며 이는 브랜드를 통해 그 지역을 홍보하고 상품화하는 마케팅 수단이 된다. 경주시는 신라 제3대 왕 유리왕 때 왕을 칭호하는 이사금이라는 브랜드를 창조하여 지역의 상징 브랜드로 활용하고 있다. 신라 왕족의 고급스러움을 반영하여 경주지역이 고대 왕도라는 이미지를 활용하였으며 고풍스럽고 고급스러운 이미지를 창조하여 경주지역의 특산품을 그에 담고 있다.

그림 6-2 **경주의 이사금 브랜드**

(2) 지역 경제 활성화

지역마다 독특한 특산품은 지역의 공동 브랜드를 통해서 더욱 강력한 판매력를 발휘하게 된다. 지역에서 생산되는 품목들을 하나의 브랜드로 통합시켜 판매의 효율성을 높이고 있다. 김제시는 지평선이라는 브랜드의 효과적인 관리로 부가가치를 창출하고 있다. 김제의 주요 특산품인 쌀뿐만 아니라 감자, 한우 등도 모두 지평선 브랜드를 통해 관리하고 있다.

그림 6-3 **김제 지평선 브랜드**

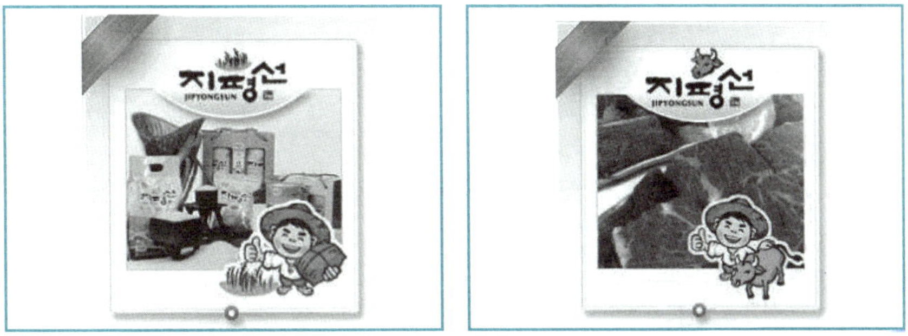

(3) 선점 우위 효과

지역 브랜드를 통해 다른 지역과 공통되는 농특산품에 대한 선점효과를 얻을 수 있다. 우리나라처럼 좁은 지역은 농산물 생산이 공통되는 면이 많다. 그러나 이러한 농특산물을 어느 지역에서 체계적으로 마케팅화하고 이를 공격적으로 소비자에게 다가가느냐에 따라 소비자 인식이 달라진다. 이에 대한 활용방안으로 가장 적절한 것이 브랜드이다.

(4) 지역문화 확립

브랜드를 통해 지역문화가 드러나게 된다. 또한 지역문화가 표출되어 나타나는 것이 브랜드이다. 지역 브랜드를 통해 지역을 표현하게 되는데 이는 언어와 시각적인 측면으로 나타난다. 언어적인 측면은 지명이나 슬로건으로 나타나고 시각적인 측면은 상징이나 컬러 및 로고 등으로 표현된다. 대한민국 대표 지역 브랜드 중 하나인 안성마춤은 안성 지방이 예부터 내려오는 신뢰문화의 이미지를 그대로 살리고 있다.

그림 6-4 **안성마춤 브랜드**

(5) 자원의 상품화

지역 브랜드를 통해 지역의 자원을 상품화하게 된다. 즉 지역 특산품은 브랜드를 통해 상품화가 되며 판매된다. 지역 브랜드를 활용한 상품은 여러 방면에서 나타나는데 이는 관광상품, 문화상품, 지역 특산품, 지역 축제 등을 통해서 볼 수 있다.

부여군은 친숙한 영어 단어를 활용해 굿뜨래라는 브랜드를 이미지화하였다. 또한 굿뜨래 마케팅 사업단을 통해 쌀, 수박, 사과 등을 상품화시켜 해외까지 지역 상품을 홍보, 판매하고 있으며 지역 축제와 연계하여 지역 브랜드 인지도 향상에 힘쓰고 있다.

그림 6-5 **부여 굿뜨래 브랜드**

표 6-3 브랜드의 역할

대 상	내	용
소비자	• 탐색비용 절감 • 소비자 아이덴티티 형성	• 품질에 대한 위험 비용 감소 • 제품 카테고리 지식의 형성 기여
기업	• 소비자 충성도 촉진 • 위기관리 극복 • 유통업자로부터 협력 획득	• 브랜드 라이센싱 • 조직의 구심점 역할 • 경쟁우위 원천
지역	• 지역 이미지 상승지역 • 선점 우위 효과 • 자원의 상품화	• 경제 활성화 • 지역 문화 확립

제2절 이벤트 브랜드

1. 이벤트 브랜드 개념

이벤트는 그 자체만으로도 뛰어난 상품성을 갖고 있으며 동시에 관광목적지에 대한 다양한 마케팅 효과를 갖고 있다. 따라서 이벤트 브랜드란 **이벤트를 하나의 상품으로 인지하는 고객들에게 경쟁 이벤트와의 차별화를 위해 사용되는 이벤트 명, 로고, 상징, 디자인 등의 의미**로 이해될 수 있을 것이다.

이벤트 관광객은 관광지를 선택할 때 일반 상품의 구매과정과 마찬가지로 관광지를 하나의 브랜드로 인식하고 그 브랜드가 가지는 가치에 의존한다. 일반적으로 관광지나 이벤트 브랜드는 도시나 지역의 이름과 동일시되며, 관광지 브랜드의 매력성 정도는 소비자로 하여금 관광지에 대한 가치를 창출시키고 해당 관광지로의 방문동기를 유발한다. 또한 관광지 측면에서는 경제발전을 견인하며, 지역사회의 발전과 삶의 질 향상에도 도움을 줄 수 있다. 따라서 차별화된 이벤트 브랜드를 통하여 이벤트 브랜드 자산 가치를 높이기 위한 마케팅 전략의 필요성이 제기되고 있다.

윤홍열(2007)은 지역문화축제의 속성은 브랜드 디자인으로 이미지화된다고 하였다. 지역문화축제의 이미지 속성은 지역문화의 전통성, 향토성이 표현되어야 하는 문화적 요소, 지역문화의 의미에 대한 독창성 요소, 교육과 정보가 전달되는 교육적 요소, 대중에게 문화 이해를 도모하는 대중적 요소, 문화의 의미를 전달하는 시각적 요소, 유희적 요소에 의한 직 · 간접적 경험이 있는 체험적 요소, 산업적 요소의 확대를 기대하는 경제적 요소, 지역문화의 비전을 제시해주는 제의적 요소가 종합적으로 표현되어야 한다. 지역문화축제가 브랜드로써 가치를 인정받기 위해서는 이러한 속성적 특징이 시각적 이미지에 의해 상징적으로 표현되어야 한다.

세계적으로 유명한 축제 이벤트인 삼바축제는 브라질 국가와 도시 브랜드 파워를 높이는 일등공신으로 자리 잡고 있다. **브라질=삼바축제**라는 이미지가 브라질의 국가 브랜드를 끌어올리는 것은 경제적 수치로 평가하기 어려울 정도이다. 세계적으로 브랜드화에 성공한 축제들은 대부분 주제가 단순명료하며 축제에 대한 몰입이 강한 것이 특징이다. 스페인 발렌시아 지방에서는 8월 마지막 주 수요일에 광장에 모인 수만 군중이 토마토를 집어던진다. 100만 개의 토마토가 난무하는 동안 거리와 참가자는 시뻘건 토마토로 범벅이 된다. 전 세계 최대의 축제인 독일 뮌헨의 맥주축제인 옥토버페스트도 맥주라는 단순한 주제를 가지고 있지만 축제의 몰입성이 매우 강하다. 스페인의 빰볼료냐 지방의 산페르민 축제는 소몰이 하나로 세계 최고의 축제가 되었다. 이제 우리나라도 국내 축제들의 경쟁에서 좀 더 나아가 국제적인 브랜드 축제를 키워야 할 때이다.

표 6-4 지역문화축제의 브랜드 이미지 속성

대 상	내 용
문화적 요소	지역문화의 전통성, 향토성
개성적 요소	지역문화의 의미화 표현 방식의 독창적 차별화
교육적 요소	지역문화의 교육, 정보의 매체 역할
대중적 요소	대중적 접근과 문화이해에 대한 친밀도
상징적 요소	문화적 의미를 시각적 요소에 의해 통합적 전달
체험적 요소	유희적 요소에 의한 문화적 직접경험

대 상	내 용
경제적 요소	지역문화에 의한 산업적 요소 확대
제의적 요소	지역문화의 비전 제시

자료 : 윤홍렬, 지역문화축베 브랜드 디자인의 상징 표현이 미치는 영향성과 가치평가에 관한 연구, 2007

2. 국내 이벤트 브랜드

오늘날 지자체들은 관광시의 상품화, 자별화 등을 통해 관광객들과의 관계교환을 창출하거나 지속적으로 유지하려는 장소 마케팅(place marketing) 및 장소 재생(place regeneration)을 위한 전략의 하나로 지역 축제를 적극 활용하고 있을 뿐 아니라, 더 나아가 전국의 지자체들은 지역 축제를 **관광지 마케팅** 수단으로 활용하면서 지역축제의 상표 등록 등을 통한 브랜드화에 적극 나서고 있다.

지역축제의 브랜드화는 수도권에 편중된 외국인 관광객 및 타 지역 사람들을 유인하기 위해서 그 필요성이 제기된다. 지역축제 브랜드화는 지역축제가 지역의 이미지를 대표할 수 있도록 발전시켜 축제 자체가 해당 지역 방문의 주목적이 되도록 지역의 고유한 특성을 지역축제에 반영하는 것을 의미한다. 따라서 지역축제 브랜드화는 우리나라 지역축제들의 공통적인 문제점으로 대두되고 있는 주제 및 프로그램의 독창성 미흡, 소재의 중복, 시기의 편중, 유사축제의 모방 등으로 인한 획일화를 극복할 수 있는 전략적 수단으로 활용될 수 있을 것이다.

전국 1,000여 개의 축제명칭 중 상표권 출원은 화천군 “화천산천어축제”, 진주시 “진주남강유등축제”, 함평군 “함평나비축제”, 보령시 “보령머드축제” 등 약 60여 개에 불과하다. 지역마케팅 활용 및 경제활성화에 많은 기여를 하고 있지만 대부분의 기초자치단체는 지역축제의 명칭에 대한 상표권 등 지식재산권 관리를 소홀히 하고 있어 향후 이에 대한 권리분쟁이 우려된다.

그림 6-6 지역문화축제의 특허청 등록 대표 축제 브랜드

자료 : 특허청

요즘은 명품 축제 브랜드는 거의 등록을 하고 있다. 지자체들이 지역축제의 브랜드화에 적극적인 이유는 축제와 연관된 브랜드 파워를 통해 지역 이미지 향상 및 경제 활성화를 도모할 수 있다는 판단에 따른 것이라 하겠다. 지자체의 브랜드 마케팅으로 성공한 축제 이벤트들이 늘어가고 있다. 화천산천어축제, 횡성한우축제, 보령머드축제, 부산국제영화제 외에도 함평나비축제, 금산인삼축제, 이천도자기엑스포, 무주반딧불이축제 등이 대표적이다.

특히 함평군의 경우 함평나비축제의 브랜드 전략을 통해 많은 이윤을 창출하였으며, 이는 지역축제를 브랜드화한 성공사례로 꼽히고 있다. 함평군은 2009 LBCI(Local Brand Competitiveness Index, 지방자치경쟁력지수)에서 브랜드 인지도와 마케팅 활동지수 등에서 최고 점수를 얻으며 생태축제 부문 1위를 차지했다. 지난 1998년 첫 선을 보인 함평나비대축제는 생태체험 축제 시대 개막을 알리며 지역축제의 새로운 지평을 열었다는 평가와 함께 차별화된 행사 내용과 행사장 연출 등으로 단연 전국 최고 축제의 명성을 확고히 하고 있다. 특히 전국의 봄 축제 중 으뜸으로 꼽히는 함평나비대축제는 지난 1999년 시작돼 함평군을 '생태관광도시', '친환경농업군' 등으로 이미지 변신시키는데 성공했다. 아울러 매년 30만이 넘는 관광객

을 유치하며 지역경제 활성화를 꾀하고, 특히 도내에서 유일하게 2년 연속 '흑자 축제'의 성공신화를 이어가고 있다.

함평나비축제는 문화체육관광부 지정 문화관광축제 3년 연속 우수축제, 5년 연속 최우수축제로 선정돼 국비를 지원받는 성과를 올리기도 했다. 문화관광축제 일몰제 이후 2012년부터는 국비 지원 없이 축제를 치르며 발전을 거듭해오고 있다.

지자체들의 지역축제 브랜드화가 경쟁화되면서 축제브랜드 파워를 높이기 위한 여러 가지 노력들도 같이 이루어지고 있다. 축제의 의미와 특성을 살려 로고를 제작하고 축제를 친근하게 알릴 수 있는 캐릭터를 활용하며 축제의 브랜드형성과 홍보를 위한 연예인 등의 유명 인사를 활용하는 지자체들도 늘어나고 있다.

그림 6-7 화천 산천어축제

3. 이벤트 브랜드 성공사례

1) 무주 반딧불축제

(1) 개요

무주 반딧불축제는 개발 논리로 앞세운 지구환경의 파괴 오염에 대한 자연의 경고 메시지 하나로 생태환경지표인 반딧불이(천연기념물 제322호) 개체수가 줄어드는 시점에서 자연과 청정이미지를 가지고 있는 무주 반딧불이를 살리고 인간과 자연이 함께 공존하는 삶의 공간을 구성하고자 하는 노력에서 기획되었다. 대한민국 대표 환경축제를 지향하고 있는 무주 반딧불축제는 지역성을 탈피, 전국적인 축제로 변모하여, 10회 연속 국가지정 우수축제, 2년 연속 대표축제로 지정되는 등 국가축제로서의 면모를 갖춰왔다. 또한 **무주하면 반딧불축제, 청정 축제하면 무주 반딧불축제**라는 등식을 성립시켜 지역의 청정이미지를 대표 브랜드로 승화시켰다는 평가를 받고 있다. 2019년 전라북도 시군 대표 축제 평가에서 환경생태축제에 걸맞은 프로그램 운영과 공간(반디정원, 생태체험놀이터 등의 자연친화적 공간 구성) 및 야간 프로그램 운영 등으로 호평을 얻었다.

반딧불이 신비탐사, 형설지공 체험, 반딧불 자연학교 체험 등으로 대표되는 무주 반딧불축제는 **의제21 생명운동**을 가장 모범적으로 실천하고 있는 축제로 관광객은 물론, 지역주민과 함께 환경 · 교육 · 문화 · 화합 · 소득에 대한 다양한 공감대를 쌓으며 최고의 인지도를 자랑하고 있다. 2008년 개최된 제12회 무주 반딧불축제는 유가 상승 등 사회적 불안요인에 의한 소비심리 위축에도 불구하고 총 228억 9천여만 원의 경제적 파급효과(2007년 제11회 축제 대비, 37.4% 증가)를 창출하였다.

글로벌 휴양커뮤니티 무주 실현을 21세기 비전으로 삼고 있는 무주군은 앞으로 도시민들의 방문증가와 태권도공원 조성을 통한 잠재고객확보, 반딧불축제만의 명물 등 기회요인들을 기반으로 무주 반딧불축제를 지역의 경쟁력으로 집중 육성한다는 방침이며 아울러 무주 반딧불축제를 태권도공원, 관광 · 레저형 기업도시와 함께 지역발전의 3대 축으로 발전시켜 나간다는 계획이다.

그림 6-8 무주 반딧불축제

(2) 성공요인

무주 반딧불축제의 성공요인은 여러 가지 부분에서 찾을 수 있다. 첫째로 무주 반딧불축제의 태동이 무주지역의 브랜드 창조였다. 산골오지 낙후의 대명사였던 무주의 새로운 브랜드 네이밍(brand naming)을 통해 청정성을 대내외에 강조하기 위함이었는데 이러한 확실한 지역축제의 목표는 무주 반딧불축제를 전국 최고의 브랜드 축제로 자리 잡게 할 수 있는 근간이 되었다.

둘째로 무주군의 반딧불에 대한 브랜드 파워 강화 노력에서 성공요인을 찾을 수 있다. 반딧불 브랜드는 무주 군정 전반에 대한 홍보는 물론, 반딧불축제 등 각종 축제와 농 · 특산물의 브랜드로 폭넓게 사용되고 있으며, 무주군하면 반딧불, 반딧불하면 무주라는 등식을 성립시키며 지역에 대한 호감도와 인지도, 신뢰도를 꾸준히 높여가고 있다. '99년까지 반딧불 업무표장과 상표 특허청 출원 및 등록, 조례제정을 모두 마친 무주군은 브랜드 경쟁력 강화를 위해 브랜드 관리부서(마케팅팀)를 설치하고, 공동브랜드 리뉴얼과 반딧불 농산물 패키지 디자인 제작, 반딧불 브랜드 평가 및 육성전략 수립 연구용역, 반딧불 농 · 특산물 마케팅 전략수립 연구용역, 문화 · 홍보컨텐츠 개발, 반딧불 홍보 비즈링 서비스 실시, 반딧불 브랜드 홍보책자 및 봉투제작, 반딧불 농 · 특산물 홍보 CF를 제작 · 방영해 왔다. 또한 반딧불 브랜드 농산물 포장재 지원, 반딧불 농 · 특산물 직거래 행사 개최, 전자상거래장터를 구축해 운영하는 등 반딧불 브랜드의 활용도를 높여가고 있다. 이러한 노력들이 무주군의 반딧불 브랜드 성공의 주요 요인이라고 할 수 있다.

그림 6-9 무주 반딧불축제의 CI와 캐릭터

2) 스페인 토마토축제

(1) 개요

스페인의 토마토축제 라 토마티나(la tomatina)는 1944년 토마토 값이 폭락한 것에 대해 분노한 농민들이 시 의원들에게 분풀이를 하기 위해 토마토를 던지기 시작한 것에서 유래되었다. 스페인의 발렌시아 지방은 원래부터 지중해성 기후로 질 좋은 과일과 야채가 많이 나기로 유명하다.

그림 6-10 부뇰 시

70년이 넘는 토마토축제는 스페인의 발렌시아 주 소도시 부뇰에서 매년 8월의 마지막 주 수요일에 열린다. 토마토축제가 진행되면 주민은 며칠 전부터 비닐과 천으로

창문 등 건물을 가리기 시작한다. 축제에 쓰일 토마토는 여러 지역의 산지에서 구입하고, 전날에는 다른 축제들과 마찬가지로 전야제가 열린다.

축제는 오전 11시부터 오후 1시까지 2시간 동안 진행되는데, 오전 11시가 되면 광장의 굵은 기둥에 매달려 있는 햄을 따는 것을 신호로 축제가 시작되고 12시 정각이 되면 대포 소리와 함께 골목에 5대의 대형 트럭이 약 100만 개가 넘는 토마토를 쏟아 놓으면 사람들은 아무에게나 토마토를 던지기 시작한다.

이 축제의 또 하나의 볼거리인 축제 종료 후 거리청소는 마을의 청소차와 주민이 마치 마술과도 같이 능숙하게 모든 것을 빠르게 원상태로 돌려놓는다. 관광객들이 샤워를 하고 잠시 휴식을 취하는 몇 시간 만에 광장과 거리는 어느새 처음의 그 모습으로 되돌려 놓아 얼마 전에 마을 전체를 뒤덮고 있던 토마토의 잔재는 하나도 남아 있지 않는다.

그림 6-11 **토마토축제**

(2) 성공요인

스페인의 축제는 대부분 참여와 공유 그리고 소통이라는 아이덴티티를 갖는다. 스페인 축제의 특징은 주민의 열정적인 참여를 들 수 있다. 모든 연령층, 가족, 일반시민이 주도적으로 참여한다. 의식으로서의 의미성과 보여주는 행사보다는 실컷 즐기는 데 몰두한다. 그리고 그 즐거움을 나누며 키운다. 이러한 열정적인 참여와 공유가 있기 때문에 불과 2시간의 행사를 위해 1년을 기다리며 함께 준비하고 난장판의 뒷처리에 기꺼이 동참한다.

다양한 관광 상품을 판매하고 다양한 수익구조를 창출하는 다른 스페인 축제와는 달리 부뇰 토마토축제는 소박하고 단순한 편이다. 세계 각지에서 찾아오는 관광객들은 시내에 머무르는 시간은 불과 몇 시간에서 며칠에 불과하며 이 도시의 수익구조는 숙박과 음식 등 일반적이다. 하지만 이러한 비교적 저렴한 경비로 참여하고 즐길 수 있는 점은 지속가능한 관광수익을 낳고 있다. 또한 최근 높은 인지도로 스페인 투어의 중요한 코스로 자리 잡아 축제 기간 이외에도 많은 관광객들이 찾고 있다.

그림 6-12 **토마토축제 로고**

토마토축제는 토마토라는 브랜드를 통해 전 세계로 알려진 축제이다. 농산물인 토마토라는 한 가지 주제와 단순한 축제 방식이 오히려 사람들을 이끄는 요소로 자리 잡고 있다. 이 축제는 토마토 이외에 다른 요소는 찾아볼 수 없는 독창적인 프로그램을 가지고 있다. 또한 남녀노소를 비롯한 지구촌 어느 누구나 축제를 자유롭게 몰입하고 즐길 수 있는 장점을 가지고 있다. 축제 기간이 정확하게 정해져 있어 매년 약속된 날짜와 시간에 시작하는 주기성 때문에 전 세계 누구나 예측가능하며 이를 통해 많은 방문객들이 방문 일정에 맞춰 축제를 찾고 있다.

07

이벤트 마케팅

Event
Management

이벤트
경영론

제7장 이벤트 마케팅

제1절 마케팅의 개념

1. 마케팅의 개념

현재 우리가 살아가고 있는 시대는 마케팅의 시대라고 할 만큼 수많은 분야에서 마케팅이 활성화되어 있다. 특히 경제활동 행위가 자유로운 사회일수록 마케팅의 중요성은 더욱더 증대되고 있다. 마케팅이란 생산자인 기업과 소비자 간의 교환(transaction) 과정이라고 할 수 있다.

그림 7-1 마케팅의 개념

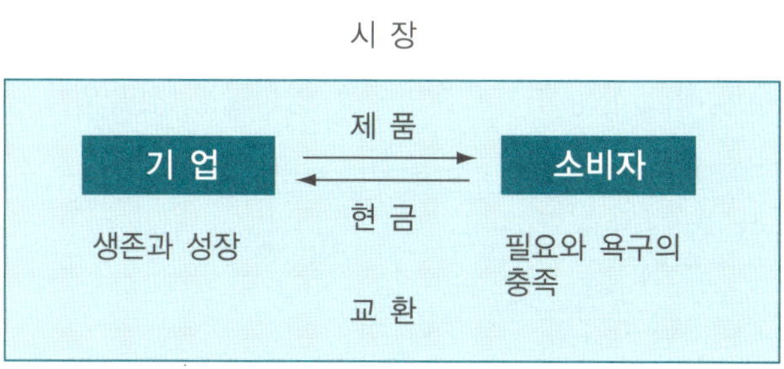

자료 : 채서일, 2006 : 9

기업의 목표는 주어진 시장 환경에서 생존하고 계속적으로 성장해 나가는 것이다. 즉 기업은 소비자에게 제품을 제공하여 그들에게 현금을 제공받으며 소비자는 기업의 제품을 통해 자신들이 원하는 필요와 욕구를 충족시키며 기업은 소비자가 지불한 금전적인 대가로 성장을 하는 일련의 활동을 교환으로 볼 수 있으며, 이러한 거래가 이루어지는 곳이 바로 시장이다. 따라서 생존과 성장이라는 기업의 목표 그리고 필요와 욕구의 충족이라는 소비자의 목표달성을 위해 상호 간에 상품과 현금이 시장을 통해 교환되고 있다고 볼 수 있다.

마케팅의 개념을 구성하고 있는 요소들은 현금, 상품, 필요와 욕구의 충족, 기업의 생존과 성장, 교환, 시장 등이다. 이들 구성 요소들을 살펴보면 다음과 같다.

1) 기초개념

(1) 필요와 욕구

마케팅은 인간의 필요(본원적 욕구)와 욕구(구체화된 욕구)를 이해하는 데서 시작된다. 필요(need)란 **어떤 기본적인 만족이 결핍된 상태**를 의미한다. 배가 고플 때에는 음식을 필요로 하고, 마음이 우울할 때에는 우울한 기분을 달래고 싶어하며, 때로는 어떤 것들에 대해 알고 싶음을 느끼기도 한다.

욕구(want)란 **필요를 만족시켜 주는 수단에 대한 구체화된 방법**을 말한다. 즉, 배고픔을 느끼고 이를 해결하기 위해 필요로 하는 것은 음식이지만 배고픔을 해결하기 위해 구체화된 욕구는 비빔밥, 설렁탕, 김밥, 김치찌개, 빵 등일 것이다. 우울한 기분이 들 때의 필요는 우울함을 달래고 싶은 것이지만 욕구는 영화구경, 전자오락, 공원산책, 볼링 등이 될 것이다.

(2) 생존과 성장

소비자의 욕구충족을 위해 제시되는 상품이 단 한 개일 경우는 거의 없으므로 대부분의 경우 소비자의 특정욕구에 대해 해결 수단으로 제시되는 상품들은 다수의 기업들에 의해 생산되고 판매되기 때문에 경쟁 상태에 놓이게 된다. 소비자는 필요와 욕구를 충족시켜 줄 것으로 기대되는 상품들 중 가장 많은 만족을 제공하는 상품을 선택하게 되므로 기업은 서로 경쟁하며, 소비자로부터 비교적 만족을 많이 안겨준 것으로 평가받는 기업은 생존하게 되고 그렇지 않은 기업은 도태하게 된다.

(3) 교환

교환은 기업이 제품이나 서비스를 소비자의 금전적인 것으로 맞바꾸는 것이다. 즉 소비자와 기업들은 서로 제품과 현금의 교환을 통해 각자의 목적인 기업의 생존 및 성장과 소비자의 욕구 충족을 달성하게 된다. 마케팅의 핵심적인 개념으로 소비자가 원하는 재화 및 서비스를 제공하고 그 대가를 받는 행위이다. 교환에 의해 자신이 원하는 제품이나 서비스를 개별적으로 생산할 필요가 없고 자신이 산출한 생산물을 다른 사람들 것과 교환하여 필요한 것들을 획득할 수 있다.

(4) 시장(market)

시장은 물품의 매매가 이루어지는 장소이며 각기 나름의 목적을 가진 기업과 소비사의 상호관계는 하나의 교환과정으로 볼 수 있다. 이러한 시장은 물품의 매매가 이루어지는 잠재적 교환의 장으로 볼 수도 있으며, 상품거래를 광범위하게 수행하는 사람들과 조직체의 집합을 의미한다고도 볼 수도 있다. 마케팅에서는 이들을 통합한 의미로 시장이란 용어를 사용한다.

2) 마케팅의 정의

마케팅은 시장과 관련하여 발생하는 활동을 의미한다. 마케팅은 기업과 소비자의 욕구를 충족시킬 목적으로 시장에서 행하는 교환활동을 뜻한다. 미국 마케팅학회는 마케팅을 개인이나 조직의 목표를 충족시키는 교환을 창출하기 위해 아이디어, 재화 및 서비스의 개념화, 가격의 절충, 촉진 및 유통을 계획하고 실시하는 과정이라고 보고 있으며, 코틀러(Kotler)는 **제품이나 가치를 창조하거나 다른 사람과의 교환과정을 통하여 소비자들의 필요와 욕구를 충족시키는 인간활동**으로 정의하고 있다. 또한 드러커(Drucker)는 마케팅을 **가치있는 고객의 체험을 창조하고 유지하는 것**이라고 정의하고 있다. 채서일은 마케팅이란 **시장에서의 교환을 통하여 인간의 필요와 욕구를 만족하게 해주며 기업의 생존과 성장이라는 목적을 달성하는 것**이라고 정의하고 있다.

이러한 개념에 입각해서 기업은 마케팅활동을 전체 소비자들을 대상으로 전개시킬 수도 있고 소비자에게 맞추어 시행할 수도 있다. 따라서 이질적 욕구를 가진 전체 소비자들을 비교적 동일한 필요와 욕구를 가진 집단으로 세분하여 각 집단의 필요와 욕구를 만족시킬 수 있도록 마케팅활동을 수행해야 한다.

기업이 가장 잘 만족하게 해줄 수 있는 소비자집단을 규정한다는 것은 이미 그 기업이 자신의 경쟁자들을 인식하고 있음을 뜻한다. 앞서 말한 것처럼 소비자가 가진 일정 욕구에 대해 이를 충족시켜 줄 수 있는 상품들은 다수가 존재한다. 따라서 이들 상품을 생산하는 기업은 경쟁기업에 비해 보다 높은 효용을 제공할 수 있는 상품을 생산하려 하고 그에 맞는 가격을 책정하며, 소비자들이 가장 적절한 시간과 장소에서 구매할 수 있도록 상품을 이동시키고 소비자들이 자사상품을 사용하도록 설득하게 된다.

2. 이벤트 마케팅의 개념

이벤트 마케팅 역시 일반 마케팅과 같이 유사한 의미로 사용되고 있다. Michael Hall(1997)은 이벤트 마케팅을 **이벤트의 참가자(participants) 및 방문자(visitors)와 접촉을 유지하면서 그들의 필요(needs)와 동기(motivation)를 알아내어 그것에 부응하는 상품을 개발하고, 이벤트의 목표(objective)와 목적(purpose)을 표현하는 커뮤니케이션 프로그램(communication program)을 수립하는 관리기능**이라고 정의하였으며, 안경모(2002)는 **이벤트 경영의 한 기능으로써 이벤트 참가자 및 방문객과 지속적으로 연락을 유지함과 동시에 이들의 욕구와 동기를 이해하고 욕구를 충족시킬 수 있는 상품을 개발하며, 이벤트의 목표를 표현할 수 있는 커뮤니케이션 프로그램을 개발하는 것**이라고 정의하고 있다.

또한 Getz(1997)는 **이벤트 마케팅은 마케팅믹스를 이용하여 고객 가치를 창조함으로써 조직의 목표를 달성하는 과정이며, 이를 실행하는 조직은 상호 호혜적인 관계가 수립될 수 있는 마케팅 지향성과 경쟁우위를 유지해야 한다**고 지적하고 있다.

그림 7-2 **이벤트 마케팅의 핵심개념**

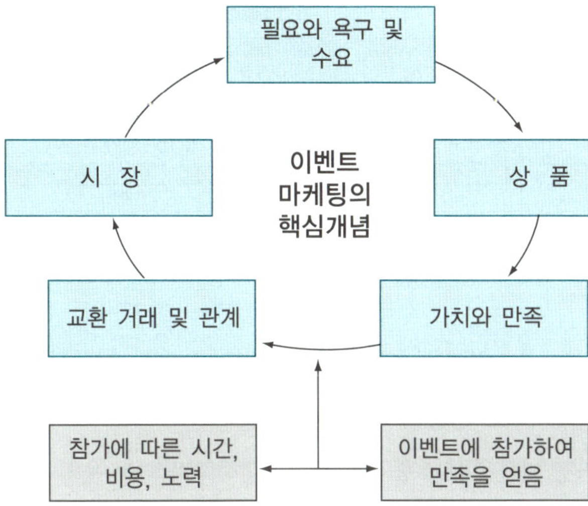

자료 : 이경모, 2002 : 186

이경모는 이벤트 현업에 종사하는 많은 사람이 명확히 구별하지 못하고 있는 개념이 바로 **이벤트의 마케팅**과 **마케팅 수단으로서의 이벤트**임을 강조하면서 이벤트 마케팅을 **이벤트를 마케팅하여 이벤트 참여자에게 만족을 제공할 것인가에 관한 것으로 이벤트가 주체가 되는 것**으로 보았다. 또한 마케팅수단으로서의 이벤트(event marketing)는 이벤트를 하나의 마케팅 수단으로 이용하여 개인이나 기업 또는 특정 집단에서 촉진활동에 이용하는 기법이며 후자의 경우 이벤트를 직접 개최하여 촉진활동을 하는 방법이 있고, 이벤트에 스폰서십을 제공하여 개인이나 단체의 촉진수단으로 이용하기도 한다고 하였으며 이를 다음 그림과 같이 설명하고 있다.

그림 7-3 이벤트의 마케팅과 마케팅수단으로서의 이벤트

자료 : 이경모, 2002 : 187

따라서 본서는 **이벤트 마케팅을 이벤트 목표를 실행하면서 이벤트 참가자들의 필요와 욕구를 충족시키고 지속적으로 방문을 유도하는 과정**으로 정의한다. 이벤트 목표의 실행이란 그 조직이 가장 기본적이고 중점적으로 실행하고자 하는 운영 및 관리를 말하며 이벤트 참가자들의 필요와 욕구 충족은 방문자들이 원하는 프로그램, 시설 등을 알맞게 제공하는 것을 의미한다. 또한 이벤트는 단기성이 아니라 향후 연속성을 지니고 있으므로 향후 개최 시에도 재방문할 수 있는 시스템을 구축하여 보다 발전적인 이벤트를 창출해야 할 것이다.

제2절 이벤트 마케팅 관리

1. 이벤트 마케팅 관리과정

이벤트 마케팅 관리(event marketing management)는 이벤트 참가자들에게 높은 가치와 만족을 제공하기 위해 마케팅믹스(4P : Product, price, place, promotion)를

계획 및 실행하고 통제하며 평가하는 모든 과정을 말한다. 일반적인 이벤트 마케팅 관리과정은 [그림 7-4]와 같이 현 상황에 대한 분석 및 마케팅 목표 수립, 세분시장 마케팅 전략의 수립, 마케팅믹스의 수립 및 수행, 마케팅 활동의 조정 및 통제과정으로 구성된다.

그림 7-4 **마케팅 관리과정**

상황분석 및 마케팅 목표 수립 ➡ 이벤트 세분시장 마케팅 전략 수립 ➡ 마케팅 믹스의 수립 및 수행 ➡ 마케팅 활동의 조정 및 통제과정

2. 상황분석 및 마케팅 목표 수립

성공적인 이벤트 마케팅 계획을 수립하기 위해 주최자가 가장 먼저 할 일은 현재 이벤트와 관련한 환경 분석이다. 이벤트 마케팅 활동의 성과를 향상시킬 수 있는 장기적인 기회를 파악하고 분석하는 단계로 거시환경, 상품과 관련된 시장, 경쟁자와 자사분석, 소비자분석 등을 실행한다.

거시환경 분석단계에서는 이벤트 참가자들의 인구, 소득 등과 같은 인구통계학적 요인과 소비구조 등과 같은 사회 · 경제적 요인, 그리고 기술환경 요인, 법률환경 요인, 정치환경 요인 등이 고려된다. 시장분석에서는 자신이 주최하는 이벤트의 매력도, 현재 주최하려는 이벤트의 강점 등을 측정하고 분석하게 된다. 또한 주변지역의 이벤트 또는 유사성격의 이벤트를 분석하여 잠재적 경쟁자를 확인하고 이들 경쟁자의 수, 규모 등을 파악함으로써 이벤트의 강점과 약점을 검토한다. 소비자분석은 현재 이벤트 참여자와 잠정적 참여자들의 참여행동에 관련된 사항을 분석하는 것으로 관련된 사회 · 심리적 요인들을 조사하고, 이벤트 참여자들의 정보처리 과정 및 의사결정 과정의 특징을 분석한다.

위와 같은 선행된 분석의 결과로부터 구체적인 마케팅 목표가 도출된다. 마케팅 목표는 이벤트 주최자가 마케팅 활동을 통해 달성하고자 하는 목표를 말한다. 마케팅 목표는 시장점유율이나 매출목표와 같은 수익과 관련된 전통적이고 재무적인 관점뿐만 아니라, 현재 이벤트 개최가 참여자들에게 만족을 줌으로써 가치를 창조함에 있어

서 이루어야 할 모든 목표를 포함한다. 예를 들어 고객충성도, 고객선호도, 고객만족도, 이벤트 브랜드인지도 등이 될 수 있다.

마케팅 목표는 모든 구성원이 마케팅 목표의 달성에 기여할 수 있도록 자세하고 명확하게 제시되어야 한다. 그러므로 실행기간을 명시하고 결과 측정이 가능하도록 구체적인 수치로 표현되어야 한다. 이러한 마케팅 목표를 예로 들면 **2012년 이벤트 외국인 참가자 20% 확보 혹은 2013년 외국인 참가자 15% 달성** 등이 있다.

3. 세분시장 마케팅 전략의 수립

상황분석과 마케팅 목표 수립이 끝나고 나면 어떤 지역 혹은 어떤 계층을 표적으로 해서 마케팅 활동을 전개할 것인가를 결정해야 한다. 전체시장을 비교적 동질한 특성을 가진 세분시장들로 나누어 각 세분시장의 특성을 분석하고, 자신이 주최하는 이벤트가 목표하는 타겟에 어떻게 알맞은 프로그램과 상품을 구성할 것인가를 결정해야 한다. 즉, 어떤 세분시장이 마케팅 전략을 수행하여 이벤트의 목표를 만족시키기에 용이한가를 결정하는 것이다. 그 결과 이벤트 주최 측은 세분화된 시장 중에서 자사가 가장 효율적으로 활동할 수 있는 표적시장을 선택하게 된다.

하나 혹은 몇 개의 표적시장이 선정되고 나면 이벤트 주최 측은 다시 각각의 세분시장에 있는 다른 경쟁 이벤트에 대비한 포지셔닝을 모색해야 한다. 각각의 세분시장에 대한 구체적인 전략을 수립한 후 자신이 주최하는 이벤트의 경쟁 우위를 고려하여 포지셔닝하게 된다.

4. 마케팅믹스의 수립 및 수행

세분시장 마케팅 전략의 윤곽이 잡히면 주최 측은 실제 행사장에서 이벤트의 특성을 최대한 살려 목표에 부합하기 위한 마케팅 활동 도구를 마련해야 한다. 이는 표적시장에서 이벤트의 마케팅 목표를 달성하기 위한 마케팅믹스를 결정하는 것이라 볼 수 있다.

마케팅믹스란 표적시장에서 마케팅 목표를 달성하기 위해 사용하는 보다 실질적인 마케팅 도구를 의미한다. 마케팅믹스는 보통 4P라고 부르며 상품, 가격, 유통, 촉진으로 구성되며 이를 효과적으로 조합하는 것이 가장 중요한 과제이다. 이벤트 역시 이러한 이벤트 프로그램, 이벤트 행사장의 입장권 및 상품의 가격, 기타 상품의 유통 및 이벤트 홍보를 통해 마케팅믹스를 실현시켜야 한다.

1) 이벤트 상품

상품은 가장 기본적인 도구로써 이벤트 주최 측이 참가자들에게 제공하는 유무형의 상품을 말한다. 이것은 프로그램, 기념품, 지역 특산품 등 다양하게 나타난다.

2) 이벤트 가격

가격은 참가자들이 이벤트에 참여할 때 지불하는 비용을 말하며, 입장권, 기념품 및 특산물 구매 등 다양하게 나타난다.

3) 이벤트 유통

유통은 이벤트 주최자들이 상품 또는 입장권 등을 참여자들에게 전달하는 과정들을 들 수 있다. 이는 현장에서 직접 구매하는 오프라인 유통과 인터넷 등으로 판매 전달할 수 있는 온라인 유통 등이 있다.

4) 이벤트 촉진

촉진은 주최자가 참가자들에게 자신의 이벤트를 홍보하고 이를 통해 방문을 유발하도록 설득하는 일련의 활동이다. 마케팅 관리자는 이러한 마케팅믹스 각각의 관점에서 의사결정을 하기보다는 이들 모두를 효율적으로 통합하여 활용하는 의사결정을 하여야 한다. 마케팅 목표를 달성하는데 비용이 얼마나 필요한가를 분석함으로써 마케팅 예산을 책정하고 이를 마케팅믹스의 여러 도구에 적절하게 할당하여 효율적인 마케팅믹스를 수행하여 이벤트의 마케팅 목표를 달성하여야 한다.

5. 마케팅 활동의 조정 및 통제과정

이벤트 마케팅 관리과정의 마지막 단계는 마케팅 활동을 조정하고 통제하는 것이다. 마케팅 목표 설정에서부터 마케팅믹스가 실행될 때까지의 계획한대로 언제나 모두 실천되는 것은 아니다. 그러므로 마케팅 목표와 계획을 지속적으로 관찰 · 감시하고 마케팅 활동의 흐름을 조정하고 통제해야 한다. 조정과 통제단계는 마케팅 목표의 추구과정에 대한 점검단계이므로, 이를 통해 마케팅 관리자는 앞으로 나아갈 방향을 위한 현재의 위치를 파악할 수 있다. 이는 마케팅 활동의 조정뿐만 아니라, 마케팅 목표의 달성 여부를 평가하고 피드백하는 과정으로도 볼 수 있다.

6. 마케팅 관리과정의 한계와 해결책

이벤트 마케팅 관리과정 중에 다음과 같은 몇 가지 한계점에 부딪칠 수 있는데, 성공적인 이벤트 마케팅 관리를 수행하려면 이러한 한계점들을 효과적으로 관리해야 한다.

첫째, 아무리 잘 만들어진 이벤트 마케팅 계획이라도 최고 운영자 및 관리자가 실천의지가 약하고 그 제도에 대한 적극적인 지원을 하지 않거나 이벤트 담당자들에게 마케팅 목표 관리에 관한 설명 및 교육과 훈련이 부족하다면 그 계획은 성공적으로 실행되기 어렵다. 둘째, 행사에 대한 목표를 과다 책정하거나 서로 상충되는 목표를 지향하게 되는 경우는 실행의 일관성 부족으로 효과적인 이벤트 마케팅 관리를 할 수 없게 된다. 셋째, 마케팅 관리의 평가가 과도하게 강조되거나, 마케팅 목표 수행 단계에서 과도한 문서작업 등 의사소통의 민첩성이 떨어지면 효과적인 마케팅 관리과정을 저해할 수 있다.

제3절 이벤트 마케팅믹스

1. 이벤트 마케팅믹스

일반적으로 마케팅믹스는 관리자가 목표를 달성하기 위해 조정하고 영향을 미칠 수 있는 요소들로 구성되어 있다. 외국학자인 Getz는 이벤트 마케팅을 **고객을 위한 가치창조를 통해 조직의 목표를 달성할 수 있도록 마케팅믹스를 활용하는 과정**으로 정의하고 있다.

McCarthy와 Perreault(1987, p.5)는 마케팅믹스를 **회사가 목표그룹을 만족시키기 위해 준비한 통제 가능한 변수**라고 정의하였다. McCarthy와 Perreault는 이들 변수를 상품, 가격, 판촉, 및 유통이라고 규정하였다. 그러나 후속 연구자들의 견해로 Cowell(1984)은 4P에 사람(people), 물증(physical evidence), 진행과정(process)을 추가하여 7P를 마케팅믹스로 설정하였고, Morrison(1995)과 Getz(1997)는 프로그래밍(programming), 사람(people), 협력(partnerships), 패키싱(packaging)을 추가하여 8P를 마케팅믹스로 설정하고 있다. 이벤트 관리자가 이벤트의 마케팅 목표를 달성하기 위해 관리해야 할 이벤트 마케팅믹스는 다음과 같다.

표 7-1 이벤트 마케팅믹스

구성요소	내 용
상품(Product)	프로그램, 행사장 내 서비스, 행사장 판매 상품
가격(Price)	입장료, 방문 · 체재비용, 상품 및 기념품 가격
유통(Place)	온라인, 오프라인, 중간 매개
촉진(Promotion)	광고, 판촉물, 우편, 구전 등

1) 상품(Product)

상품은 이벤트를 구성하는 모든 요소를 포함한다. 여기에는 프로그램과 행사장에서 제공되는 모든 제반적인 서비스 등을 말하며 이들은 세부적으로 오락, 식음료 시설, 체험활동, 교류 기회, 이벤트에 대한 참가자의 참여도, 주최 측과 참가자 간의 상호작용, 물리적인 환경, 편의시설 및 목표시장 내에서 이벤트가 점유하고 있는 브랜드 이미지 등으로 구분할 수 있다.

2) 가격(Price)

가격은 방문자가 이벤트 참여 시 지불하는 가치로써 입장료, 방문 체재비용 등을 말하여 이벤트 행사장의 입장료가 없다고 하더라도 이벤트에 참여하기 위해 시간비용, 교통비용, 개최지 내 숙박비용, 식음료비용, 행사장 내 물품구입비용 등을 지불하는 비용 등을 말한다.

3) 유통(Place)

유통은 이벤트 참가자들에게 제공되는 유무형의 재화를 전달하는 과정을 말한다. 대표적으로 입장권의 유통, 현지에서 제공되는 상품의 유통 등이 있다. 유통방식에 따라 가격이 조정되기도 하며 현지 직접 유통보다는 온라인 및 예매를 활용하는 유통방식이 저렴하게 책정된다. 현지의 특산물 및 기념품 또한 현지 사전 예약제 및 택배 등을 통해서 보다 원활하게 참여자에게 전달되고 있다.

4) 촉진(Promotion)

촉진은 참가자들에게 이벤트 방문을 위해 전달하는 하나의 수단방식이다. Middleton(1995)이 지적한 바와 같이 마케팅믹스의 4p's 중 가장 가시적인 요소이다. 여기에는 온라인, 오프라인을 활용한 광고, 이벤트의 특성을 알릴 수 있는 판촉물, 홍보 브로셔 배포, 우편, 구전 등이 있는데 잠재적 참가자들은 이러한 촉진 활동을 통해 관심을 가지고 방문 동기가 유발된다.

일부 마케팅 전문가들은 기존의 4p's를 확장하였는데 Cowell(1984)의 경우에는 7p's의 마케팅믹스를 주장하였다.

- 상품(product)
- 가격(price)
- 판촉(promotion)
- 유통(place)
- 사람(people)
- 물리적 환경(physical evidence)(설계, 개최시설, 음향시설 등)
- 절차(process)(고객의 레저서비스 참여)

그러나 마지막 3p's는 마케팅믹스 중 상품에 포함되는 요소로 이해될 수 있다. Getz는 여기에 하나의 1p를 더하여 8p's를 만들었다.

- 상품(product)(제공되는 서비스)
- 유통(place)(장소)
- 가격(price)
- 프로그래밍(programming)(스타일의 요소 및 질)
- 사람(people)(출연진, 관객, 주인과 손님)
- 파트너십(partnership)(이벤트 제작 관계자들)
- 판촉(promotion)(마케팅 커뮤니케이션)
- 입장권 유통(packaging and distribution of tickets)

2. 이벤트 마케팅믹스 전략

이벤트는 마케팅 믹스마다 각기 다른 전략을 설정해야 하며 특히 수명주기에 따라서도 마케팅 활동을 달리 해야 한다.

1) 상품전략

상품수명주기는 단계별로 사용될 수 있는 마케팅믹스 전략을 수립하는 근거를 마련해 줌으로써, 마케팅 관리의 유용한 도구로서의 역할을 한다. 이러한 상품수명주기의 단계별 특징을 정리하면 [표 7-2]와 같다.

표 7-2 이벤트 상품수명주기의 특징 및 전략

구성요소	도입기	성장기	성숙기	쇠퇴기
방문자 수	낮다	급속성장	방문의 정점도달	감소
방문자당 비용	높다	평균	낮다	낮다
이익	적자	증대	높다	감소
방문자 특성	혁신층	조기수용층 중간다수층	중간다수층	후기수용층
경쟁자	낮다	점차 증대	많은 경쟁자	점차 감소
마케팅 목표	이벤트 인지와 방문자의 증대	방문자의 확대	이익의 극대화 높은 방문자 유지 방어	비용절감, 투자회수 독점적 지위
마케팅 노력 초점	1차 수요의 자극 성장기의 빠른 진입	선택적 수용의 자극 빠른 성장률의 유지	브랜드 경쟁 우위 확보 성숙기의 유지	1차 수요의 유지 쇠퇴 속도의 감축
시장세분화	무차별	시장세분화 시작	시장세분화의 극대화	역세분화
상품	특성 프로그램	이벤트 프로그램 확대	프로그램 및 브랜드 상품의 다양화	취약프로그램 및 상품 폐지
가격	무료 및 저가전략	중저가 가격	경쟁대응가격	가격인하
유통	좋은 유통 커버리지	유통 커버리지 확대	유통 커버리지 최소화	수익성 적은 경로 폐쇄
광고, 촉진	인지를 위한 판촉 전개	공격적인 판촉 활동	이벤트의 브랜드를 살리는 광고	이벤트의 존재를 다시 떠오르게 해주는 상기광고 실시

자료 : 채서일, 마케팅, B&M books, 2005, 저자 재구성

(1) 도입기의 전략

이벤트 도입기의 특징은 외부에 알려지지 않았기 때문에 방문자의 수가 다른 이벤트에 비해서 낮다는 점이다. 또한 방문자들이 도입기에 있는 이벤트를 찾기 위해서는 발달되지 않은 교통 시설과 주변 시설로 인해서 상대적으로 높은 비용을 지출하게 되며, 주최 측 역시 초창기 이벤트 개최 시 적자를 볼 수밖에 없기 때문에 이때는 무차별적인 시장세분화를 통해 이벤트 알리기 전략을 우선적으로 펼쳐야 한다. 또한 광고는 이벤트 인지를 우선적으로 하는 판촉활동을 위주로 하며 입장료 및 판매가격은 비교적 낮게 책정하는 것이 유리하다.

(2) 성장기의 전략

이벤트의 성장기는 방문자가 도입기에 비해 많이 유입되는 단계이다. 이 시기에는 과거의 시설 보완과 사회 기반시설의 확대로 인해 방문자가 보다 편하게 방문할 수 있다. 이 때문에 방문자들은 도입기의 방문자들보다는 비용면에서 다소 유리한 점이 있다. 따라서 방문자들은 다른 성장주기에 비해 평균비용을 지출하게 된다.

주최 측의 행사와 관련한 수입은 도입기보다는 다소 증대되며 방문자는 중간 다수층을 이루게 된다. 그러나 이와 관련한 경쟁 이벤트의 개최가 예상되기 때문에 이벤트 주최 측은 마케팅 목표를 다른 곳에 빼앗기지 않기 위해 방문자 확대에 많은 노력을 기울여야 한다. 따라서 마케팅의 목표를 방문자들이 선택적으로 찾도록 유도함과 동시에 방문객들의 빠른 성장을 유지하는데 초점을 맞추고, 시장세분화를 통해서 적절한 프로그램을 개발해야 하며 프로그램 수도 확대해야 한다. 판촉활동 또한 공격적인 판촉활동에 매진해야 한다.

(3) 성숙기의 전략

성숙기는 성장기에 진입한 많은 다른 이벤트들로 인해 방문객들이 이미 다른 이벤트를 참가하고 인지한 상태이다. 이때의 방문자는 정점에 도달하여 가장 많은 방문자들이 찾게 되며 방문자의 비용은 다른 시기보다 적게 들게 된다. 그러나 많은 사람들이 방문하여 비용을 지출하게 됨으로써 행사 주최 측의 이익은 다른 단계보다 높게 나타난다. 그러나 유사한 이벤트 및 동일 지역의 이벤트들이 계속 지속적으로 성장하게 되므로 이에 대한 방어와 대책이 마련되어야 한다.

이때의 마케팅 전략은 이익을 극대화할 수 있도록 상품의 브랜드를 개발하고 이를 통해다른 이벤트 행사장에서는 볼 수 없고 체험할 수 없는 독특한 상품 및 프로그램을 개발하여 지속적인 방문자를 유지할 수 있도록 하는 것이다. 이는 시장세분화를 극대화시켜 이들에게 맞는 프로그램 및 상품을 제시해야 함을 의미한다. 또한 광고 촉진은 이벤트의 브랜드를 적극적으로 살릴 수 있는 것에 초점을 맞춰야 한다. 또한 쇠퇴기를 대비하여 새로운 프로그램이나 강력한 브랜드 이미지 제공 전략 등을 준비해야 한다.

(4) 쇠퇴기의 전략

쇠퇴기는 다른 곳에 더 경쟁력 있는 이벤트가 개최되는 시기이다. 이때 방문자들은 기존의 방문 이벤트 지역보다는 새로운 지역을 선호하게 된다. 즉 이벤트에 대한 방문자의 호감이 떨어지면서 신규 방문 및 재방문의 기회가 줄어들 수 있다. 이때가 바로 가장 중요한 시기이다. 기존의 이미지를 더욱 새로운 것과 부합하여 새로운 체험 활동 등을 개발하는 등 모든 노력을 기울여야 할 때이다. 쇠퇴기는 새로운 도입기가 되기 위한 매우 중요한 시기이다. 쇠퇴기를 극복하지 못하면 그 이벤트의 수명은 끝나버리나 이것을 잘 극복한다면 새로운 이벤트의 시작이 될 수 있다. 이 시기의 방문자들은 감소추세로 돌아서고 방문자 비용 지출 역시 낮아져 주최 측의 수입은 감소하는 단계로 돌아선다. 따라서 시장세분화는 역세분화 전략으로 나가야 하며 과거의 이벤트 이미지를 다시 떠올리는 광고 촉진 활동을 해야 한다.

그림 7-5 이벤트 상품 수명주기(EPLC)

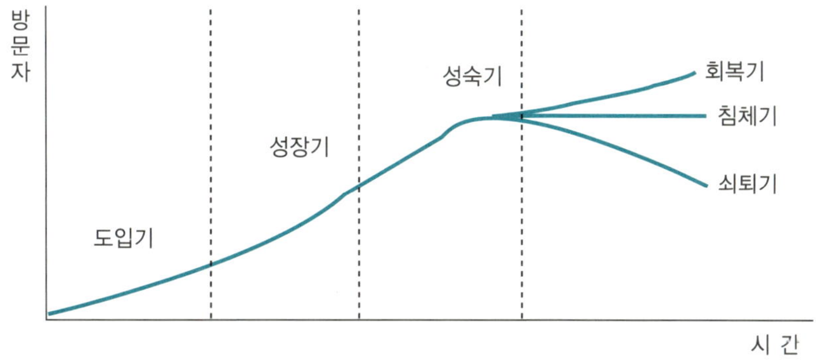

2) 유통전략

유통경로란 **특정상품이나 서비스가 소비 또는 사용될 수 있도록 하는 과정과 관련되는 일체의 상호의존적인 조직**으로 상품이나 서비스를 생산자로부터 최종소비자에게로 전달하는 방법이며 마케팅 전략에서 중요한 역할을 수행하고 있다.

이벤트의 유통 전략은 입장권의 운영과도 밀접하다. 이벤트 입장권의 유통이란 입장권의 판매에 있어 입장권 판매지정소(ticketing agency)를 선정하여 운영할 것인가의 문제이다. 이러한 이벤트의 유통경로는 입장권 판매 대행처를 통한 입장권 판매 또는 우편 발송 명단을 통한 우편 판매 등으로 나타난다. 입장권을 판매지정소를 통해 구입할 수 있다면, 유통네트워크를 확장하게 되어 방문객의 입장에서는 편리하게 입장권을 구매할 수 있게 되고, 행사장 입구에서 입장속도를 높일 수 있다는 장점이 있으나, 이벤트 개최자는 판매지정소에 유통비용에 해당하는 판매수수료를 지급해야 하는 부담이 있다.

입장권 판매에 있어 판매지정소를 이용해야 하는지는 각각의 이벤트 특성에 따라 상이하겠으나, 반드시 판매지정소가 아니더라도 인터넷과 같은 새로운 채널을 통해 입장권을 판매하는 것은 이벤트 관리에서 입장객수의 목표를 달성하는데 장점이 있다. 특히 사전에 지급된 이벤트 입장권은 개최조직의 현금흐름(cash flow)과 정확한 인원예측에 많은 도움을 준다. 방문자의 욕구를 달성하기 위해서는 프로그램이 표적시장의 방문자에게 적절한 시간에, 접근 가능한 위치에, 적절한 수량으로 제공되어야 하며, 이러한 효용을 창출하는 기능을 수행하는 것이 유통경로이다.

그러나 이벤트 유통을 단순하게 입장권으로만 한정지어서는 곤란하다. 이벤트의 유통은 이벤트 유관기업들과의 연계에 의해 수없이 많은 형태로 나타나고 있다. 특히 지역 문화축제의 경우 지역 특산물의 유통 또한 많이 이루어지고 있으며 이는 현장에서의 직접적인 유통방식이 대부분 채택되고 있으나 부피가 큰 쌀 등 곡식인 경우 택배를 통해 유통되고 있다. 따라서 이벤트 유통은 그 특성에 맞는 유통방식을 설정하여 입장권, 기념품, 음식 등 종류에 따라 다양한 유통경로를 설정해야 한다.

유통경로의 의사결정은 다른 마케팅믹스와는 다르게 기업이 독자적으로 쉽게 변화시킬 수 없는 유통경로의 비탄력성과 각국의 특성과 문화의 차이에 따라 고유한 유통경로가 존재하기 때문에 상당한 주의를 필요로 한다. 유통경로는 고객이 원하는 곳에 적절히 제공될 수 있도록 설계되어야 한다. 즉 고객이 현장에서 원하면 현장 유통이 이루어져야 하며 기타 예약 및 택배방식을 원하면 그 방향으로 설계되어야 한다. 현재 인터넷으로 인한 유통방식 또한 현대인의 소비성향을 대변하는 대표적인 방식이다. 따라서 이벤트 주최자들 또한 방문자가 원하는 유통경로를 적절히 채택하여 마케팅믹스의 하나로써 표적시장에 존재하는 소비자들의 욕구파악을 최우선적으로 고려하여야 한다. 일반적으로 유통 경로를 설계하는 과정은 다음과 같다.

그림 7-6 **유통경로 설계과정**

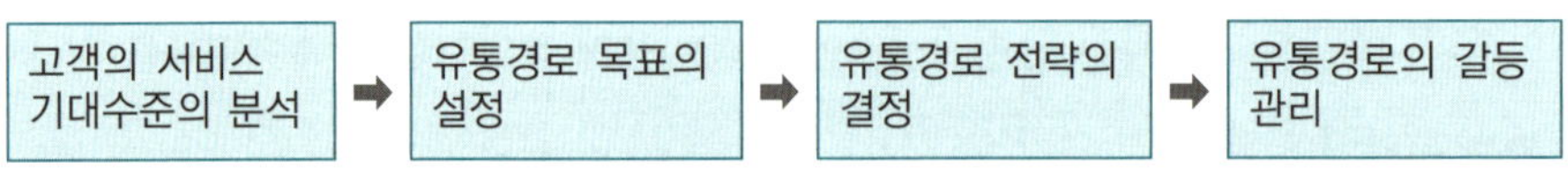

자료 : 채서일 2002, 383

3) 홍보전략

홍보란 보는 관점에 따라 다양하게 나타나게 된다. 이는 기삿거리를 만들어서 여러 홍보매체에 알리는 것도 있지만, 특정 매체에 한정짓지 않고 기업의 상품이나 서비스를 소비자들이 구매하도록 유도할 목적으로 해당 상품이나 서비스의 성능에 대해서 소비자를 대상으로 정보를 제공하거나 설득하려는 마케팅 노력의 일체를 말한다. 마케팅 관리자는 표적시장에 소구하기 위하여 상품, 가격, 유통, 촉진으로 구성된 마케팅믹스를 효율적으로 조합하여야 한다. 이벤트 홍보 역시 가능한 많은 자원을 효율적으로 응용하여 그 행사의 이미지를 최대한 외부에 노출해야 한다. 이를 위해 홍보의 기본 방침을 수립하고 홍보 효과를 극대화시킬 수 있는 개발을 해야 한다. 홍보 촉진을 구성하는 촉진믹스는 일반적으로 광고, 판매촉진, 인적판매, PR로 구성되는데 이들의 관계는 [그림 7-7]과 같다.

그림 7-7 **마케팅 믹스에서의 홍보 · 촉진의 역할**

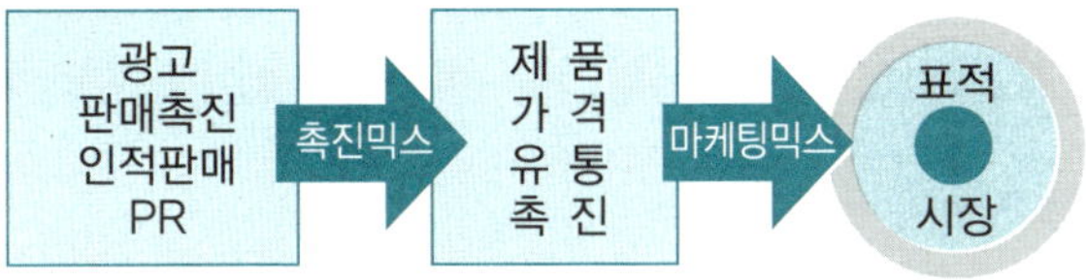

자료 : 채서일, 2006

홍보에서 광고의 역할은 매우 중요하다. 채서일(2006)은 광고가 현대생활에서 점점 그 중요성이 더해 가고 있으며, 광고는 이를 상품판매수단으로 이용하고 있는 광고주나 이에 노출되어 있는 소비자 모두에게 중요한 역할을 수행하고 있으며, 이러한 광고의 역할을 다음과 같이 서술하였다.

❶ **소비자와의 의사소통** 경제규모가 커지고 산업구조가 복잡해짐에 따라 소비자들은 다양한 상품, 서비스에 관한 정보를 손쉽게 획득할 수 있기를 바란다.

❷ **설득** 광고는 소비자들에게 단순히 상품에 관한 정보를 제공하는 것뿐 아니라 소비자들로 하여금 상품이나 서비스를 구매하게끔 자극, 설득하는 역할을 수행한다.

❸ **경제발전에 공헌** 광고는 기업이 신상품 개발이나 새로운 고객확보 측면에서 시장의 범위를 확대시키고 결과적으로 경제발전에 공헌하게 된다. 또한 공익광고는 사회적으로 바람직한 행동이나 이념을 사회구성원들이 받아들이도록 설득해 사회복지에 기여한다.

❹ **변화의 촉매제** 광고의 합리성이 깃들어 있을 경우 광고에 노출된 소비자들의 인식에 변화를 주게 되고, 아울러 소비자들의 생활에 변화를 가져오게 된다. 특히, 개발도상국의 경우 광고가 사회변화의 촉매제 역할을 하게 된다. 광고는 사회에 긍정적인 역할을 하기도 하지만 다수의 부정적 역할을 하기도 한다. 우선 가장 큰 비난의 대상이 되고 있는 것은 광고가 재화나 서비스의 불필요한 가격 상승을 유발한다는 관점이다. 또한 광고는 사회적으로 바람직하지 못한 내용을 광고를 통해 소비자들에게 전달함으로써 부정적인 사회분위기를 조장할 수 있다. 광고는 대광고주에게 우월한 힘을 발휘하게 하여 시장의 독점을 조장시킬 가능성이 있다.

정경훈(2002)은 광고 홍보 활동에 있어서 기본방침을 설정해야 한다고 주장하며 이에 따른 홍보 전략을 3단계로 수립하였다.

표 7-3 이벤트 홍보의 단계별 전략 수립

단계별	시기	홍보 목적	홍보 방법	효과
1단계	사전 홍보전개기	축제의 이미지 형성, 일반인들의 주목 집중	기획기사, 특집기사 포스터 제작	홍보의 인지도 집중
2단계	축제개최시기-지역 및 축제이미지 정착기	일반인에게 확실한 이미지 각인, 태도변화로 인한 방문유도	팜플렛 등 인쇄물 배포	축제에 대한 메리트 인식
3단계	최종 홍보기-축제 이미지 전달기	일반인의 행동 유도	프레스 센터 체계적 운영, 축제 화제거리 제공	축제 이미지 확립

자료 : 정경훈, 2002 : 184~185

채서일(2006)은 원하는 도달범위와 빈도 및 효과 강도가 결정되면 매체유형별 능력을 파악해야 한다고 하여 매체유형 선정의 중요성을 강조하였다. 그는 매체믹스 구성은 광고효과와 직접적으로 관련되므로 다음의 요인들을 고려하여 신중히 결정해야 한다고 주장하였다.

❶ **표적청중별 매체습관** 예를 들어 주부를 표적청중으로 하였을 경우에는 TV와 낮 시간대의 라디오가 적절하다.

❷ **상품** 상품의 특성에 따라 매체를 선정하여야 한다. 예를 들어 여성의류의 경우 여성잡지의 화보면과 저녁시간대 TV를 이용하는 것이 효과적이고 골프용구의 경우는 전문잡지가 효과적이다.

❸ **메시지** 백화점 할인판매를 알리는 메시지라면 TV나 신문이 적합하고 복잡한 기술 자료가 포함된 메시지는 전문잡지나 우편이 효율적이다.

❹ **비용** TV광고가 가장 비싸고 신문광고는 비교적 저렴한 편이다. 이때 비용기준으로는 총비용이 아니라 1,000회 노출에 소요되는 비용(CPM : cost per thousand exposures)을 사용하는 것이 좋다.

제4절 이벤트 STP

1. STP에 대한 이해

1) STP의 개념

소품종 대량생산의 경제인 대중 마케팅 시대는 현대에 이르러 소비자의 개성이 다양화되고 이들에 대한 욕구 또한 다양해짐에 따라 다품종 소량생산의 단계로 진행되고 있다. 현재의 시장은 개개인별로 차별적인 욕구를 표출하고 있으며 고객 또한 차별화된 제품을 원하고 있다는 것이다. 기업관 또한 시대에 맞춰 변하면서 과거 기업위주의 마케팅에서 고객 위주 마케팅으로 운영되고 있으며 이는 기업마다 경쟁의 심화, 고객의 다양한 욕구의 충족, 고객의 제품에 대한 상징적 가치 중시의 경향을 반영한 결과라 할 수 있다.

STP(Segmentation, Targeting, Positioning) 전략은 이러한 시장 여건의 변화에 따라 도입된 마케팅 전략의 개념이다. 이는 시장을 먼저 몇 개의 기준들을 사용하여 다수의 시장으로 분류(Segmentation)하고, 세분화된 여러 시장 중에서 자사의 능력과 경쟁 등을 고려하여 가치가 있는 표적시장을 선택한(Targeting) 다음에, 그 선택된 시장에서 상품속성이나 다양한 마케팅믹스 요인을 이용하여 자사상품을 고객의 마음 속에 심어주는(Positioning) 과정을 말한다.

이러한 STP 전략은 마케팅 환경이 급속하게 고객 중심적으로 바뀌면서 일대일 마케팅(one-to-one marketing) 혹은 개인 마케팅(individual marketing)과 같은 극단적인 시장세분화 전략으로 발전하고 있다.

그림 7-8 STP의 도입배경

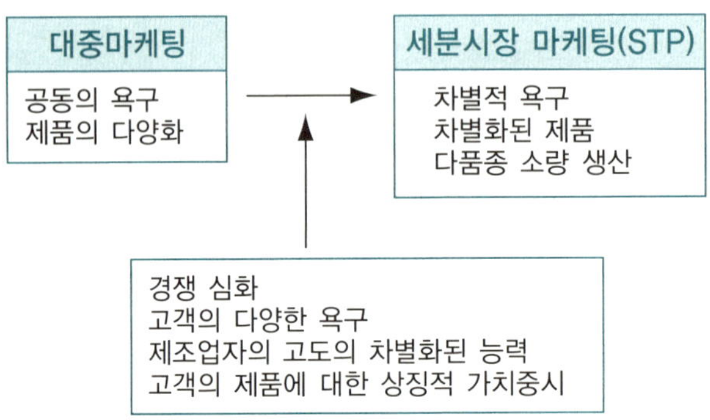

2) STP 전략의 수행 과정

그림 7-9 STP 전략의 수행과정

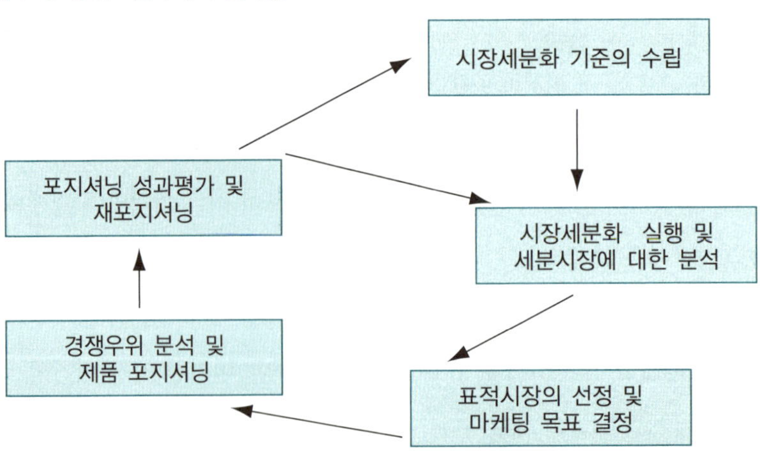

채서일(2006)에 의하면 STP 전략은 다섯 단계의 과정을 거쳐서 완성되며 이를 다음과 같이 정리하고 있다.

첫 번째 단계는 시장세분화 기준의 수립으로 시장성과를 결정하는 주요 마케팅 요소를 결정하며 시장세분화 기준으로는 인구통계적 변수, 심리적 변수, 구매행동 변수, 사용상황변수 및 추구효익 변수 등이 사용된다.

두 번째 단계는 시장세분화의 실행과 세분시장에 대한 분석으로 이 단계에서는 전 단계에서 결정된 시장세분화 변수들을 이용하여 시장을 세분화하고 각 세분시장에 대해서 필요한 세분시장 프로파일을 만들어 각 세분시장의 차이점을 여러 변수들을 사용하여 정밀하게 기술함으로써 특성을 정확하게 파악한다.

세 번째 단계는 최종적으로 진입 가능한 표적시장을 선택하고 그 표적시장에서 달성해야 할 마케팅 목표와 마케팅 전략을 수립하는 것으로 이 단계에서는 각 세분시장의 매력도를 평가하여 어떤 세분시장을 선택해야 할 것인가를 분석한다.

네 번째 단계는 경쟁우위 분석과 상품 포지셔닝의 결정으로 선택된 표적시장에는 여러 브랜드가 이미 진입하여 나름대로의 시장 영역을 차지하고 있기 때문에 자사브랜드의 경쟁우위를 파악하여 표적시장에서 가장 효율적으로 수구하기 위한 위치를 결정해야 한다.

마지막 단계는 포지셔닝의 성과분석과 재포지셔닝 단계로 기존의 포지셔닝이 표적시장에서의 마케팅 목표를 달성하는 데 도움을 주고 있는가를 평가하고 만약 그렇지 못하거나 새로운 차원의 경쟁변수가 등장했을 경우에는 재포지셔닝(repositioning)을 해야 한다.

2. 이벤트 시장세분화

시장세분화(Marketing segmentation)란 전체 시장을 공통적인 특성을 가진 사람들끼리 구분하여 그룹으로 나누는 과정이다. 이렇게 동질적으로 묶인 그룹을 세분시장이라고 한다. 시장세분화를 하는 이유는 시장을 보다 쉽게 찾아내어 그 시장에 적합한 상품을 개발하기 위해서이다. 또한 시장별로 마케팅 믹스를 효과적으로 적용할 수 있으며 시장 수요의 변화에 신속하게 대처할 수 있기 때문이다.

1) 시장세분화 요건

시장세분화를 하는 목적 중 하나가 마케팅믹스를 어떻게 효과적으로 적용하느냐이다. 이러한 목적을 달성하기 위해서 적절한 방법으로 시장세분화를 해야 하는데 이를 위해서는 시장이 각각 요건을 갖추어야 한다. 채서일(2006)은 시장세분화의 요건으로 측정가능성, 규모, 접근가능성, 차별적 반응 등 4가지로 구분하였다.

(1) 측정가능성(measurability)

각 세분시장의 규모와 구매력과 같은 세분시장의 틀은 구체적으로 측정 가능한 것이어야 한다. 이벤트 시장 역시 프로그램의 적절한 구성, 수익의 예측 및 행사자의 운영 계획 등이 측정 가능해야 하며 이러한 측정 가능한 시장에 따라서 구체적인 시장이 구분되어야 한다.

(2) 규모(substantiality)

각 세분시장의 이벤트 관리자가 개별적인 행사 프로그램을 실행할 수 있을 정도로 충분한 규모를 지니고 있어야 한다. 즉, 세분화된 각각의 시장은 개별적인 마케팅 전략 수립에 소요된 비용의 회수가 가능하고 이벤트 관리자에게 충분한 이익을 보장해 줄 수 있을 정도의 규모를 가져야 한다.

(3) 접근가능성(accessibility)

어느 세분시장이 존재한다는 것을 측정하였고, 그 규모가 이윤을 보장해 줄 수 있는 크기라는 것이 확인되어도 그 세분시장이 구체적으로 어떤 특성을 가진 사람들로 구성되었으며 이들에게 접근할 방법에 대하여 알지 못하거나 접근수단이 존재하지 않는다면 세분시장으로서의 가치를 상실하게 된다.

(4) 차별적 반응(differentiability)

세분시장에 대한 마케팅 전략 실행 후 세분시장이 구성된 마케팅믹스에 대하여 다르게 반응하는 것을 말한다. 만약 마케팅믹스에 대해 모든 세분시장이 동일하게 반응한다면 세분시장에 따른 차별적 마케팅 전략을 구사하는 것이 의미가 없게 된다. 이벤트 세분시장의 경우 또한 각각 세분화한 그룹에 따라서 각자 차별적인 반응을 보여야 그 집단에 맞는 적절한 마케팅믹스를 적용할 수 있다.

2) 이벤트 시장세분화의 기준변수

시장세분화란 이질적인 집합체인 전체 시장시장을 동질성을 가지고 있는 시장으로 구분하여 그룹화시키는 것으로 이때 전체 시장을 세분시장으로 나누는 기준이 되는 변수를 시장세분화 변수라고 한다. 이벤트 시장 역시 전체 시장을 세분화시켜 이벤트에 참여시키기 좋은 시장을 구분하여 이를 표적화시키고 포지셔닝해야 한다. 이는 인구통계학적 변수, 심리적 변수, 지리적 변수, 행동분석적 변수 등으로 나눌 수 있다.

표 7-4 시장세분화 기준

구 분	변 수
인구통계학적 변수	연령, 성별, 가족구성, 소득 직업, 학력 등
지리적 변수	지역, 도시규모, 기후 등
심리적 변수	사회계층, 라이프스타일, 개성
구매행동적 변수	참가기회, 참가경험, 참가준비, 이벤트 매력도

(1) 인구통계학적 변수

연령의 구분으로는 취학 이전, 초등학생, 중학생, 고등학생, 20대, 30대, 40대, 50대, 60대 이상 등으로 구분하며 가족 구성단위는 독신, 핵가족, 대가족, 가족의 생활주기는 미혼 단계, 신혼부부, 젊은 부부, 중년부부, 장년부부, 노년부부, 사별 후 독신기 등으로 구분한다.

(2) 지리적 변수

시장을 국가, 특별시, 광역시 및 각 도의 대도시, 중소도시, 농어촌단위로 구분하는 변수이다.

(3) 심리적 변수

심리적인 변수로는 각각 사회계층, 라이프스타일, 개성 등으로 구분하는데 이를 세부적으로 보면 사회계층은 농촌하층, 도시하층, 중하층, 중상층, 상층, 최상층 등으로, 라이프스타일은 전통적 알뜰형, 합리적 생활만족형, 진보적 유행추구형, 보수적 생활무관심형으로, 개성은 강제적, 사교적, 권위주의적, 야심적으로 구분하여 사용된다.

(4) 구매행동적 변수

이벤트 시장의 구매행동 변수는 참가기회, 참가경험, 참가준비, 이벤트 매력도 등으로 구분하며 이벤트 참가기회는 자주 참가하는지 참가를 잘 하지 않는지로 구분하며, 이벤트 참가 경험은 참가 경험 무, 참가 경험 유, 또는 잠재적 참가자, 최초 참가자로 구분한다. 또한 이벤트 매력도는 전무, 보통, 강함, 절대적 등으로 구분한다.

3. 이벤트 표적시장

표적시장은 세분시장 중에서 구체적인 마케팅믹스를 개발하여 대상으로 삼으려는 시장을 말한다. 표적시장을 선정하기 위해서는 몇 가지 우선 조건이 있어야 하는데 우경식(2005)은 이러한 우선 조건으로 적정 이상의 시장규모, 충분한 자원과 능력의 뒷받침, 관광상품의 라이프 사이클, 경쟁사와의 차별 그리고 시장의 진입장벽 고려 등 5가지의 조건을 제시하고 있다.

1) 이벤트 표적시장 전략

표적시장의 조건이 이루어지면 표적시장을 선정하게 되는데 마케팅 관리자는 세분시장을 평가한 후 진입할 가치가 있는 시장 및 그 범위를 결정하고 세분시장에 대한 표적시장을 결정한다. 채서일(2006)은 표적시장을 전체시장과 부분시장으로 구분하고 각 시장에 맞는 전략을 구상하였는데 본서에서는 전체시장을 위주로 이벤트와 접목시켜 제시하고자 한다.

(1) 단일시장 집중전략

단일시장 집중 전략은 지역의 경쟁력 있는 이벤트를 한 가지 주제로 시장에 집중적으로 공략하는 전략을 말한다. 기존에 있지 않은 테마로써 한 집단에게 집중적인 마케팅을 실시하여 방문객을 이끌어들이는 전략이다. 자원 및 능력이 제한되어 있거나 신 시장 진입 시 교두보를 확보하기 위하여 특정 세분시장을 공략할 때 사용하며 집중화된 마케팅을 통한 전문화를 통해 시장에서 강력한 지위를 확보할 수 있다. 단일시장 집중 전략의 대표적인 예로는 강경 젓갈축제, 강진 청자축제 등이 있다.

(2) 제품전문화 전략

제품전문화 전략은 몇 개의 세분시장에 단일 프로그램 및 아이템을 제공하는 것으로써 여러 이벤트 시장에 하나의 특정한 프로그램을 제공하여 프로그램 경쟁력을 높이는 것을 의미한다. 즉 각종 이벤트의 식전행사 개막식 및 폐막식 등은 단일 프로그램으로 그 이벤트의 특성에 맞게 구성하여 방문자에게 제공한다.

(3) 시장전문화 전략

시장전문화 전략은 특정 고객집단의 다양한 욕구를 충족시키기 위해 다양한 이벤트를 제공하는 전략으로 특정 고객집단에게 강력한 명성을 확보할 수 있으나 특정 고객집단의 선호가 변화하거나 구매의도가 감소하는 경우에는 위험분산이 되지 않는다. 이는 교육과 관련한 이벤트 행사나 명품과 관련한 이벤트 행사 등으로 단일 시장에 많은 상품들을 선보일 수 있는 장점이 있으나 그들의 방문에 대한 흥미가 감소하면 다른 시장에서 끌어 오기가 어렵다는 단점도 있다.

(4) 단일제품 전체시장 도달 전략

단일제품 전체시장 도달 전략은 시장을 하나의 통합체로 파악하여 모든 계층의 방문객으로부터 공통적인 욕구를 발견하여 이를 활용하는 전략이다. 이는 단일상품에 모든 시장이 흥미를 가질 수 있는 프로그램이나 이이템을 선정하는 것이 중요하다. 즉 음식축제의 경우는 남녀노소 누구나 참여하여 흥미를 가질 수 있는 아이템이며 누구나 참여할 수 있는 프로그램으로 구성될 수 있다.

(5) 다수제품 전체시장 도달 전략

다수제품 전체시장 도달 전략은 모든 세분시장을 표적시장으로 선정하여 각 부분에 적합한 제품과 마케팅믹스 전략을 투입하며 자원이 풍부한 주최 측에서 선택할 수 있는 전략으로 일반적으로 고객의 욕구가 다양화되고 경쟁이 격화되는 이벤트 수명주기상 성장기 후기나 성숙기에 사용된다.

(6) 선택적 전문화 전략

선택적 전문화 전략은 세분시장 중에서 매력적이고 목표에 적합한 몇 개의 세분시장에 진입하는 전략으로 이는 이벤트가 진입한 세분시장마다 제품 및 전략이 상이하기 때문에 시너지 효과가 낮으며 제품개발과 전략수행에 비용이 많이 수반된다. 주로 위험을 분산시키기 위한 목적으로 사용된다. 즉 지방자치단체에서 그 지역의 홍보를 위해서 각자 전문화된 행사를 시장에 맞게 또는 계절별 및 주기에 맞게 시행하는 전략이다.

그림 7-10 **표적시장 선정 전략 유형**

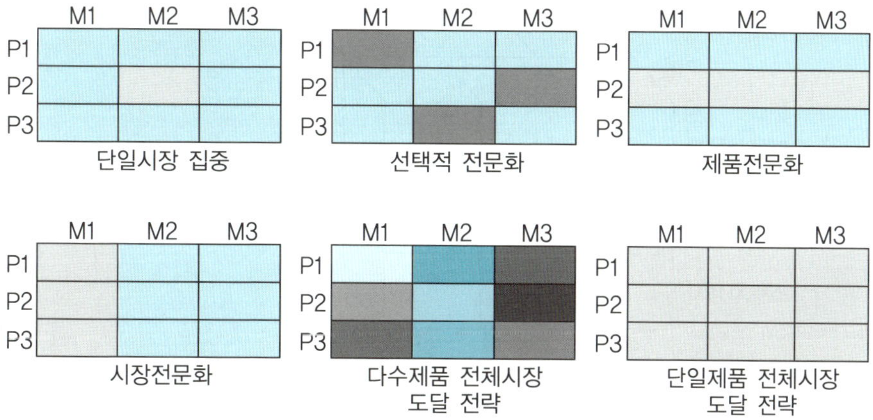

P : Product M : Marketing
자료 : 채서일, 2006 : 212

2) 시장세분화 매트릭스

표적시장 결정을 위해서 마케팅 관리자들이 흔히 사용하는 방법은 시장세분화 매트릭스이다. 시장세분화 매트릭스는 세분화 변수가 둘 이상일 때 사용되는 격자 형태의 모양을 갖는다. 마케팅 관리자들은 시장세분화 매트릭스를 이용하여 매트릭스를 구성할 수 있는 잠재고객 격자를 선택해 잠재고객(prospects)과 비잠재고객(nonprospects)을 쉽게 구분할 수 있다. [그림 7-11]의 시장세분화 매트릭스에는 총 18개의 격자가 형성되어 있는데 18개의 격자로 나타나 있는 세분시장 중에서 먼저 비잠재 고객으로 간주되는 세분시장을 분리한 다음 나머지 잠재고객들을 포함하는 격자 중에서 가장 적합한 세분시장을 선택하게 된다.

그림 7-11 **시장세분화 매트릭스**

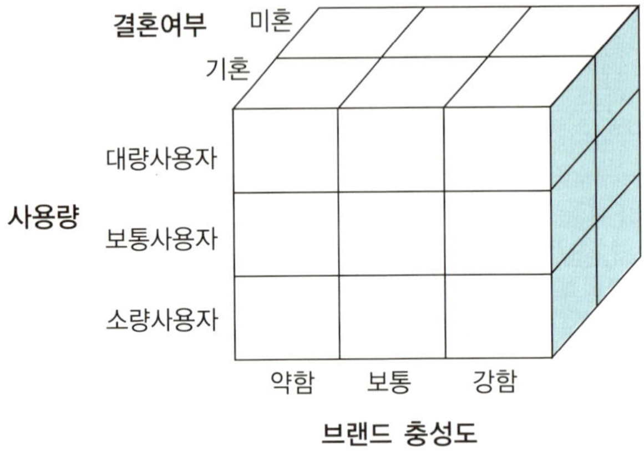

자료 : 채서일, 2006 : 207

4. 이벤트 포지셔닝

1) 포지셔닝의 개념

1969년 리스(Al Ries)와 트라우트(Jack Trout)가 포지셔닝(positioning)이라는 단어를 최초로 사용하였다. 그들에 의하면 고객은 자신이 지각한 상품의 속성에 따라 자신의 마음속에 특정 상품군에 대한 브랜드별 우선순위를 가지고 있는데 이를 포지션(position)이라고 한다. 기업들은 고객의 마음 속에 자사의 상품 혹은 서비스가 경쟁자의 것과 다르게 인식되도록 마케팅믹스를 조합하는 데 이를 포지셔닝이라고 하는 것이다.

이러한 포지셔닝은 세분시장의 평가에 의해 표적시장으로 결정된 잠재적 이벤트 참가자들이 마케팅의 주요 대상이다. 따라서 이벤트 관리자는 개최하고자 하는 이벤트에 참여하는 것이 다른 여가활동 또는 다른 이벤트의 참여와 상이한 차별적이고 특징적인 이미지를 구축할 필요가 있다. 즉 그 이벤트만의 차별적인 특징으로 인해 방문객의 욕구를 충족시킬 수 있다는 인식을 심어주고, 표적시장 내에서 효과적인 마케팅 활동을 수행해야 한다.

이벤트 포지셔닝이란 참가하는 이벤트가 방문객의 마음 속에 다른 경쟁이벤트와 차별화할 수 있는 경쟁적 위치를 차지할 수 있도록 인지시키는 것을 말한다. 이러한 포지셔닝은 이벤트 명, 이벤트의 주제, 광고 슬로건, CI 등으로 구체화한다. 지역 문화축제의 경우를 예로 들면, 김제 지평선축제는 **하늘과 땅이 만나는 곳**이라는 슬로건을 통해 다른 축제와는 달리 넓은 평야에 펼쳐진 농경축제라는 이미지를 구체화시키고 있다.

2) 포지셔닝 맵

포지셔닝은 현재의 위치를 통해서 이미지화로 구체화시킬 수 있는 것으로 이것은 포지셔닝 맵을 통해 표현된다. 포지셔닝 맵이란 고객의 마음 속에 있는 자사상품과 경쟁상품들의 위치를 2차원 또는 3차원의 도면으로 작성한 것이다. 이러한 포지셔닝 맵의 유형은 물리적인 특성을 사용한 포지셔닝 맵과 고객의 지각을 통해 작성하는 인지도 맵이 있다. 또한 포지셔닝 맵은 이벤트 주최자의 주관적 관점에서 이벤트의 특성을 기준으로 작성하는 것과 잠재적 방문자들이 인지하고 있는 지각을 중심으로 작성된 인지도 맵(perceptual map)이 있다.

그림 7-12 **이벤트 이미지 포지셔닝**

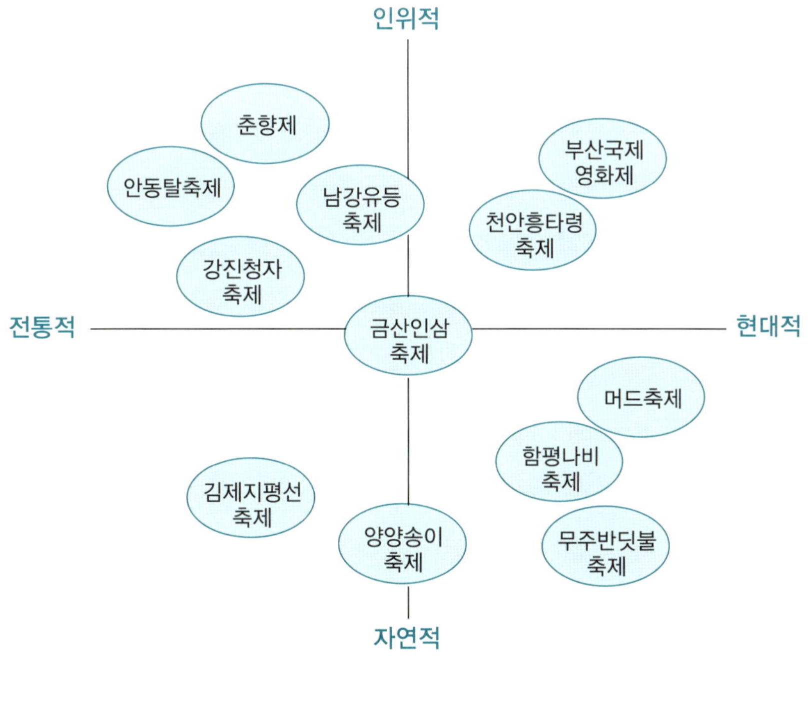

5. 이벤트 STP 전략

이벤트 STP(Segmentation, Targeting, Positioning) 전략은 방문자의 욕구가 매우 다양하다는 사실에 근거하고 있다. 이벤트 주최자는 이러한 다양한 방문자의 욕구를 찾아 이질적인 전체 집단을 동질적인 여러 고객집단으로 나누고(시장세분화) 경쟁상황과 자신의 능력을 고려하여 가장 자신 있는 시장을 찾아내서(표적시장의 결정), 그 시장의 고객들에게 이벤트 프로그램 흥미성과 체험 활동 등을 비롯한 이벤트 참가가 유용하다는 것을 알려주는(포지셔닝) 일련의 과정을 수행하게 된다.

이벤트 시장세분화에서의 핵심은 시장세분화 기준의 결정이다. 시장세분화의 기준은 방문자의 인구통계적 특성, 추구효익, 구매행동, 사용상황, 라이프스타일 등의 여러 가지가 있지만 실제적인 적용에 있어서는 마케팅 목표, 상품의 특성, 이벤트의 경쟁구조 등의 상황변수에 의해서 결정된다. 또한 시장세분화의 오류를 줄일 수 있는 방법은 단 하나의 시장세분화 기준보다는 여러 방법의 시장세분화 기준으로 시장을 세분화해 보고, 그 중에서 마케팅 관리의 관점에서 가장 의미 있고 수행가능한 시장세분화 결과를 가지고 마케팅 전략을 수행하는 것이라고 할 수 있다.

이벤트 표적시장은 세분화된 여러 시장에서 가장 적합한 시장을 찾는 과정인데 특히 중요한 점은 마케팅 목표에 맞는 시장을 찾아내는 일이다. 또한 표적시장은 마케팅 목표에 따라 하나 혹은 여러 개가 될 수 있다.

포지셔닝의 핵심은 효율적인 마케팅믹스 활동이라고 할 수 있다. 예를 들어 동일한 효익을 추구하는 세분시장의 방문자들에게 이벤트 상품이 추구효익을 잘 만족하게 해준다고 인식할 수 있도록 해야 한다. 가격에 민감한 방문객들에게는 저가정책으로, 상품 이미지나 사용상황에 따라 결정된 목표시장에서는 광고에 의해 이벤트의 흥미와 유용성을 고객들에게 알려주어야 한다.

08

이벤트 평가

Event
Management

이벤트
경영론

제8장

이벤트 평가

제1절 이벤트 평가 개념

1. 이벤트 평가 개념

평가(evaluation)의 사전적 의미를 보면 **사물의 가치나 수준 따위를 평함 또는 그 가치나 수준**으로 정의하고 있다. 평가의 개념은 측정(measurement), 검사(test), 사정(assessment)의 개념과 동일한 의미로 사용되기도 하고 또는 독립적인 의미로 사용되기도 한다. Getz(1991)와 Worthen & Sanders(1987)는 평가는 어떤 사물의 가치를 결정하는 것으로 전문적인 가치판단과 동의어로 간주하고 평가가 본질적으로 정치적 행위라고 하였으며, Case, Andrew & Werner(1988)는 평가를 **수용할 수 있는 표준(기준)과 맞는지를 결정하기 위하여 증거를 수집하여 어떤 프로그램의 전부 또는 일부의 가치에 대한 명확한 판단을 하는 것**이라 하였다.

이벤트는 각자 특성이 다양하게 나타는 행사들이므로 단순한 이론적인 평가로서는 측정하기가 상당히 어렵다. 따라서 이벤트는 현재 벌어지고 있는 행사 위주의 평가가 대부분이므로 상황과 특성에 맞는 적절한 평가가 이루어져야 한다. 이경모(2002)는 이벤트 평가(event evaluation)를 **이벤트 개최를 통해 얻은 성과를 알아내기 위하여 이벤트의 계획과정에서 종료까지의 전 과정을 분석하고, 그 결과를 통해 관리과정의 성과를 개선하고자 하는 활동**이라고 정의하면서 이벤트 평가는 개최조직 구성원에게 수행과정의 개선점을 제공하고, 외부 이해관계자에게는 이벤트의 성과를 파악할 수 있는 정보를 제공한다고 하였다. 따라서 이벤트 평가란 이벤트 개최 전의 사업성 평가뿐 아니라 이벤트 중의 행사에 대한 평가 그리고 이벤트 개최 후 영향성 평가까지 결국 이벤트 개최 전 중 후 등 모든 일련의 평가 과정으로 파악할 수 있다. 정확한 이벤트의 평가가 향후 더 개선된 이벤트를 양성할 수 있으며 그 이벤트의 특성에 맞는 적절한 평가방식을 사용하는 것이 무엇보다 중요하다.

2. 이벤트 평가 목적

이벤트를 평가하는 목적은 다양하게 나타난다. 가장 기본적인 목적은 이벤트의 장 · 단점을 파악하여 잘못된 점은 보완, 개선하며 우수한 점은 이를 축적해 향후 이벤트를 기획할 때 필요한 정보와 자료로 사용한다. 이벤트 평가는 공유된 체험들을 체계화하여 정리함으로써 과오를 방지하는 기능도 제공하지만, 살아 있는 정보와 자료를 축적해야 이벤트 관련자에게 피드백이 가능해진다. 이벤트 평가의 세부적인 목적은 다음과 같다.

1) 관리 과정상의 개선

이벤트를 평가해야 조직 내부는 관리과정의 개선점을 발견할 수 있다. 따라서 이에 대한 문제의 규명과 해결, 관리개선방법을 발견해 이벤트 성공과 실패를 평가할 수 있다. 또한 외부적으로 방문객들을 조사, 평가하여 향후 개선점을 파악할 수 있다.

2) 효과의 측정

이벤트는 투입된 자원에 비해 어떠한 성과를 낳았는지를 규명해야 한다. 필요 없는 자원의 배분이 있었는지 아니면 지나치게 인색한 투자를 했는지를 검토해야 한다. 이는 경제적 효과, 사회 · 문화적 효과, 환경적 효과 등으로 다양하게 나타날 수 있으며 이들에 대한 정확한 효과의 측정이 향후 이벤트 개최의 성공에 큰 도움이 될 수 있다.

3) 신뢰 획득

이벤트 평가의 또 다른 목표는 신뢰와 인정을 받는 것이다. 정확한 평가를 통해 현재의 위치를 파악함으로써 만족과 신뢰를 주고 스폰서 및 이해관계자에게 개최성과에 관한 자료를 제공하여 향후 더 향상된 지원을 받을 수 있다.

제2절 이벤트 평가 기준

1. 이벤트 평가 기준

이벤트를 평가할 때는 특성에 맞는 기준을 설정해야 한다. 이런 판단 기준을 평가지표(indication)라고 하는데 기준(standards), 준거(criterion) 등 다양한 용어로 사용된다. 그러나 이벤트는 행사마다 다양한 특성을 가지고 있어 어느 하나의 평가 방식으로 이벤트를 평가한다는 것은 사실상 매우 어려운 현실이다.

축제 이벤트, 스포츠 이벤트, 산업전시 이벤트 등 조직 및 성격이 상이하기 때문에 평가 측정 방법과 기준 또한 다양하게 나타난다. 이들 이벤트마다 개최목적, 목표, 종류와 규모, 행사 프로그램 및 진행방법이 다양하게 나타나며 이들의 경제적, 사회·문화적 효과도 동일한 자원이 투입되었다고 할지라도 서로 다르게 나타난다. 그러나 공통적으로 평가되는 항목은 있기 마련이며 이벤트별로 반드시 평가되어야 할 요소들이다. 이들은 이벤트 참가자의 수, 이벤트 행사에 투입된 자원, 이벤트 개최를 통한 수입(입장권, 기념품 등), 이벤트 참가자의 만족도, 이벤트 행사 진행 방식, 주변 환경 여건(교통, 시설 등) 등을 포함한다. 이러한 공통적인 것 이외에 이벤트의 특성에 맞는 여러 기준을 설정해야 한다.

그림 8-1 **축제 행사장 교통 여건**

주) 교통은 중요한 평가요인 중의 하나가 된다.

2. 이벤트 평가 지표

올바른 이벤트를 평가하기 위해서는 평가의 객관성, 정확성을 확보하여 규칙이나 기준을 정해야 한다. 왜냐하면 평가는 가치의 주관적인 결정이기 때문이다. 여러 학자들에 따라 다양한 이벤트 평가 지표를 설정하고 있다. 이는 이벤트의 성격에 따라 다양하게 나타나지만 일반적인 공통 부분들을 이벤트 전, 중, 후의 부분으로 나누어 평가하고 있다. 이에 정호권(2004)은 이벤트를 실시 전 · 중 · 후의 평가로 나누고 있으며 다음과 같이 분류하고 있다.

■ 기획단계 부문

- 주최자의 가치와 욕구 정확히 파악
- 기업의 가치인 경영자의 이념과 자세, 기업의 중심전략, 그리고 주최 기업의 조직과 결정 구조 파악
- 타당한 전략

■ 세부계획 실시단계

- 구체적인 적합성
- 행사장 설치 및 각종 디자인 선정 기준
- 종합 매뉴얼 작성과 각종 체크리스트 작성
- 이벤트에 어울리는 홍보 방법

- 관중동원 방법과 리스크 요인의 분석과 대책
- 능률적인 조직 편성

■ 실시단계

- 행사장의 위치선정, 입장객의 눈 높이
- 행사장의 분위기와 종사자들의 태도
- 콘셉트과 테마에 어울리는 오프닝과 라스트
- 프로그램의 완성도와 수준
- 각종 커뮤니케이션 효과
- 주최사의 이미지 부각
- 설문조사 방법과 홍보 방법

■ 파급부분

- 소문과 파급효과
- 경제적 파급효과, 사회 · 문화적 파급효과
- 이미지업 파급효과

■ 종합적 평가

- 정확한 목적과 목표에 대한 수치를 정하고 결과에 대해서 공표
- 주최사와 이벤트 업계의 상호 신뢰 및 발전

정경훈(2002)은 이벤트 평가 항목을 Dream기획, Design기획, 상품기획, 마케팅, 오거나이징, 연출, 예산 등으로 설정하여 세부내용에 대한 기준을 제시하였다. Getz(1991)는 이벤트의 평가지표에 따른 측정항목과 기법 및 자료의 형태를 제시하였는데 이벤트 참여규모, 방문객의 특징, 송출지 및 여행형태, 마케팅과 동기, 활동 및 소비지출, 경제적 영향, 기타 영향, 비용편익 분석 등 8개의 항목으로 분류하였다.

표 8-1 Getz의 이벤트 평가지표

지 표	자료의 유형	측정항목	측정기법
참여규모	• 축제 및 이벤트의 총 참가자 • 단위행사 참가자	• 총참가자 수 • 방문횟수 • 회전율 • 최대입장객 수	• 입장권 판매 수 • 회전율 집계 • 차량대수 집계 • 혼잡도 평가 • 송출지 조사
방문객 특징	• 방문객의 개인적 특성 • 동반형태 • 동반자의 수	• 연령별 • 성별 • 직업별 • 교육수준 • 소득수준 • 동반자 유형 및 수	• 방문객 설문조사 • 송출지역조사 • 직접관찰
송출지 및 여행 형태	• 거주지 주소 • 여행출발지 • 여행형태 • 교통	• 국가, 주(도), 시군 • 조사시점 출발지 • 여행 중 경유지 • 이용숙박시설 • 숙박일수 • 패키지상품 • 교통수단	• 방문객 설문조사 • 관찰
마케팅 동기 부여	• 정보원 • 여행이유 • 편익추구 • 만족도	• 대중매체 • 구전의사전달 • 당해지역 • 당해이벤트 • 당해여행 중 이벤트의 중요성 • 첫 번째 또는 재방문	
활동 및 지출	• 이벤트 내 활동 • 지출사항	• 개최 이벤트와 행사장 참가 • 개최도시 및 여행 중 활동 • 이벤트 참가비와 여행비용 • 숙박비, 식음료 지출, 유흥비 기념품비, 기타쇼핑비, 여행관련 지출	• 방문객 설문조사 • 회전문 집계 • 입장권 판매수 • 관찰 • 사업체조사 • 재무보고서 조사
경제적 영향	• 이벤트 및 개최도시에서의 방문객 총지출 • 이익 및 잉여수익 • 고용창출	• 총참가자 수×이벤트와 당해 도시 내에 평균소비액 • 총증가수입+2차수입 및 유발수입 • 총수입−총비용 • 상근 및 시간제고용 • 직접 및 간접고용 • 연도별 총고용자수	• 방문객 설문조사 • 참여자 집계 • 숙박률 조사 • 수입 승수효과 • 재무보고서 조사 • 고용승수효과

지 표	자료의 유형	측정항목	측정기법
기타 영향	• 생태학적 영향 • 사회 · 문화적 영향	• 자연보호 • 환경오염, 서식지 파괴 • 주민의 태도 • 역사유물 훼손 • 전통의 변화 및 보존 • 쾌적성의 확보 또는 침해 • 공중의 행위 • 미적 정서의 변화	• 관찰 • 환경조사 • 지역주민조사 • 공청회 • 경찰범죄기록조사 • 소방관계자료조사
비용–편익 분석	• 유형의 비용 · 편익 • 무형의 비용 · 편익	• 편익대비 유형비용 비율 • 순가치의 질적 평가	

자료 : Getz, D.(1991), festiavals, Events, and Tourism, New York : VNR, pp.285-286.

Getz는 이러한 평가 지표를 좀 더 세부적으로 설정하여 이를 사회 · 문화적 영향과 경제 효과적 영향으로 구분하였으며 각 측정항목을 정하고 이에 맞는 측정방법을 제시하였다.

표 8-2 Getz의 사회 · 문화적 영향과 경제 영향 측정

구 분	항 목	측정항목	측정방법
사회 · 문화적 영향	환경관련 영향	• 공해유발 • 환경보존 • 동식물 서식지 손실	• 관측 • 환경영향조사
	사회 · 문화적 영향	• 지역주민의 태도 • 전통의 유지 또는 변화 • 생활시설의 개선 또는 악화 • 범죄발생의 변화 • 인구의 유입 또는 감소 • 물가의 변화	• 주민 설문조사 • 공청회 • 경찰통계
경제적 효과	직접효과	• 행사장 내 수입 • 지역사회 수입 • 세수(稅收)의 변화	• 방문객 설문조사 • 세무통계
	간접효과	• 2차적 경제 유발효과 • 수입승수	• 수입승수
	고용효과	• 정규직과 일시고용 • 간접 고용효과	• 고용승수

자료 : Getz, 1997: 336.

또한 이벤트 관련 미시적인 측정항목을 개발하여 마케팅 활동과 프로그램 운영에 필요한 데이터를 갖출 수 있게 하였다. 이들은 대규모의 이벤트뿐 아니라 일반적인 이벤트에서도 관리과정의 개선을 위하여 측정해 볼 필요가 있는 측정항목들이다.

표 8-3 미시 평가항목에 대한 자료와 측정방법

구 분	항 목	측정항목	측정방법
참가자 수	• 총참가자 수 • 프로그램별 참가자 수	• 총방문자 수 • 총방문횟수 • 회전율(turnover) • 최대 참가자 수	• 입장권 판매 • 출입구 조사 • 차량수 측정 • 관중수 추정 • 표본집단 조사
방문객 프로필	각 방문객 프로필	• 연령 • 성별 • 직업 • 교육수준 • 소득수준	• 방문객 설문조사 • 표적시장 조사 • 직접관찰
	동반자 유형	• 가족 • 친구 • 혼자 • 단체	
	동반자 수	여행 동반자 수	
시장지역과 여행유형	현주소	국가, 지역, 도시	방문객 설문조사
	여행목적	• 여행 • 이벤트참여	
	교통편	• 이용교통편 • 소요시간	
마케팅 자료	정보원천	정보원천이 된 촉진수단	방문객 설문조사
	추구편익	추구하는 경험, 활동, 상품, 서비스	
	만족도	• 서비스와 프로그램에 관한 만족도 • 향후 개선을 위한 제안 • 재방문의사	• 방문객 설문조사 • 제안함

자료 : Getz, 1997 : 335~336

문화체육관광부는 문화관광축제 평가기법으로 방문객 대상 축제별 설문조사, 인바운드 여행사의 단체관광객 유치실적조사, 문화체육관광부의 자체평가로 축제 개최시 참관평가를 실시하고 있다. 평가요인으로는 홍보 및 안내, 행사진행전반, 축제 프로그램, 쇼핑 및 음식, 운영 및 주민참여, 외국인관광객 수용태세, 숙박 및 연계관광

그리고 기타 등이 포함되는데, 문화관광축제 선정에 대한 평가를 통해 당해연도 축제 평가 결과를 다음 연도 선정기준으로 사용하고 있다.

표 8-4 문화체육관광부 축제 평가 기준

평가분야	항 목	
축제 기획	• 축제 기획서의 전반적인 분야	5점
축제 특성 / 콘텐츠	• 축제 주제 관련 대표프로그램의 완성도 • 타 축제와의 소재 및 프로그램 차별성과 매력성 • 지역문화, 관광자원과 연관된 프로그램 개발	40점
축제 운영	• 자원봉사자 교육시스템 등 행사장 내 운영 효율성 • 축제 기획운영 전문성 및 평가결과의 활용 정도 • 축제 홍보의 효율성과 적절성 등 • 접근성, 공간배치 등 행사장 환경 및 편의시설 운영 적절성 • 지역주민의 참여 및 협조 수준	30점
축제 발전성	• 자치단체장의 육성의지 등 발전 가능성 • 안정적인 축제조직체 구성 및 운영여부, 축제 재정자립을 위한 노력 여부	15점
축제 성과	• 축제 관련 관광객 유발 정도 및 국내외 인지도 • 방문객 만족도 및 지역경제 효과 • 방문객 수 집계의 객관성 및 신뢰성 확보 정도	10점

한국관광공사에서는 국내의 유망한 지역축제를 국제적인 문화관광축제로 육성함으로써 관광상품화하여 외래 관광객을 유치함과 동시에 외국인의 지방 관광 방문을 유도하기 위해 다음과 같은 축제 평가표를 작성하여 활용하고 있다.

주요 항목을 살펴보면 축제장의 배치 및 운영, 관람객 편의시설, 교통 및 안내체계, 특산물 판매, 외국인 수용태세, 숙박 및 음식점, 연계관광지 등의 항목이 있다. 이러한 축제평가표의 작성 및 활용을 통해 상이한 축제에 대한 동일한 점검양식을 적용해 축제별 상호비교 및 개선방안을 도출해 체계적인 축제평가의 기초자료로 활용하고 있다.

표 8-5 한국관광공사의 문화관광축제 평가지표

평가분야	세 부 내 용
행사장배치 및 운영	• 종합안내소 위치의 적정성 및 식별의 용이성 • 대형 행사 안내표지판 설치여부 및 기재언어 • 관람객 동선을 충분히 고려한 배치로 흐름의 원활 여부 • 주무대 위치의 적정성 • 주무대의 활용도(계속적인 이벤트 개최) • 행사장 내 쓰레기 처리(쓰레기통, 처리담당인력) • 음식부스에서 발생하는 오폐수로 인한 하천 등 환경오염 • 주행사장과 먹을거리 장터 등 부대시설 구분(행사분위기) • 지역주민 부스(식당, 판매소)와 외지인 부스의 외양 구분 • 지역주민에 대한 부스운영 우선권여부 및 임차가격
축제운영	• 주최 측의 축제 육성의지 · 이벤트 기획사의 활용도 • 주최 측이 개별 이벤트 전체를 종합적으로 통제, 진행 여부 • 개막식 연사제한, 환영분위기 조성 등 관람객 배려도 • 축제 특징(축제소재 활용도 등)을 잘 살리고 있는지 여부 • ○○ 아가씨 선발대회, 방송프로 등 타 축제와 유사프로그램 여부 • 지역전통문화 활용도(농악, 유무형 문화재, 민속 등) • 관람객 참여 이벤트 종류 · 운영에 대한 관람객 만족도 평가
관람객 편의시설	• 충분한 화장실 및 청결도 평가 · 공중전화 · 무료급수 • 벤치, 파라솔 등 휴식공간 · 주차징수 및 주차관리 • 기타, 현금지급기, 임시우체국 등 운영여부
안내체계	• 대도시권에서의 접근용이성(소요시간, 환승편리성 등) • 교통통제를 위한 지역경찰 및 봉사단체(전우회 등) 활용도 • 축제장으로 가는 유도 표지판, 현수막, 선전탑 설치 장소, 개수 • 철도역, 터미널에서 축제장으로 가는 셔틀버스 운행 • 셔틀버스 이용의 용이성(출발장소, 운행시간 안내 등 주최 측의 배려도) • 행사장 이외 지점 안내소 운영
축제소제 및 지역특산물 판매	• 지역특산품 판매코너 위치, 종류, 가격 및 인기도 • 축제소제 판매시 포장상태 및 포장지 통일 여부 • 캐릭터 등 축제기념품 종류, 가격 및 판매의지 • 특산품, 축제기념품 할인 판매 및 소비자 만족도
외국인안내 및 외국인 수용태세	• 행사장 내 외국인 안내대책 • 철도역, 터미널, 공항 등에서 축제장 접근을 위한 준비(외국어 표지판, 현수막 등) • 전문 통역안내원 관련사항 • 행사일정 및 주요 행사내용의 외국어 장내방송 여부 • 참여 이벤트, 민속행사 등 행사별 외국어 홍보물 준비 • 참여 이벤트 외국인 참여도 및 외국인 우선권 부여 • 축제장 외국인 방문자 수
축제를 계기로 한 인근 관광지와의 연계관광	• 축제기간 이외 평상시 관광객 방문가능성 평가 • 축제 개최지역 중 외국인이 찾는 관광지 • 개최지역 인근 시군과의 연계관광 가능성

평가분야	세 부 내 용
숙박 및 음식점	• 숙박, 음식업소의 청결도, 친절도 및 요금 바가지 여부 • 축제지정업소 인식 표기여부(음식, 숙박, 기념품 판매소 등) • 패스트푸드, 외국인 선호메뉴 등 이용가능 여부
기타	• 행사 전반적인 문제점 및 발전가능성 평가 • 전년대비 개선사항(전년도 결과 사전파악, 참조) · 기타소감 • 한국관광공사 지원금 사용처 활용도(출장지에 따라 사용처 사전파악 후 점검)

자료 : 한국관광공사(1999), 문화관광축제 지원 결과보고서, p.31

안경모(2002)는 이벤트 평가는 이벤트 기획과정에서 매우 중요한 부분임을 인식하여야 하며 관계자들의 인식이야 말로 전문적인 관찰과 평가를 가능하게 하는 촉매역할을 할 수 있다고 하였다. 따라서 피드백 미팅을 통해 이벤트 평가를 위한 체크리스트 작성을 설명하였다. 그는 이벤트 평가 출발점으로 다음의 체크리스트를 구성하였다.

표 8-5 이벤트 평가 체크리스트

평가분야	만족도	주요요망사항	비 고
• 행사장 • 입장권 판매 및 입장 절차 • 이벤트 공연 • 공연기준 • 직원의 능력수준과 업무 실력 • 대중통제 • 보안 • 커뮤니케이션 • 정보 및 안내표지판 • 교통 • 주차 • 요리시설 • 화장실 • 응급시설 • 미아관리 • 스폰서 단체에 대한 예우 • 개최준비 • 광고 • 홍보 • 미디어와의 관계			

자료 : 안경모, 2002 : 327

제3절 이벤트 평가 방법

1. 이벤트 평가 방법

이벤트는 평가 방법에 따라 정량적 분석과 정성적 분석으로 구분하여 살펴볼 수 있다. 이 두 평가 방법은 서로 대립적인 것보다는 상호 보완적인 것이다. 계량화하기 힘든 평가는 정성적인 것으로 하고 수치화가 가능한 것은 정량적 분석을 활용한 것으로 평가 대상의 특성에 따라 적절한 방법을 활용하여야 더욱 정확한 평가가 가능해진다.

1) 정량적 분석

정량적 분석은 이벤트 사업에 대한 일반적인 평가를 수치로 표현하는 방법이다. 이벤트 사업집행의 타당성을 사전에 분석하고 사후에는 영향이나 효과를 설문지법 등 과학적 기법을 동원하여 계량화하여 평가하는 기법을 의미한다.

2) 정성적 분석

정성적 기법은 계량화 혹은 실측하기 어려운 영향이나 파급효과를 질적 척도로 구성된 주민의식조사 및 이벤트 수요자 반응조사 내지 응답을 통해서 간접적으로 크기나 목표달성수준을 측정 · 분석하는 방법이다.

2. 이벤트 평가 모형

1) 서비스 품질평가 갭 모형

파라슈만 등(Parasuraman, Zeithaml & Berry)은 서비스 품질은 고객의 기대와 서비스 기업이 제공해야 한다고 느끼는 서비스의 차이, 즉 고객의 기대에 대한 지각

된 성과의 차이라고 보았다. 서비스 품질수준이란 고객의 지각과 기대의 불일치 정도(degree of discrepancy) 및 그 방향(direction)을 나타낸다고 주장하였다. 이 모델의 특징은 일반적인 서비스 품질에 대한 개념과 모형이 고객부문에 치우쳐 있음에 반하여, 관리자의 측면을 새로 제시하였다는 점이다. 이벤트 평가 역시 서비스 품질에 의한 갭모형으로 측정될 수 있다. 이벤트 참가자와 관리자의 인식 차이나 프로그램 및 운영 등 이벤트 품질의 차이를 갭모형을 통해 평가될 수 있다.

❶ Gap 1 방문자의 기대와 이벤트 관리자 인식의 차이
❷ Gap 2 이벤트관리자의 인식과 서비스 품질과의 차이
❸ Gap 3 서비스 품질과 서비스 제공 간의 차이
❹ Gap 4 서비스 제공과 방문자에 대한 외부 의사소통과의 차이
❺ Gap 5 기대된 서비스와 인식된 서비스의 차이

여기서 방문자의 이벤트 서비스 만족과 평가는 기대된 서비스와 인식된 서비스의 차이에 의해 결정되며, 이 차이를 여러 가지 차이(Gap 1-Gap 4)의 상호관계로 파악하고 있다. 이벤트에 대한 방문자의 만족은 결국 Gap 5의 기대된 서비스와 인식된 서비스의 차이에 의해 평가되지만 이 Gap5는 이벤트 관리자 측면에서의 Gap1에서 Gap4까지 각 Gap들 간의 함수관계에 의해 Gap의 크기와 방향이 결정되어 Gap5에 구체적인 값으로 영향을 미친다. 이벤트 품질문제의 원천을 분석하고 서비스 품질을 어떻게 향상시킬 것인가를 이해하는데 도움을 주기 위해 개발된 이 모델에서 이벤트의 성공비결은 이벤트 방문자의 기대나 니즈를 인식하고 실제 방문자 기대와 충족능력 간의 간격을 좁히는 데 있다는 것이다.

그림 8-2 **이벤트 서비스 품질 평가 갭 모델**

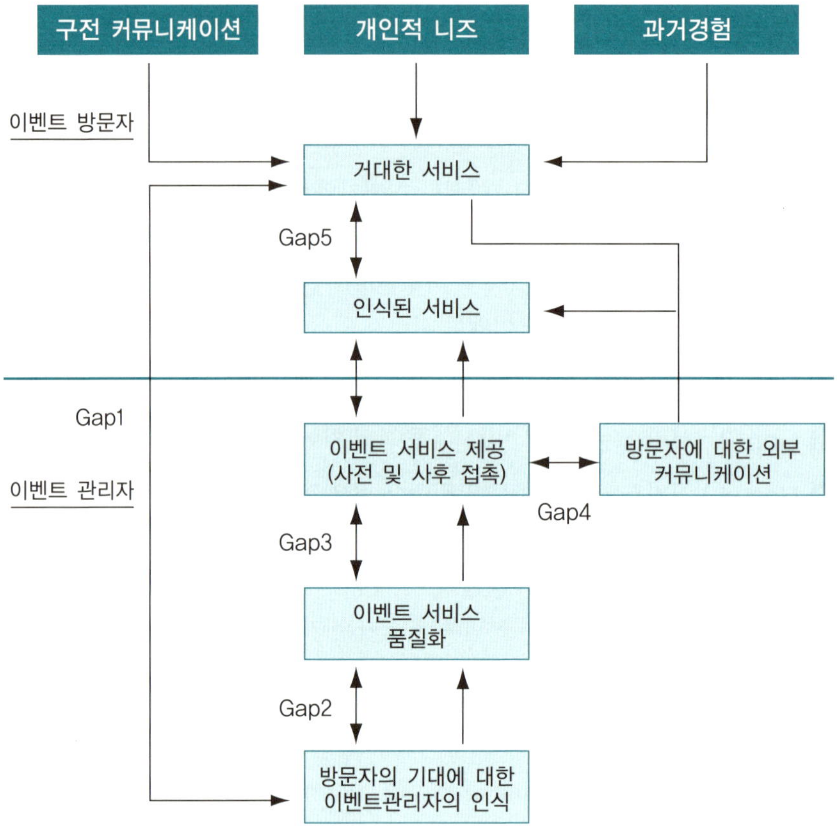

2) 통합시스템 접근 모형

Getz(1991)는 통합시스템 접근법(Integrated and Systematic Approach)을 통해 이벤트 평가의 관점을 제시하였다. Getz는 축제와 이벤트를 지역 활성화를 위한 관광자원화 관점에서 논의할 때 중요한 구성요소 측면에서 평가의 관점을 도식화하였다. 기본적인 구성요인으로는 방문자, 이벤트 조직자, 이들을 연결하는 유형적 상품(이벤트, 축제), 사회문화적 효과 및 환경적 효과를 얻는 지역사회(지역주민)이며, 이벤트의 평가 시 이러한 종합적인 관점에서 평가를 설명하였다.

그림 8-3 **이벤트 평가의 관점**

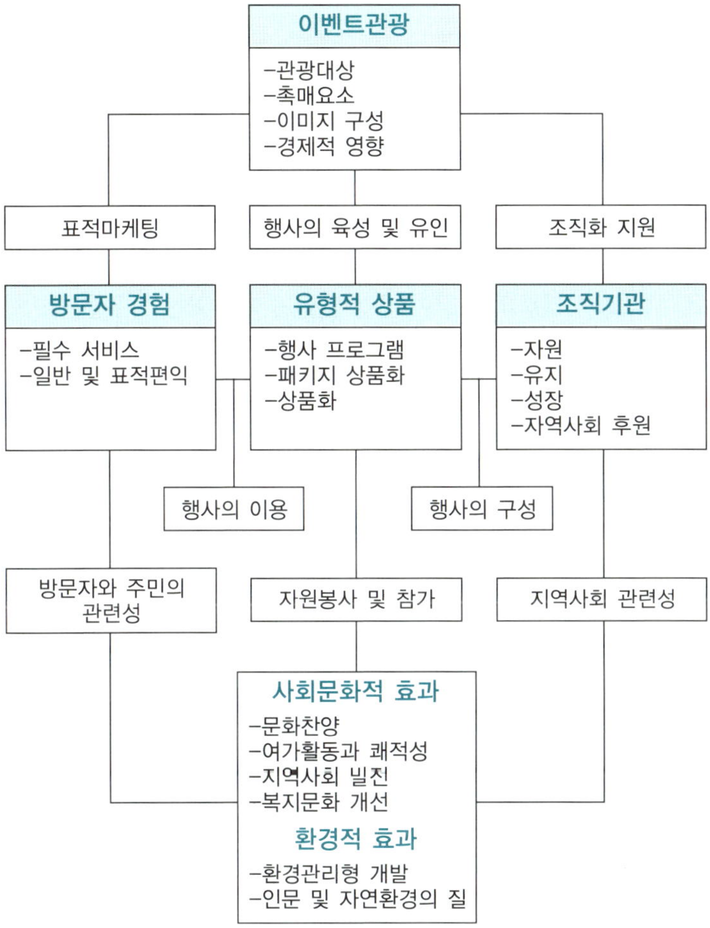

자료 : Getz, D.(1991), Festivals, special Events, and tourism, New York : VNR, p.41.

3) IPA(Importance-Performance Analysis) 모형

IPA(Importance-Performance Analysis)는 상품이나 서비스가 지니고 있는 중요 속성들에 대하여 중요도(Importance) 및 실행도(Performance)를 소비자가 어떻게 인식하고 있는지를 동시에 분석하기 위해 마케팅 측면에서 개발된 기법이다. IPA는 이용자의 만족도를 측정하기 위하여 이용 전에는 각 속성의 중요도, 이용 후에는 성취도를 이용자 스스로 평가해 각 속성의 상대적인 중요도와 성취도를 동시에 비교 · 분석하는 평가 기법이다(Hammitt, et al., 1996). 다양하고 복잡한 성격을 가진

항목을 평가할 수 있을 뿐만 아니라 어려운 통계적 기법을 사용하지 않고도 평가속성의 평균값과 매트릭스를 이용하여 빠르고 쉽게 결과를 도출해 낼 수 있기 때문에 정해진 인력과 예산으로 우선적으로 해결해야 할 사항을 결정하는데 유용한 정보를 제공한다. IPA의 기본 가정은 만족도 속성에 대한 고객의 수준은 상품이나 서비스 성취도의 기대와 판단에 의해 주로 파생되고 있다는 것이다.

IPA 매트릭스를 살펴보면, 유지(keep up the good work)는 중요도와 성취도가 모두 높은 분야로 서비스나 제품의 품질이 경쟁력을 가지고 있는 경우를 의미한다. 집중(con-centrate)은 만족도는 높게 나타나지만 중요도가 낮은 경우이다. 저순위(low priority)는 중요도와 만족도 모두 낮은 경우이며, 과잉(possible overwork)은 소비자들이 매우 중요하게 생각하는 속성임에도 불구하고 서비스나 제품의 만족도는 낮은 경우를 의미한다.

그림 8-4 IPA 매트릭스

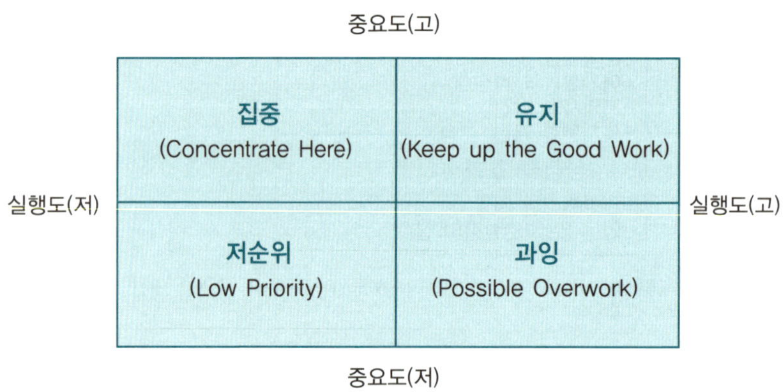

자료 : Martilla and James(1977). Importance analysis. Journal of Marketing 41(1): 13-17

09

이벤트 법규

Event
Management

이벤트
경영론

제9장

이벤트 법규

이벤트는 행사 위주의 사업으로 다양한 인적 · 물적 관계들이 복합적으로 어우러져 있다. 따라서 이에 대한 법적인 시시비비가 종종 발생하기도 하며 로고사용권 등 소유권의 문제 또한 일어나기도 한다. Gets는 이벤트 이름과 프로그램, 행사 컨셉, 미디어 행사권, 저명 인사, 이벤트 관련 상품, 이벤트 로고에 대한 보호를 요구하며 축제 기획자들은 그들의 이벤트가 하나의 사업체이며 지역 공동체를 기반으로 하고, 정식으로 법적 장치를 통해 보호받아야 한다고 주장하고 있다. 이러한 법적 장치는 이벤트의 이름, 로고, 테마에 대한 저작권과 상표권뿐 아니라 파트너와 공급업자들과의 좀 더 세밀한 계약을 포함하고 있다.

또한 이벤트와 그 협회를 소송과 다른 위험 요소로부터 보호하기 위해 리스크 매니지먼트와 보험을 통한 법적 대비가 이루어져야 한다고 하였다(정무영, 2005 : 52). 국내에는 이벤트의 사적 계약 관계의 법률은 대부분 민법에 의존하고 있다. 그러나 오늘날 이벤트의 중요성을 인식하여 지자체별로 별도의 법규를 제정하기도 하며 국제회의 등 대규모 이벤트의 경우 국가가 법률로 제정하여 이를 규정하고 있다.

제1절 축제 이벤트 법규

축제 이벤트는 지자체별로 매우 중점적인 사업 중 하나이다. 이는 축제를 통해 지역의 이미지를 부각시키고 그에 따른 경제적인 부가가치를 창조하여 지역사회발전에 기여를 할 수 있기 때문이다. 지방자치단체에서는 지역의 축제를 육성하기 위해서 이를 법률로 제정하여 공표하고 있다. 광역자치단체로는 전라남도가 최초로 축제 이벤트 육성에 관한 법률을 제정하였다.

많은 기초자치단체 또한 축제에 관한 법률을 제정하여 이에 대한 성격 및 사업을 규정하고 있으며, 지역별로는 전라남도가 과반수 넘는 기초자치단체에서 지역축제와 관련한 조례를 제정하여 이를 육성하고 있다. 또한 축제의 중요성을 인식하고 있는 대부분의 자치단체에서는 이와 관련한 축제 육성에 관한 조례를 제정하여 이를 보호하고 있다.

전국에 있는 자치단체의 축제에 관한 법률을 보면 제정과 관련한 공통점을 발견할 수 있는데 이는 다음과 같다.

1) 축제 이벤트 법률의 공통점

(1) 제정 목적

축제 제정에 대한 목적을 설명하여 향후 축제의 방향을 설정한다.

(2) 행사 내용

지자체에서 추진되는 축제의 내용을 고지하여 육성하고자 한다.

(3) 축제위원회 성격 및 구성

축제를 추진하기 위한 가장 중요한 조직과 관련한 업무 및 의무 또는 권한의 한계를 규정하고 이들의 구성분포와 역할을 제시한다.

(4) 지자체의 역할 및 지원

지자체에서 어떻게 또는 얼마나 축제를 지원할 것인가에 대한 규정으로 축제의 규모를 짐작할 수 있다.

(5) 축제 재정 및 결산

축제와 관련한 재정규모를 한정하고 이에 대한 결산보고를 의무화하여 다음 축제 때 예산 등에 중요 자료로 삼는다.

(6) 시행 규칙

세부적인 시행규칙을 법률로 명시하여 이를 체계적이고 신속하게 처리하고자 한다.

2) 축제 이벤트 법규 사례

국내에 수십여 지방자치단체에서 축제 이벤트와 관련한 법규를 제정하여 시행하고 있다. 이는 지역에 큰 의미가 있는 축제를 육성하여 지역발전에 기여하고자 함이다. 세종특별자치시 지역축제 육성 및 지원에 관한 조례를 살펴보면 다음과 같다.

세종특별자치시 지역축제 육성 및 지원에 관한 조례
[시행 2018. 8. 27.] [세종특별자치시조례 제1153호, 2018. 8. 10., 일부개정]

제1조(목적) 이 조례는 세종특별자치시에서 개최되는 각종 축제의 효율적 추진으로 지역축제 발전의 기반을 조성하고 대내외적으로 경쟁력 있는 축제를 육성 · 지원함을 목적으로 한다.

제2조(정의) 이 조례에서 "지역축제"란 세종특별자치시에서 지역 고유문화 창달, 지역특산물 홍보, 관광진흥 등을 목적으로 다수의 시민이 참여하고 정례적으로 개최되는 행사를 말한다. 다만, 다음 각 호의 어느 하나에 해당하는 경우는 축제로 보지 아니한다.
1. 경연대회, 가요제, 기념식 등 특정 계층만 참여하는 행사
2. 경로잔치 등 단순한 시민위안 행사
3. 음악회, 전시회, 미술제, 연극제 등 순수예술 행사
4. 그 밖에 민속놀이 대회 등 종합적인 축제로서 성격이 약한 행사

제3조(축제의 육성) 세종특별자치시장(이하 "시장"이라 한다)은 지역축제의 육성 · 발전을 위하여 필요한 제도 마련과 여건을 조성하고 이를 위한 시책을 강구하여 추진하는 등 적극 노력하여야 한다.

제4조(축제육성위원회의 설치) 시장은 축제 육성 및 운영에 관한 다음 각 호의 사항을 심의 또는 자문하기 위하여 그 소속하에 세종특별자치시 축제육성위원회(이하 "위원회"라 한다)를 둔다.

1. 지역축제의 육성 · 지원에 관한 사항
2. 유사축제의 통합, 조정, 권고 등에 관한 사항
3. 중앙행정기관 등에서 지원하는 지역축제 지원대상 추천에 관한 사항
4. 그 밖에 시장이 회의에 부치는 사항

제5조(위원회의 구성) ① 위원회는 위원장 1명과 부위원장 1명을 포함한 15명 이내의 위원으로 구성한다.

② 위원장과 부위원장은 위원 중에서 호선한다.

③ 당연직위원은 축제 업무 담당 국장이 되며, 위촉위원은 다음 각 호의 어느 하나에 해당하는 사람 중에서 성별 균형을 고려하여 시장이 위촉한다.(개정 2015. 1. 5.)(개정, 2018. 8. 10.)

1. 세종특별자치시의회(이하 "시의회"이라 한다) 의장이 추천하는 시의회 의원 2명
2. 축제관련 전문가 또는 관련 분야에 학식과 경험이 풍부한 사람

제6조(위원의 임기) 위촉위원의 임기는 2년으로 하되, 연임할 수 있다.

제7조(위원장의 직무) ① 위원장은 위원회를 대표하고, 위원회의 직무를 총괄한다.

② 위원장이 부득이한 사유로 직무를 수행할 수 없을 경우에는 부위원장이 그 직무를 대행한다.

제8조(위원의 해촉) 시장은 다음 각 호의 어느 하나에 해당하는 사유가 발생한 경우에는 임기중이라도 해당 위원을 해촉할 수 있다.

1. 본인의 사임 의사가 있을 경우
2. 품위손상 등 위원으로서 부적합하여 위원회에서 해촉을 의결한 경우
3. 질병 또는 그 밖의 부득이한 사유로 직무를 수행할 수 없는 경우

제9조(회의) ① 위원회의 회의는 위원장이 필요하다고 인정하는 경우 또는 재적위원 3분의 1이상의 요구가 있을 때 소집한다.

② 위원회의 회의는 재적위원 과반수의 출석과 출석위원 과반수의 찬성으로 의결한다.

제10조(간사) ① 위원회의 사무를 처리하기 위하여 간사를 두되, 간사는 축제업무를 담당하는 부서의 장이 된다.

② 간사는 위원장의 명을 받아 위원회의 사무를 처리한다.

제11조(예산의 지원) ① 시장은 수탁자에게 「세종특별자치시 지방보조금 관리 조례」에 따라 축제운영에 소요되는 경비의 전부 또는 일부를 예산의 범위에서 지원할 수 있다.

② 제1항에 따라 경비를 지원받은 수탁자는 「세종특별자치시 지방보조금 관리 조례」를 준수하여야 하며, 축제 추진실적 및 보조금 정산서를 축제 종료일부터 1개월 이내에 시장에게 제출하여야 한다.

제12조(운영세칙) 이 조례에 정한 사항 외에 위원회의 운영 등에 관하여 필요한 사항은 위원회의 의결을 거쳐 위원장이 정한다.

제13조(평가체계 구축) ① 시장은 축제별 특성에 맞는 평가모형을 개발하고 체계적인 평가를 실시하여 개선방안을 마련하고 예산을 반영하는 등 필요한 조치를 강구하여야 한다.
② 제1항에 따른 평가의 객관성 및 효율성 제고를 위해 시민 및 전문가로 구성된 축제 평가단을 구성 · 운영할 수 있다. 이 경우 평가단 구성 및 운영에 관하여 필요한 사항은 시장이 따로 정한다.
③ 평가에 따른 시민의 의견수렴과 전문성 확보를 위해 해당 축제평가 공청회 등을 개최할 수 있다.

제14조(수당 등) 위원회에 출석한 위원 및 축제평가단에 참석하는 위원에 대하여는 예산의 범위에서 「세종특별자치시 위원회 설치 및 실비변상 등에 관한 조례」에 따라 수당과 여비를 지급할 수 있다.

제15조(시행규칙) 이 조례의 시행에 필요한 사항은 규칙으로 정한다.

제2절 국제회의 이벤트 법률

국제회의는 고부가가치의 산업으로 국가단위에서도 매우 중요하게 여기는 관광산업이다. 따라서 정부는 국제회의에 대한 중요성을 인식하여 관광진흥을 꾀하기 위해 국제회의 산업 육성에 관한 법률(1996)을 지정하였다.

1) 제정목적

국제회의의 유치를 촉진하고 그 원활한 개최를 지원하여 국제회의산업을 육성 · 진흥함으로써 관광산업의 발전과 국민경제의 향상 등에 이바지함을 목적으로 한다.

2) 용어의 정의

국제회의산업 육성법이 법에서 사용하는 용어로는 다음과 같이 정의하고 있다.

(1) 국제회의

상당수의 외국인이 참가하는 회의(세미나, 토론회, 전시회 등을 포함한다)로, 대통령령이 정하는 종류와 규모에 해당하는 것을 말한다.

(2) 국제회의 산업

국제회의의 유치 및 개최에 필요한 국제회의 시설, 서비스 등과 관련된 산업을 말한다.

(3) 국제회의 시설

국제회의의 개최에 필요한 회의시설, 전시시설 및 이와 관련된 부대시설 등으로, 대통령령이 정하는 종류와 규모에 해당하는 것을 말한다.

(4) 국제회의 도시

국제회의 산업의 육성 · 진흥을 위하여 제6조의 규정에 의하여 지정된 특별시 · 광역시 또는 시를 말한다.

3) 국가의 의무

국제회의의 중요성을 인식하여 국가가 해야 할 의무를 다음과 같이 규정하고 있다. **국가는 국제회의 산업의 육성 · 진흥을 위하여 필요한 계획의 수립 등 행정 · 재정상의 지원조치를 강구해야 하며 이 규정에 의한 지원조치에는 국제회의 참가자가 이용할 숙박시설 · 교통시설 및 관광편의시설 등의 설치 · 확충 또는 개선을 위하여 필요한 사항이 포함되어야 한다**고 하여 국제회의를 하기 위한 필요 시설을 국가가 지원해야 한다고 규정하였다.

4) 국제회의 산업육성 기본계획의 수립 · 시행 의무

국제회의를 관장하고 있는 주무부서는 문화체육관광부이다. 따라서 정부는 문화체육관광부 장관이 국제회의를 육성, 진흥하기 위해 국제회의 육성 기본계획을 수립해야 한다고 규정하였다. 이에 들어갈 내용은 다음과 같다.

❶ 국제회의의 유치 촉진에 관한 사항

❷ 국제회의의 원활한 개최에 관한 사항

❸ 국제회의에 필요한 인력의 양성에 관한 사항

❹ 국제회의 시설의 설치 및 확충에 관한 사항

❺ 기타 국제회의 산업의 육성 · 진흥에 관한 중요사항

5) 국제회의 유치 지원

이 법률은 국제회의를 유치하기 위한 여러 지원 사항들도 제정하고 있다. 주무장관인 문화체육관광부 장관은 국제회의의 유치를 촉진하고 그 원활한 개최를 위하여 국제회의를 유치 또는 개최하는 자에 대한 지원 사항을 설정하여 국제회의 산업의 발전을 도모하고 있다. 이에 대한 내용은 다음과 같다.

❶ 국제회의의 유치에 관련되는 정보의 제공

❷ 국제회의의 유치를 위한 해외홍보

❸ 국제회의의 진행 · 개최 등에 관한 자문

❹ 국제회의 관계자의 교육 · 훈련

❺ 기타 국제회의의 유치 촉진 및 그 원활한 개최를 위하여 필요하다고 인정하는 사항

6) 국제회의 도시의 지정 등

국제회의를 치르기 위한 도시는 문화체육관광부 장관이 대통령령이 정하는 기준에 적합한 특별시 · 광역시 또는 시를 관계 중앙행정기관 장과의 협의를 거쳐 국제회

의 도시로 지정할 수 있도록 제정하였다. 그러나 국제회의 도시를 지정할 경우에는 지역 간의 균형적 발전을 고려하여야 하며 지정한 도시가 지정기준에 적합하지 않게 된 경우에는 관계 중앙행정기관 장과의 협의를 거쳐 그 지정을 취소할 수 있도록 하였다.

7) 국제회의 도시의 지원

국제회의 산업육성법은 국제회의를 개최하는 도시에 대한 지원법도 제정하여 이를 시행하고 있는데 이에 대한 지원책으로는 관광진흥 개발기금법을 다른 사업보다 우선적으로 지원할 수 있도록 규정하였다.

8) 전담조직의 설치

국제회의의 효율적인 추진을 위하여 국제회의 도시 또는 그 도시를 관할하는 지방자치단체는 필요하다고 인정할 때에는 국제회의 전담조직을 설치할 수 있도록 규정하였다.

9) 다른 법률과의 관계

국제회의는 대규모의 시설이 요구되는 사업이므로 관광진흥법 이외의 다른 법률과의 관계도 고려하여야 한다. 이에 대해 본 법률은 건축법 이외에 하수도법, 수도법, 전기사업법, 소방법, 폐기물 관리법, 대기환경보전법 등과의 관계를 규정하여 시행하도록 하고 있다.

10) 권한의 위탁

이는 국제회의 유치를 법인 및 기타 민간 단체에 위탁하여 보다 효율적인 국제회의 유치를 꾀하고자 한다. 또한 위탁을 한 경우에는 예산의 범위 안에서 필요한 경비를 보조할 수 있도록 규정하고 있다. 이외에 국제회의 산업육성에 관한 법률에서 위임된 사항과 그 시행에 관하여 필요한 사항을 규정하기 위해 국제회의 산업육성에 관한 법률시행령을 제정하여 국제회의 유치와 개최를 위한 법률적인 규정과 지원을 도모하고 있다.

제3절 전시 이벤트 법률

정부는 무역전시장을 확충하여 무역 전시산업을 육성하고, 해외전시회 참가, 시장개척단 파견, 수출구매상담회 등 해외마케팅 활동에 대한 지원을 강화하였다. 경기 고양시의 KINTEX 등 3개의 무역전시장을 신규 개장하고 업종별 · 지방 수출 간담회를 통해 무역업계 · 무역지원기관 · 정부가 함께 무역업계의 애로를 협의 · 해결해 수출 여건을 개선하는 한편 지방 중소기업의 수출경쟁력 강화 대책을 강구 · 추진하여 수출저변의 확대에 노력을 기울였다. 따라서 전시산업 발전과 관련한 법안의 필요성이 증대되어 국회에서는 전시산업 발전안 필요성에 대해 다음과 같이 주요 내용을 설명하고 있다(김교홍 외, 국회발의안, 의안번호 5480).

전시산업은 신기술과 신제품의 비교 및 관련 정보교류의 장으로 기업에게 효과적인 해외마케팅 수단을 제공하고 국내산업의 국제경쟁력 강화에 공헌하며 전후방 연관효과를 통해 소득과 고용창출에 미치는 파급효과가 뛰어난 고부가가치 서비스산업이다. 특히 전시회는 UNWTO체제 하에서도 보조금 지급이 가능한 해외마케팅 수단으로 독일, 중국 등 주요 선진국 및 경쟁국들은 전시산업을 주요 수출촉진 수단 및 국가 전략산업으로 인식하여 세제지원을 강화하는 등 정책적으로 전시산업을 육성하고 있다.

국내전시회의 활성화를 통해 무역규모 1조불 시대를 대비하는 무역 인프라를 구축하고 경제적 파급효과가 뛰어난 고부가가치 서비스 산업인 전시산업의 경쟁력을 제고하기 위해서는 전시산업의 기반을 조성하고 국내전시회와 전시산업에 대한 체계적 인 지원을 제도화하는 한편 전시산업의 구조를 선진화하여 경쟁력 있는 전시사업자를 육성할 필요성이 있으며 현재「무역거래기반 조성에 관한 법률」에서 **무역 인프라**로 전시산업을 일부 포함하고 있으나, 전시산업의 체계적 육성과 경쟁력 제고를 위해서는 전시산업을 위한 별도의 법률 제정이 필요하다.

따라서 전시산업의 기반을 마련하기 위한 제도 · 사업과 전시산업을 육성하기 위한 정부의 지원방안 등을 구체적으로 규정하는 별도 법률을 제정하여 전시산업 발전을 위한 제도적 기반을 마련해 무역을 진흥하고 국민경제 발전에 이바지하고자 하는 것이다.

전시산업 발전법안의 주요내용으로는 용어들의 정의, 전시산업 발전계획의 수립, 정부의 지원 근거, 정부의 조정 권한, 전시산업의 평가, 전시산업의 인허가, 위반과 관련한 벌칙 등이다. 이에 대한 내용을 살펴보면 다음과 같다.

1) 제정의 목적

전시산업의 경쟁력을 강화하고 그 발전을 도모하여 무역진흥과 국민경제의 발전에 이바지함을 목적으로 한다.

2) 용어의 정의

이 법에서 사용하는 용어의 정의는 다음과 같다.

(1) 전시산업

전시시설을 건립 · 운영하거나 전시회 및 전시회와 관련된 국내외 행사를 기획 · 개최 · 운영하고 이와 관련된 물품 및 장치를 제작 · 설치하거나 전시공간의 설계 · 디자인과 이와 관련된 공사를 수행하고 전시회와 관련된 용역 등을 제공하는 산업을 말한다.

(2) 전시회 및 상설전시

무역상담 및 상품과 서비스의 판매 · 홍보를 위하여 개최하는 견본상품전시회, 무역상담회, 박람회 등과 일정 시설에서 계속하여 운영되는 상설 전시형태(이하 **전시회**라 한다)로 대통령령이 정하는 종류와 규모에 해당하는 것을 말한다.

(3) 국내외 행사

진시회와 관련된 홍보와 판매촉신을 위하여 개최되는 설명회, 시연회, 국제회의 및 부대행사 등을 말한다.

(4) 전시시설

전시회와 국내외 행사의 개최에 필요한 시설과 관련 부대시설로 대통령령이 정한 종류와 규모에 해당하는 것을 말한다.

(5) 전시복합단지

전시시설, 국제회의 산업육성에 관한 법률 제2조의 규정에 의한 국제회의 시설, 숙박시설 및 판매시설 등 부대시설이 종합된 지역으로 이 법에 의하여 지정된 곳을 말한다.

(6) 전시사업자

전시산업과 관련된 경제활동을 영위하는 자로 대통령령이 정하는 자를 말한다.

(7) 사이버전시회

인터넷 등 정보통신망을 활용하여 사이버 공간에서 개최하는 전시회로 산업자원부령이 정하는 조건에 해당하는 것을 말한다.

3) 전시산업 발전계획의 수립

전시산업의 주무부서 장인 산업자원부 장관은 전시산업의 발전을 위해 전시산업 발전계획을 수립, 시행하여야 하며 이에 대한 내용은 다음과 같이 정하고 있다.

❶ 전시산업 발전 기본 방향
❷ 전시산업의 국내외 여건 및 전망
❸ 전시시설의 수급에 관한 사항
❹ 국제수준의 무역전시회 육성
❺ 지역전략산업과 연계한 전시회 활성화 방안
❻ 전시산업 기반구축을 위한 사항
❼ 그 밖의 전시산업 발전을 위하여 필요한 사항

4) 전시산업 발전사업 시행기관

전시산업의 발전을 주관하고 있는 산업자원부 장관은 특별시, 광역시, 도, 시, 군, 자치구, **고등교육법**에 의한 대학, 산업대학, 전문대학, 대한무역투자진흥공사, 중소기업진흥공단, 중소기업중앙회, 한국전시산업진흥회, 그 밖에 대통령령이 정하는 법인 또는 단체 등으로 시행기관을 이행할 수 있음을 규정하고 있다.

5) 전시산업 발전심의위원회 설치 · 운영

전시산업 발전을 위해 산업자원부 장관 소속의 전시산업 발전심의위원회(위원은 관련 부처, 관련 기관, 업계 및 전문가 등을 포함하여 20명 이내)를 두며 다음과 같은 업무를 하도록 규정하고 있다.

❶ 전시산업 발전계획
❷ 전시시설 건립(신설 및 증설을 포함한다) 계획
❸ 전시산업 경쟁력 제고를 위해 필요한 사항

6) 전시산업의 수요조사

산업자원부 장관은 발전계획의 수립과 중 · 장기 전시시설 확충을 위하여 필요한 때에는 전시산업에 관한 수요조사를 실시할 수 있으며 이를 실시할 때는 관계 행정기관, 지방자치단체 및 관련기관 등에 필요한 자료를 요청할 수 있다. 이 경우 요청받은 관계 행정기관 등은 특별한 사유가 없는 한 이에 응하여야 한다.

7) 전시사업자 및 시설업자의 등록

전시업을 하고자 하는 자는 산업자원부령이 정하는 바에 따라 산업자원부 장관에게 등록하여야 하며 등록한 내용을 변경하고자 하는 경우에도 같다. 전시시설 운영자는 대통령령이 정하는 바에 따라 광역자치단체장에게 등록하여야 한다.

8) 등록의 결격사유

전시사업자는 다음에 해당하는 자는 운영자 등록을 할 수 없도록 규정하고 있다.

❶ 금치산자 · 한정치산자 또는 미성년자

❷ 파산선고를 받은 자로서 복권되지 아니한 자

❸ 이 법을 위반하여 징역의 실형을 선고받고 그 집행이 종료(집행이 종료된 것으로 보는 경우를 포함한다)되거나 집행이 면제된 날부터 1년이 경과되지 아니한 자

❹ 이 법을 위반하여 징역형의 집행유예선고를 받고 그 유예기간 중에 있는 자

9) 등록의 취소 등

산업자원부 장관이 다음 사유 중 어느 하나에 해당하는 경우에는 그 등록을 취소할 수 있다.

❶ 일반 전시사업자가 정당한 사유 없이 1년 이내에 영업을 개시하지 아니한 경우

❷ 전시사업의 영업을 정당한 사유 없이 1년 이상 계속하여 휴업한 경우

❸ 일반 전시사업자가 제11조의 규정에 의한 불공정거래 금지의 의무를 위반한 경우

기타 이 법은 상기 항목 이외에 전시산업과 관련한 기반의 조성, 전시산업 전문인력의 양성, 전시회 관련 정보의 유통촉진 및 관리, 전시회 인증, 사이버전시회 기반구축, 국제협력의 촉진, 전시회의 국제화 · 대형화 · 전문화, 신규 유망전시회 발굴, 전시산업의 지원, 전시회 평가제도 운영, 세제지원, 부담금 등의 감면, 그리고 보칙 및 벌칙을 규정하여 이를 따르도록 규정하고 있다.

제4절 공연 이벤트 법률

최근 미디어의 발달, 국민의 문화수준 향상으로 인해 공연 이벤트는 어느 때보다도 전성기를 누리고 있다. 국가마다 공연의 의미는 조금씩 다르다. 미국은 프로듀서 위주의 공연이다. 먼저 프로듀서가 공연할 내용을 정하고 필요로 하는 인원을 모으는 형식으로 이는 언제라도 훌륭한 연출가와 배우를 구할 수 있어야 성공이 가능하기 때문에 인적 자원이 풍부한 사회에서만 가능하다. 독일어권과 북유럽, 서유럽에서는 공연에 필요한 모든 것을 극장이 가지고 있으며 극장들은 배우, 연출가, 무대미술가, 기획자 등을 자체적으로 모두 갖추고 시즌 동안 레퍼토리 연극을 반복 공연하고 있다. 우리 정부 또한 국민의 공연에 대한 관심이 높아지면서 이에 대한 공연을 더욱 육성하고 공연사업을 진흥하고자 공연법을 제정하였다.

1) 법 제정의 목적

예술의 자유를 보장함과 아울러 건전한 공연활동의 진흥을 위하여 공연에 관한 사항을 규정함을 목적으로 한다.

2) 정의

(1) 공연

음악 · 무용 · 연극 · 연예 · 국악 · 곡예 등 예술적 관람물을 실연에 의하여 공중에게 관람하도록 하는 행위를 말한다. 다만, 상품판매 또는 선전에 부수한 공연은 제외한다.

(2) 선전물

옥외광고물과 초대권을 말한다.

(3) 공연자

공연을 주재하거나 행하는 자를 말한다.

(4) 공연장

공연을 주된 목적으로 설치하여 운영하는 시설로 대통령령이 정하는 것을 말한다.

(5) 연소자

18세 미만의 사람(고등학교에 재학 중인 자를 포함한다)을 말한다.

3) 공연예술진흥 기본계획

국가 및 지방자치단체는 공연예술진흥을 위하여 필요한 계획을 수립 · 시행할 것을 규정하며 문화체육관광부 장관은 공연예술진흥 기본계획을 수립 · 시행하여야 하며, 공연예술의 지역적 균형발전을 도모하기 위하여 지방자치단체의 장은 문화체육관광부 장관의 요청이 있을 경우 그 기본계획의 수립과 시행에 필요한 자료를 제출하여야 한다고 하였다. 공연예술진흥 기본계획 수립의 내용은 다음과 같다.

❶ 공연예술인 육성 · 지원에 관한 사항
❷ 공연기획 · 무대기계 · 무대조명 · 무대음향 등과 관련된 공연예술 지원인력의 양성 및 배치에 관한 사항
❸ 공연장 등 공연시설의 확충에 관한 사항
❹ 체육시설 · 교육시설 등의 공연장 활용 및 그 지원 · 장려에 관한 사항
❺ 기타 대통령령이 정하는 공연예술 진흥에 관한 주요 사항

4) 연소자 유해 공연물

이법은 연소자 유해 공연물을 연소자에게 관람시킬 수 없음을 규정하고 유해 공연물에 해당하는 선전물은 이를 공중이 통행하는 장소에 공공연히 설치 · 부착하거나 배포할 수 없고, 같은 내용으로 관람을 권유하는 등 광고를 할 수 없다고 하였으며 선전물의 연소자 유해성 여부는 **영화 및 비디오물의 진흥에 관한 법률**의 규정에 의한 영상물등급위원회(이하 위원회라 한다)에 그 확인을 요청할 수 있다고 규정하였다.

5) 외국인의 국내 공연 추천

외국인의 국내 공연 추천과 관련하여 국내에서 공연하고자 하는 외국인 또는 외국인을 국내에 초청하여 공연하고자 하는 자는 위원회의 추천을 받아야 한다고 하였다. 또한 추천받은 사항을 변경하고자 할 때에도 같으며 위원회의 추천을 받지 아니한 외국인의 공연물은 국내에서 공연할 수 없으며 다만, 대통령령이 정하는 경우에는 그러하지 아니하다고 하였다.

6) 외국공연물의 공연제한

위원회는 외국인공연 추천신청서를 받았다고 할지라도 국가이익이나 국민감정을 해할 우려가 있는 때, 공서양속을 해할 우려가 있는 때, 국내의 공연질서를 문란하게 하거나 해할 우려가 있는 때, 기타 대통령령으로 정하는 기준에 해당하는 때, 허위 기

타 부정한 방법으로 추천을 받은 때, 변경추천을 받지 아니하고 공연을 할 때에는 추천서를 취소할 수 있다고 규정하여 건전한 공연을 유도하고 있다.

7) 공공 공연장

공연장의 설치와 운영에 관한 항목들도 규정하여 이를 시행하도록 하고 있는데 국가 또는 지방자치단체는 공연장 운영의 전문성과 효율성을 높이기 위하여 개인 또는 단체에 이를 위탁 운영할 수 있으며 공공 공연장을 위탁 운영할 경우 그 활동과 운영에 필요한 경비를 보조할 수 있으며, 국가는 **국유재산법**의 규정에도 불구하고 당해 공연장의 원활한 운영에 필요한 재산 및 시설을 무상으로 사용 · 수익하게 할 수 있다고 하였다.

8) 공연장업의 등록

공연장을 설치하여 운영하고자 하는 자는 정하는 시설기준을 갖추어 공연장 소재지를 관할하는 시장 · 군수 또는 구청장에게 등록하여야 한다.

9) 공연자 지원 및 공연장 설치 · 경영의 장려 등

국가 또는 지방자치단체는 공연예술의 발전을 위하여 필요하다고 인정할 때에는 공연자에 대하여 보조금의 지급 등 필요한 지원을 할 수 있으며 민간의 공연장 설치 또는 경영을 장려하기 위하여 필요하다고 인정할 때에는 국고를 보조하거나 문화예술진흥기금의 융자 등을 지원할 수 있게 하여 공연문화의 발전을 위한 정책을 시행하고 있다.

10) 재해예방 조치

공연장 운영자는 화재 기타 재해예방을 위하여 당해 공연장 종업원의 임무 · 배치 등 재해대처계획을 정하여 관할 시장 · 군수 또는 구청장에게 신고하여야 하며 이 경우 시장 · 군수 또는 구청장은 신고받은 재해대처계획을 관할 소방서장에게 통보하게 하여 만약에 있을 위험에 대비하고 있다.

11) 무대시설 안전진단 등

공연장을 설치하여 운영하고자 하는 자는 무대시설에 대하여 설계검토를 받아야 하며 무대시설에 대하여 정기 · 수시 검사 또는 정밀안전진단을 실시하여야 한다.

12) 무대예술 전문인의 양성

국가 및 지방자치단체는 무대예술 전문인 양성과 자질향상을 위하여 필요한 시책을 강구하여야 한다.

13) 부정행위자에 대한 자격취소 등

문화체육관광부 장관은 무대예술 전문인의 자격을 부정한 방법으로 취득한 자에 대하여는 그 자격을 취소해야 하며 무대예술 전문인 자격검정을 받는 자가 그 검정에 있어서 부정행위를 한 때에는 현장에서 검정을 중지시키거나 이를 무효로 한다. 또한 자격이 취소된 자나 검정이 중지되거나 무효로 된 자는 취소 · 중지 또는 무효로 된 날부터 3년간 무대예술전문인 자격검정을 받을 수 없다.

14) 무대예술 전문인 자격

지정된 검정기관이 실시하는 검정에 합격한 자에 대하여 무대예술 전문인 자격을 부여하며 무대예술 전문인은 무대기계 · 무대조명 · 무대음향 등의 종류별로 1급에서 3급으로 구분하며, 구체적인 자격의 종류 및 자격검정 기타 자격증의 교부절차 등에 관하여 필요한 사항은 대통령령으로 정한다.

15) 검정기관

문화체육관광부 장관은 무대예술 전문인의 자격검정을 위하여 대통령령이 정하는 바에 의하여 무대예술 전문인 검정기관을 지정할 수 있으며 지정받은 검정기관이 사위(詐僞) 그 밖의 부정한 방법으로 지정을 받은 때에는 취소하여야 하며, 검정을 부실하게 실시하여 그 업무를 적정하게 실시할 수 없다고 인정되는 때에는 그 지정을 취소할 수 있다.

제5절 스포츠 이벤트 법률

오늘날 스포츠는 사회 역할이 확대되면서 새로운 산업으로 급부상하고 있다. 소득증대에 따른 교육수준의 향상과 건강에 대한 관심의 고조와 더불어 현대 관광의 형태 또한 레저 관광의 형태로 변화되면서 스포츠와 관련한 산업은 오늘날 사회 여러 분야에서 중요성이 인식되고 있다. 정부는 스포츠와 관련하여 이미 1962년도부터 국민체육진흥법을 제정하였는데 제정 목적은 국민의 체력을 증진하고 건전한 정신을 함양하여 건전한 국민생활을 영위하여 체육을 통한 국위선양에 이바지하기 위함이다.

이에 국내 스포츠의 활성화와 국민의 스포츠에 대한 관심은 더욱 증대되어 스포츠는 국내 이벤트의 중요한 축을 이루게 되었다. 스포츠 이벤트는 작게는 개인적 레저 행위부터 크게는 국가적인 대규모 메가 이벤트까지 사회에 다양하게 나타나고 있다. 또한 우리나라는 1986년 아시안게임을 필두로 1988년 올림픽, 2002년 월드컵, 그리고 2011년 세계육상대회, 2018년 동계올림픽까지 전 세계의 모든 메이저 스포츠를 개최하는 나라가 되었다. 따라서 정부는 이러한 스포츠의 중대성을 인식하고 이를 발전시키고자 **스포츠산업 진흥법**을 제정하여 국민 건강증진과 국가 경쟁력 향상을 꾀하고 있다.

1) 법 제정 목적

스포츠산업의 진흥에 필요한 사항을 규정함으로써 스포츠산업의 기반조성 및 경쟁력 강화를 도모하고, 스포츠를 통한 국민의 여가선용 기회 확대와 국민경제의 건전한 발전에 이바지함을 목적으로 한다.

2) 정의

이 법에서 사용하는 용어의 정의는 다음과 같다.

(1) 스포츠

건강한 신체를 기르고 건전한 정신을 함양하며 질 높은 삶을 위하여 자발적으로 행하는 신체활동을 기반으로 하는 사회 · 문화적 행태를 말한다.

(2) 스포츠산업

스포츠와 관련된 재화와 서비스를 통하여 부가가치를 창출하는 산업을 말한다.

(3) 스포츠산업 진흥시설

공공체육시설 안에 스포츠산업 관련 사업자와 그 지원시설 등을 집단적으로 유치함으로써 스포츠산업을 활성화하기 위한 시설로 제9조 제1항에 따라 지정된 시설물을 말한다.

3) 국가와 지방자치단체의 책임

국가 및 지방자치단체는 스포츠산업의 진흥을 위하여 필요한 시책을 수립 · 시행하여야 하며 스포츠산업의 진흥을 위하여 기술의 개발과 조사, 연구사업의 지원, 외국 및 스포츠산업 관련 국제기구와의 협력체제 구축 등을 위하여 필요한 노력을 하여야 한다.

4) 기본계획 수립 등

문화체육관광부 장관은 이 법의 목적을 달성하기 위하여 스포츠산업 진흥에 관한 기본적이고 종합적인 중 · 장기 진흥 기본계획과 스포츠산업의 각 분야별 및 기간별 세부시행계획을 수립 · 시행하여야 하며 이는 다음과 같다.

❶ 스포츠산업 진흥의 기본방향에 관한 사항
❷ 스포츠산업 활성화를 위한 기반 조성에 관한 사항
❸ 스포츠산업 전문 인력 양성에 관한 사항
❹ 스포츠산업 진흥시설의 지정에 관한 사항
❺ 지역특성을 고려한 스포츠 이벤트의 활성화에 관한 사항
❻ 스포츠산업 관련 국제회의 및 대회 등의 유치에 관한 사항
❼ 스포츠산업의 경쟁력 강화에 관한 사항
❽ 스포츠산업 진흥을 위한 재원 확보에 관한 사항
❾ 스포츠산업 정보망구축 및 전자상거래 육성에 관한 사항
❿ 국가 간 스포츠산업 협력에 관한 사항
⓫ 프로스포츠의 육성 · 지원에 관한 사항
⓬ 그 밖에 스포츠산업 진흥을 위하여 필요한 사항으로 대통령령이 정하는 사항

또한 기본계획 및 세부시행계획의 수립과 집행을 위하여 필요한 때에는 관계 행정기관, 지방자치단체,공공기관, 연구소, 대학, 민간기업 및 개인 등에게 필요한 협조를 요청할 수 있다고 규정하였다.

5) 경쟁력 강화 조치 · 지원 등

문화체육관광부 장관은 기본계획 및 세부시행계획에 따라 공공기관, 단체 및 스포츠산업 사업자가 스포츠산업의 경쟁력 강화를 위한 조치를 취하고자 할 때에는 예산의 범위 안에서 지원할 수 있으며 자금 등을 지원하고자 하는 때에는 관계 행정기관의 장과 협의하여야 한다.

6) 스포츠산업 진흥자문위원회

스포츠산업 진흥을 효율적으로 추진하기 위하여 문화체육관광부 장관 소속하에 스포츠산업 진흥자문위원회(이하 위원회라 한다)를 둘 수 있도록 규정하였다.

7) 스포츠산업 전문인력의 양성

국가 및 지방자치단체는 스포츠산업 진흥에 필요한 전문인력을 양성하기 위하여 노력하여야 하며 전문인력의 양성을 위하여 대통령령으로 정하는 바에 따라 연구소 · 대학, 그 밖에 필요하다고 인정하는 기관을 스포츠산업 전문인력 양성기관으로 지정할 수 있으며 그 양성에 필요한 경비의 전부 또는 일부를 보조할 수 있도록 하여 스포츠 활성화를 위해 적극적인 행동을 보이고 있다.

8) 스포츠산업 진흥시설의 지정 등

문화체육관광부 장관은 스포츠산업의 진흥을 위하여 필요하다고 인정하는 경우 지방자치단체의 장과 협의하여 당해 지방자치단체 소유의 공공체육시설을 스포츠산업 진흥시설로 지정할 수 있으며 시설 설치 및 보수 등에 필요한 자금의 전부 또는 일부를 지원할 수 있다.

9) 국 · 공유재산의 대부 · 사용 등

국가 또는 지방자치단체는 스포츠산업 진흥시설의 지정 및 운영을 위하여 필요하다고 인정하는 경우에는 국 · 공유재산을 수의계약으로 대부 · 사용 · 수익하거나 매각할 수 있도록 하였다.

10) 자금지원

문화체육관광부 장관은 스포츠산업 진흥을 위하여 필요하다고 인정하는 경우 스포츠산업 진흥시설을 지정받고자 하는 지방자치단체에 자금을 지원할 수 있도록 규정하였다.

11) 사업자단체 설립

스포츠산업 사업자는 스포츠산업의 진흥과 상호 협력증진 등을 위하여 문화체육관광부 장관의 인가를 받아 업종별로 사업자단체를 설립할 수 있도록 하였다.

12) 스포츠산업 지원센터의 지정 등

문화체육관광부 장관은 스포츠산업의 발전을 위하여 국 · 공립 연구기관, 대학 또는 전문대학, 특정연구기관 등을 스포츠산업 지원센터로 지정할 수 있으며 이들은 스포츠산업 발전을 위한 지방자치단체와의 협조에 관한 사항과 스포츠산업체 발전을 위한 상담 등 지원에 관한 것들의 기능을 하게 된다.

13) 국제교류 및 해외시장 진출지원

정부는 국내 스포츠산업의 경쟁력 강화와 스포츠산업 관련 상품의 해외시장 진출을 활성화하기 위하여 외국과의 공동제작, 방송 · 인터넷 등을 통한 해외마케팅 · 홍보활동, 외국자본의 투자유치, 수출관련 협력체계 구축 등의 사업을 지원할 수 있으며 이 사업을 효율적으로 지원하기 위하여 관련 기관이나 단체에 위탁 또는 대행하게 할 수 있으며, 이에 필요한 비용을 보조할 수 있도록 하였다.

14) 프로스포츠의 육성

국가는 스포츠산업의 발전을 도모하고, 국민의 건전한 여가활동을 진작하기 위하여 프로스포츠 육성에 관하여 필요한 시책을 강구한다고 규정하였다.

15) 포상

문화체육관광부 장관이 스포츠산업의 발전에 기여한 공로가 현저한 개인 · 단체 및 기업 등을 선정하여 포상할 수 있도록 하여 스포츠 발전에 좋은 본보기를 보여주고 있다.

10

축제 이벤트

제1절 축제 이벤트 개념
제2절 축제의 관광 상품화
제3절 국내 축제 이벤트
제4절 세계의 축제 이벤트

Event
Management

이벤트
경영론

제10장

축제 이벤트

제1절 축제 이벤트 개념

1. 축제의 개념

사회가 구성되고 인간이 사는 곳은 어디나 그 수를 헤아릴 수 없을 만큼 다양한 축제가 열리고 있다. 고대사회를 비롯한 선통적 사회에서 벌어지는 축제들은 종교적 제의에서 그 기원을 찾아볼 수 있듯이 대부분의 축제는 제사의식과 놀이의식에서 출발한다. 축제에 해당되는 영어의 개념에는 feast와 festival 그리고 Carnival이 있다. festival은 축제에 가장 가까운 개념이며, 흔히 feast와 같은 개념으로 사용된다. Carnival은 라틴어에서 고기라는 뜻의 Caro와 제거라는 뜻의 levara에서 유래하고 그것이 뒤에 합성되어 Carnevale로 된 후 현재의 모습을 가지게 되었다는 설이 있다. 이는 사육제라는 뜻으로 기독교의 사순절 직전 전야에 거행되던 일종의 축제였다.

축제의 사전적 의미는 축하하여 제사를 지낸다는 의미와 경사 따위를 축하하여 벌이는 큰 규모의 행사를 뜻하는 용어로 정의되고 있다. 즉, 축제는 모든 예술이 미분화 상태로 엮여져 있는 종합예술의 성격을 지니고 있다. 한자로 축제는 사람(人)이 말(口)로 신에게 기원하는(示) 것을 형상화한 축(祝)과 제물(肉)을 손(手)으로 제상(示)에 놓는 모습을 형상화한 제(祭)가 결합한 단어로 이는 신앙의 표상이라고 할 수 있다.

전통축제 속에는 외적으로 유희성과 오락성이 두드러지지만 이것이 전부가 아닌 그 민족의 정신과 종교적인 의미를 그 근원으로 하고 있다.

작은 의미의 축제는 지역과 역사적 상관성 속에서 생성되고 전승된 전통적인 문화유산을 표면화한 것이라고 할 수 있으며, 넓은 의미로는 전통축제뿐만 아니라, 각 지역의 문화행사 전반을 포괄하는 것이라고 할 수 있다.

표 10-1 전통적 의미의 축제와 현대적 의미의 축제 비교

구 분	전통적 의미의 축제	현대적 의미의 축제
성 격	제의적, 종교적	복합적 문화행사
기 능	제의, 일탈을 통한 카타르시스	유희, 체험, 여가선용, 놀이
배 경	농경사회(마을)	산업사회(도시)
의 미	종교적, 사회적, 정치적	경제적 효과, 관광자원적

자료 : 이수리, 지역축제가 지역 관광이미지에 미치는 영향에 관한 연구, p.10.

오늘날의 축제는 협의의 정의보다는 광의의 정의로 받아들여져 축제의 범위를 확대시키고 있다. 여기서 중요한 것은 지역의 역사 및 전통과의 직접적인 관련성 속에 공감대가 설정되어 지역민과 함께 할 수 있는 축제여야 한다는 것이다. 따라서 현대사회의 축제는 그 지역주민과 함께 어울려지고 그들의 생활과 문화를 즐길 수 있는 행사여야 한다. 따라서 축제는 **지역주민의 문화를 반영할 수 있는 상징적이고 즐거운 종합활동 행위**로 정의할 수 있다.

표 10-2 축제에 관한 국내외 학자의 정의

학 자	정 의
Cox	억압되고 간과되었던 감정표현이 사회적으로 허용된 기회
Eliade	인간의 종교 · 사회 · 문화 등의 제도와 활동이 확립되는 초월적 내지 초자연적 영역
Falassi	인류문화에서 실제로 마주칠 수 있는 하나의 이벤트이며 사회현상
Getz	지역주민의 총체적인 삶과 전통문화적 요소가 잘 반영되어 있는 종합적인 문화행사

학 자	정 의
박철 · 손해식	지역의 문화가 종합되고 상징화된 행사로서 한 지역을 관광상품화 하는 것
이경모	공공주제적인 행사로서 공동주제와 관련된 이벤트의 연속이며, 축제의 문화적인 활동에 다른 양상을 포함하고 있는 행사
이시혁	특정목적을 가지고 특정기간, 장소에서 특정대상에게 개별적이고 직접적으로 자극을 주는 수단
장은주	시간과 공간을 한정하여 다수의 대상을 현장에 참여시켜 직접적인 체험을 이끌어내기 위한 쌍방향적 커뮤니케이션 활동을 총칭하는 비일상적 행사
장정룡	생활 공동체의 구성원이 노동과 일상생활의 속박에서 벗어나 풍요를 기원하며 벌이는 제의나 동시에 춤과 노래를 매개로 감정을 털어놓는 잔치이며 놀이마당

2. 축제의 기능과 효과

인간 사회에서 축제는 다양한 기능과 효과를 나타내고 있다. 이는 사회적, 문화적, 심리적인 다양한 형태로 표출되고 있는데 축제를 통해 사회가 긍정적인 기능과 영향을 발휘하기도 하며 반대로 부정적인 결과를 낳기도 한다.

1) 축제의 기능

(1) 인간의 억압된 감정과 행동 표현

사람은 평상시 자신의 감정을 마음껏 표출하고 살기는 힘들다. 그러나 어떤 기회가 주어진다면 인간은 자신의 감정을 자유롭게 표출할 수 있으며 이러한 장소와 사건을 인간 스스로 또는 타의적으로 찾게 된다. 이러한 기회가 주어지는 공간이 축제이다. 따라서 축제는 평상시에 억압되고 간과되었던 인간의 감정과 행동을 표현하는 사회적으로 허용된 기회를 제공한다.

그림 10-1 브라질 리우 카니발

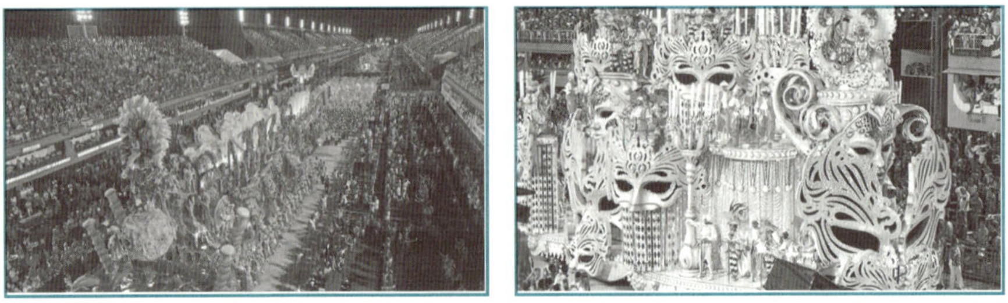

(2) 인간 본연의 위치 발견

축제 기간에 참가자들은 일상의 노동에서 해방되어 축제의 프로그램 속에서 즐거움과 환상에 잠기고, 자유로운 감정을 느낌으로써 축제가 끝난 후 더 높은 본연의 위치를 찾기 위해 다시 일상의 노동으로 돌아가게 된다.

(3) 사회 비판적인 기능

축제는 외관상으로는 건실하고 질서 정연해 보이는 경직된 사회에 생명력을 불어넣으며, 인간의 삶에 대한 긍정적인 면을 부각시킨다. 과거에는 축제를 통해 사회적 신분의 부질없음을 풍자와 민속의 한마당으로 보여 주기도 하였으며 현대에 들어서는 황금만능주의의 사회에 대한 일침을 가하는 역할을 수행하고 있다.

(4) 사회적 · 종교적 목적의 활동수단

고대사회뿐만 아니라 아직도 세계 곳곳에서는 초기 형태의 전통과 농경의 모습을 이어가는 지역이 많이 있다. 이러한 지역에서는 축제가 공동사회를 이끌어 가는 사회적 · 종교적 목적의 활용수단이 된다.

(5) 문화교류의 가교역할

축제에는 국내 지역의 각계 인사뿐만 아니라 국외 여러 분야의 사람들이 참여하게 된다. 이들을 통한 인적 · 물적 교류는 새로운 가치관, 새로운 문화창출 등에 영향을 미치게 된다.

그림 10-2 **축제 외국인 참여**

출처 : 보령 머드축제 홈페이지, 문화관광부

(6) 경제력 향상 기능

축제는 비수기 계절성을 극복할 수 있으며, 축제 개최 이전보다 더욱 폭넓고 많은 관광객을 유치해 지역경제 활성화에 기여한다.

(7) 지역 홍보 및 지역민과 외부인의 교류증진 역할

축제는 개최지역의 긍정적 홍보 수단이 되며 지역민과 축제 참가자 간의 교류 역할을 한다. 또한 지역 공동체 의식의 함양을 통해 지역민의 단결 및 지역의 과소화를 예방하는 메커니즘으로서의 역할을 수행한다.

2) 축제의 효과

(1) 긍정적 효과

❶ 경제적 효과

지역축제의 효과 가운데서도 경제적 효과는 가장 중요한 부분을 차지한다. 지역축제 참가자들은 숙박, 교통, 쇼핑 및 인근지역 관광 및 경제활동을 통해 지역경제 활성화에 기여한다. 또한 지역축제 개최를 위한 각종 기관의 투자는 지역 인프라 구축과 고용창출 효과를 유발하여 지역주민의 소득 증대효과 및 관련 산업의 발전 효과를 창출하여 지역경제 발전에 기여하게 된다. 또한 지역축제의 개최는 지역의 특화된 산업의 발전을 유발하는 효과를 가진다. 지역의 특화된 관광 상품을 주제로 한 지역축제는 축제 참가자의 유치뿐만 아니라 지역 특산물의 판매, 지역의 특화 이미지 강화 및 제고, 재고물량의 정리 등 직 · 간접적인 기능으로 지역의 특화 산업의 활성화를 장려하는 효과가 있다.

그림 10-3 **축제 지역 특산물 판매**

❷ 정치적 효과

해당 지역 주민의 적극적이며 자발적인 참여는 지역의 정치 · 행정적 발전을 유발한다. 또한 개최지역을 대외적으로 홍보하는 수단이 되며, 이를 통하여 참가자들이 민간 외교의 역할을 수행한다. 이러한 이유로 국가 및 지역이 축제를 정치적 목적으로 활용하기도 한다. 하지만 정치적 목적만을 성취하기 위한 행동은 부정적인 영향을 낳을 수 있으며 그 본질을 왜곡할 수 있는 위험을 가지고 있다.

그림 10-4 **외국인 교류**

❸ 사회적 효과

축제는 사회적인 면에서 개최지역과 주민에게 긍정적인 영향을 미친다. 축제는 지역 구성원들이 지역 정체성을 형성하는 역할을 한다. 개최지역의 특화된 축제는 지역의 성격과 타 지역과의 차별화된 모습을 보여줘 지역민들에게 지역의 정체성을 확립하게 한다. 직접 축제에 참여한 지역민들은 사회 · 문화적 동질성을 가지며 이로 인해 지역에 대한 소속감 및 자긍심을 일깨워 지역 정체성 형성에 기여한다.

축제는 지역에 대한 특정 이미지를 부각시켜 기존의 지역 이미지를 강화할 뿐만 아니라 지역의 고유한 이미지를 창출하는 수단으로 사용되기도 한다. 이렇게 확립된 이미지는 지역의 문화적 이미지를 고양시키고, 지역의 개성을 창출하는 효과를 낳는다.

❹ 문화적 효과

지역축제는 방문객에게 그 지역의 생활과 문화를 경험할 수 있는 기회를 제공해 다양한 문화를 접할 수 있도록 한다. 또한 지역주민에게는 다양한 문화예술을 접촉할 수 있어 문화향유의 기회를 확대시킨다. 이로써 지역민들은 지역문화의 저변 확대라는 이득을 얻을 수 있다. 축제를 통한 지역민들의 문화 활동은 지역문화의 활성화는 물론, 지역문화를 육성 · 발전시킬 수 있는 계기가 되어 지역문화의 창조력을 향상시키며, 전통문화를 전승 및 발전하는 문화적 기능을 수행하기도 한다.

그림 10-5 **지역문화 체험**

❺ 환경적 효과

메가 이벤트(Mega-event) 규모의 축제를 개최하면 도시개발의 촉진제가 될 수 있다. 축제의 개최 준비를 위한 도시개발은 축제가 끝난 후에는 지역민들이 사용할 수 있는 공공시설과 사회하부구조가 되어 지역민들의 생활을 윤택하게 한다. 한편 각종 편의시설 등의 도시 개발 외에도 지역의 전경이 미화되고, 녹지가 조성되는 등의 현상을 통해 지역의 환경이 개최 전보다 향상되기도 한다.

(2) 부정적 효과

❶ 경제적 효과

축제의 개최는 지역 지가의 상승을 유발한다. 이로 인한 부동산 투기는 지방의 발전과 경제 활성화에 악재로 작용한다. 또한 자본의 부족으로 인한 시설물 등의 편의시설 부족 및 지역주민의 물질만능주의 확산은 축제를 찾은 참가자들에게 부정적인 인식을 주어 향후 지역경제 발전에 저해요소가 되기도 한다. 또한 축제 참가자들과 동화되고자 하는 소비지향적 태도의 형성은 지역경제를 오히려 피폐하게 만든다.

❷ 정치적 효과

과중한 조세의 부담으로 인한 지역민의 경제적 착취, 정치성을 띈 전시행정으로 인한 이벤트 본연의 모습을 왜곡하는 행태는 대표적인 정치적 부작용이라고 할 수 있다.

❸ 사회적 효과

지역축제의 개최는 빠른 사회구조의 변화를 유발한다. 이로 인한 사회혼란이 일어날 수 있으며, 지역주민과 외부참가자들 사이에 갈등이 유발될 수 있다.

❹ 문화적 효과

지역축제에는 국내외의 곳곳에서 다양한 사람들이 방문한다. 이로 인해 갑자기 많은 문화를 접하게 됨으로써 문화충격 또는 고유문화의 변형이 일어날 수 있으며 문화유산을 관광 가치로만 평가하는 현상이 발생할 수 있다.

❺ 환경적 효과

축제 개최를 위한 급속한 도시개발은 자연환경의 변화를 유발시켜 생태환경의 파괴를 초래할 수 있다. 또한 지역문화 유산의 손실과 유적지의 유실, 오물 투척으로 등으로 환경오염과 일정 기간에 많은 인구가 몰려 교통체증 등의 환경적 부작용을 가져올 수 있다.

그림 10-6 **축제와 환경오염**

제2절 축제의 관광 상품화

지역축제는 한 지역의 중요한 홍보수단 중의 하나이다. 또한 지역경제의 활성화에도 많은 기여를 하고 있다. 따라서 지방자치제의 정착화와 더불어 지역의 자체적인 생존을 위해서도 지역축제의 성공 여부는 지역의 큰 숙원사업이 되었다. 임관혁(2001)은 지역축제를 상품화하기 위해 전통 고유문화의 개발과 경제 활성화를 기본 방향으로 설정하였다.

1. 축제 관광 상품화의 기본방향

1) 전통 및 고유문화의 보존과 개발

지역 관광축제 상품화의 기본은 지역의 전통 및 고유문화를 해치지 않는 축제 프로그램의 기획이 우선되어야 한다. 그 지역이 보유하고 있는 문화 요소를 체계적으로 기록 및 보관해야 하며 축제의 문화적 특성과 고유성을 대중매체를 활용하여 적극적으로 홍보해야 한다. 이와 함께 전통 및 고유문화를 모든 참가자가 보고 직접 체험할 수 있는 문화적 공간을 확보하고 지역적 특성 및 문화를 보고 배울 수 있는 문화교육 프로그램을 육성, 장려해야 한다.

2) 지역경제 활성화에 기여

축제는 지역 이미지 홍보 단계에서 벗어나 이제는 지역경제 활성에 이바지해야 한다. 이를 위해서는 중앙 정부나 지방 정부가 아닌 지역주민이 직접 주체가 되는 지역축제의 기획이 이루어져야 하며 일반 기업이나 지역민의 적극적인 참여를 통해 지역축제 개발에 필요한 전문기술인력을 충분히 확보하여 모든 문화유산 · 생활양식의 관광자원화를 구축해야 한다.

그림 10-7 축제의 지역 활성화

2. 축제의 관광 상품화 방안

1) 축제의 차별화

오늘날 수많은 지역축제들이 개최되고 있다. 그러나 이러한 축제들은 이름만 다를 뿐 대부분 비슷한 프로그램과 유사한 진행방식으로 운영되고 있다. 지역축제는 지역의 독창성, 전통성, 창조성, 역사성, 문화성 등이 조화를 이룰 때 관광자원으로서의 매력을 갖는다. 따라서 지역축제는 지역만이 갖는 고유한 문화나 특성을 반영할 때 방문객들의 욕구를 충족시켜 줄 수 있다.

2) 주변의 관광자원과 연계

축제 행사장 주변 관광자원과 연계하는 것은 방문자의 체재기간과 그에 따른 소비비용을 유발한다. 또한 축제 기간에 제한된 장소에 너무 많은 인원이 모이는 것을 방지하여 교통을 원활하고 더욱 쾌적한 축제 분위기를 조성할 수 있다.

3) 축제 평가제 실시

축제 평가제 실시의 가장 기본적인 목적은 축제의 장단점을 파악하여 잘못된 점은 보완 개선하며 우수한 점은 이를 축적해 향후 축제를 기획할 때 필요한 정보와 자료로 사용하는 것이다. 축제 평가는 공유된 체험들을 체계화하고 정리해서 과오를 방지하는 기능도 제공하지만, 살아 있는 정보와 자료를 축적함으로써 다시 축제를 기획할 때 필요한 새로운 정보와 자료를 제공한다. 축제 평가제를 통해 축제의 장단점을 파악하고 좀 더 발전적인 방향으로 개선해 나가야 향후 방문자들이 더욱 선호하는 축제가 될 수 있다.

4) 축제 홍보전략 구축

축제의 홍보는 참가를 유인하는 등 외관적인 축제의 성공과 직접적인 연관이 있다. 축제의 성공을 위하여 각 단계별, 지역별, 연령별 홍보전략 구축이 필요하며 지역 및 외지에 알리기 위해 단계적인 홍보 접근 방안이 필요하다. 특히 지역축제의 주된 효과가 지역의 이미지를 개선하여 축제 기간에 수익창출만이 아닌 지속적인 경제 활성화에 그 목적이 있기 때문에 적극적인 홍보는 축제의 성패를 좌우하는 중요한 열쇠가 된다.

그림 10-8 Hi-Seoul 페스티벌

출처 : 네이버 포토갤러리

5) 관광자원의 확충

지역축제는 대부분 지역의 고유한 문화나 기존 관광자원을 바탕으로 개발, 진행된다. 하지만 이외의 인위적인 관광자원의 확충은 특정장소에 집중되는 관광객의 분포를 유도하며, 더 많은 참가수요 창출, 그리고 참가자들의 체재기간과 연관이 깊기 때문에 참가자들에게 볼거리, 놀거리를 제공할 수 있는 관광자원의 확충이 요구된다.

6) 지역주민의 참여

지역주민을 대상으로 축제와 관련한 체계적인 교육을 통해 주민이 충분한 이해를 가지고 참가자들을 상대할 수 있도록 준비해야 한다. 주민의 관심은 개인적인 이익에 한정되는 경향이 있기 때문에 사업계획과 관련하여 행정기관과 지역주민의 갈등이 자주 일어날 수 있다. 따라서 지역민간단체와 축제협의공동체를 구성하여 지속적인 축제협의를 해야 하며 지역주민이 자발적이고 적극적으로 참여할 수 있는 프로그램의 개발이 필요하다. 주민이 참여하는 축제 예산결산 제도를 도입하여 예산편성 과정에서부터 최종 결신까지 다양한 의견을 세시함으로써 축제에 대한 자발적인 참여를 유도할 수 있다. 이러한 적극적인 주민 참여는 서비스 향상으로 이어질 수 있으며 이는 지역에 대한 좋은 이미지로 남아 향후 지역의 경제 활성화에도 많은 도움이 된다.

7) 축제 기반시설의 확충

축제 기간이 아닌 때에도 관광객들이 방문하여 즐길 수 있는 관련시설이 필요하다. 타 지역의 관광객 유입을 유도하기 위한 상시적인 볼거리, 즐길거리 등을 체험할 수 있는 기반시설 확충이 필요하다.

그림 10-9 **태백 눈꽃축제**

출처 : 태백 눈꽃축제 홈페이지

제3절 국내 축제 이벤트

현재 국내에는 수많은 축제 이벤트가 치러지고 있다. 그러나 이러한 축제는 대부분 큰 차별화 없이 진행되는 경우가 대부분이다. 따라서 지역 고유의 독특한 축제 브랜드를 활성화 하기 위해서는 끊임없는 개발과 연구가 이루어져야 할 것이다. 현재 문화체육관광부에서는 매년 우수 축제들을 선별하여 지원하고 있다. 이는 한국을 상징하는 대표 축제를 집중 육성하려는 목적으로 최우수 · 우수 · 유망축제로 구분하여 선택과 집중을 통해 차등 지원하고 있다.

2019년 문화체육관광부는 지역축제의 활성화를 위해 3개의 대표축제와 41개의 문화관광축제를 선정하였다. 예전에 비해 경쟁력 있는 축제에 대한 집중 지원과 유사 축제에 대한 통폐합 유도를 위해 규모를 축소하였다. 2019년도 문화관광축제는 보령 머드축제, 안동국제탈춤축제, 무주반딧불축제 등 3개의 대표축제, 최우수축제 7개, 우수축제 10개, 유망축제 21개, 글로벌 육성 축제 5개로 선정했는데, 지역축제의 자생력과 경쟁력 강화를 위해 대표축제는 3회까지만 지원하고, 최우수축제 등은 등급별 3회, 총 7회까지만 지원하는 등급별 지원기간 한도를 설정하기로 하였으며, 지원이 종료되는 대표축제는 명예대표축제로 간접지원을 한다.

모든 축제는 제로베이스에서 검토하여 경쟁력 위주로 선정되었으며, 기존의 학계 중심으로 구성된 선정위원에서 벗어나 여행업계, 예술계, 작가, 언론계 등 각 분야 전문가를 선정위원으로 구성하여 다양한 의견을 반영하였다. 선정된 문화관광축제에는 대표축제 2억 7천만 원(2019년), 최우수축제 1억 7천만 원(2019년), 우수축제 9천 2백만 원(2019년), 유망축제 7천만 원(2019년)이 등급별로 지원되며 관광공사를 통해 해외홍보와 축제 컨설팅 등이 지원된다.

표 10-3 2019년 문화관광축제

시도＼등급	글로벌 육성축제	대표축제	최우수축제	우수축제	유망축제
서울					
부산					
대구					대구약령시한방문화축제 대구치맥페스티벌
인천					인천펜타포트음악축제
광주			광주추억의충장축제		
대전					
울산					
경기			이천쌀문화축제 안성맞춤남사당바우덕이축제	수원화성문화제 시흥갯골축제	여주오곡나루축제
강원	화천산천어축제			평창효석문화제 원주다이내믹댄싱카니발 춘천마임축제	횡성한우축제 강릉커피축제 평창송어축제
충북					음성품바축제 괴산고추축제

등급 / 시도	글로벌 육성축제	대표축제	최우수축제	우수축제	유망축제
충남	보령머드 축제				서산해미읍성축제 한산모시문화제 논산강경젓갈축제 부여서동연꽃축제
전북	김제지평선 축제	무주반딧불 축제		임실N치즈축제	순창장류축제 고창모양성제 완주와일드푸드축제
전남			담양대나무축제 진도신비의바닷길 축제 보성다향대축제	정남진장흥물축제 강진청자축제	영암왕인문화축제
경북	안동탈춤 축제	문경찻사발 축제		봉화은어축제	고령대가야체험축제 영덕대게축제 포항국제불빛축제
경남	진주남강유등축제	산청한방약초축제		통영한산대첩축제	밀양아리랑대축제
제주			제주들불축제		
계	5	3	7	10	21

1. 금산 인삼축제

1) 축제 개요

금산 인삼축제는 전국 최대 규모의 인삼집산지이며 세계 최대 규모의 인삼 · 약초 시장이 있는 충청남도 금산군의 대표적인 향토축제이다. 세계적인 축제로 발돋움하고 있는 금산 인삼축제는 금산인삼관 광장과 인삼약초거리 일원에서 개최되고 있다. 충청남도 금산군 일대에서 1981년부터 매년 개최되어 온 향토 축제의 대명사로 문화체육관광부 지정 최우수 축제(10회)로 자리 잡은 산업형 문화관광축제이다. 금산의 전통 문화와 인삼, 약초, 인간의 마지막 염원인 건강이라는 아이템을 결합, 다른 문화축제에서는 느낄 수 없는 독특한 테마를 가진 축제로 발전하고 있다.

금산 인삼축제는 문화체육관광부 최우수축제 선정을 발판으로 인삼의 세계화 기반조성을 목적으로 하고 있다. 특히 2006 금산 세계인삼엑스포 성공개최의 축적된 노하우와 주민의 역량이 시너지 효과로 발휘되어 인삼축제 발전의 새로운 전환점이 되었다. 인삼축제로 인한 하드웨어 부문의 비약적인 발전으로 인해 해가 거듭될수록 볼거리가 풍성한 축제로 변화하고 있다.

특히 쇼핑의 즐거움과 볼거리, 먹을거리, 체험거리를 하나의 권역으로 묶어 방문객의 자연스러운 흐름을 유도하고 있다. 프로그램도 건강체험 이벤트 등 다양한 이벤트가 실시되며, 금산인삼관, 야생화전시, 건강체험관으로 이뤄진 기획전시 및 체험공간도 인삼축제의 수준에 맞추고 있다. 축제는 개삼제를 시작으로 막이 오른다. 전국인삼왕 선발대회, 전국인삼약초 요리경연대회, 인삼약초 요리 만들어 먹기를 비롯해 전국N세대축제, 은빛한마음축제, 금산인삼 세계화 심포지엄, 금산인삼 틴틴페스타, 어르신 양궁대회, 금산인삼 힐링 콘서트 등 다양한 계층을 충족시키는 각종 이벤트가 개최된다.

2) 축제 기원

우리나라에서 인삼축제가 시작된 것은 일제시대 때 개성시 서부공원에 인삼신사를 건립하고 매년 10월 상달 길일을 택하여 인삼업계 원로가 제주가 되어 제사를 지내면서부터이다. 이때 제등시가 행렬과 밤중의 폭죽행사를 열어 인삼제전의 흥을 더욱 고취시켰다. 금산은 금수강산의 약자로 수려한 경관을 자랑하는 곳이며, 예로부터 백제시대의 농경문화인 인삼재배 기술을 계승 · 발전시켜 온 고장이다. 금산에서도 개성과 같은 공개적인 행사는 아니지만 개인별로 삼장제라 하여 인삼포를 완성하고 인삼의 새싹이 돋아오를 때면 인삼을 재배토록 하여준 산신령에게 감사드리고 인삼밭의 피해를 막아 인삼농사를 풍성하게 되기를 기원하는 제사가 옛날부터 전해져 내려왔다.

금산군에서는 이러한 삼장제를 현대적인 조화로 전승하여 군민축제로 발전시키며 인삼 주산지로써 인삼의 본질과 효능을 규명하여 널리 알리고 인삼 활용방안의 적극적인 모색으로 소비를 창출, 군민 소득증대를 기함은 물론 금산의 전통문화 행사를 정립시키기 위하여 조례를 제정하였다. 관내 유관기관 및 각계 인사를 망라한 금산군 인삼선양위원회가 주관이 되어 1981년 제1회 금산 인삼축제를 개최하여 오늘까지 이르고 있다.

3) 축제의 경제적 파급 효과

2018년 제37회 금산 인삼축제는 관람객 97만 여명, 경제파급효과 988억 원의(1인당 소비지출액, 관광객 수, 경제지수 등 분석) 경제효과를 거둔 성공적인 축제로 주최측은 평가했다. 축제 성공요인으로는 어린이부터 어르신까지 만족하는 체험콘텐츠, 관광객 요구에 맞춘 편의서비스와 민 · 관의 전략적 홍보마케팅, 자원봉사자의 축적된 역량 등을 꼽았다.

2019년 제38회 금산 인삼축제를 찾은 방문객은 98만 7000명으로 지난해와 같은 수준을 기록했다. 경제파급 효과 측면에서는 수삼판매 462억 원, 약초판매 39억 원, 국제인삼교역전 매출 286억 원 등 총 787억 원의 인삼약초 매출 성과를 올린 것으로 집계됐다.

전통적인 방법의 홍보 리플릿 제작 · 배포, 영화관광, 아파트 엘리베이터광고, 전광판광고 등은 물론, 페이스북, 인스타그램 등 SNS 매체를 통한 온라인 홍보와 함께 최근에는 공무원들이 직접 전국을 돌며 금산인삼과 인삼축제를 홍보하기도 했다.

또한, 지역 시민사회단체와 지역 소재 기업들이 중심이 된 민간차원의 홍보활동 역시 활발하게 전개되고 있다. 이러한 홍보활동은 축제의 성공을 견인하고 있다.

4) 축제의 사회 · 문화적 파급 효과

농림부의 자료를 보면 2015년 기준 국내 총 경작면적 129만 5615a(아르) 가운데 인삼 재배 면적이 가장 넓은 곳은 전북 진안으로 7만 7727a에서 경작하고 있다. 반면 금산은 6만 8154a로 진안에 비해 1만a 가량 규모가 적다. 이처럼 금산군은 인삼유통물량의 80%가 거래되는 유통의 핵심지이면서도 국내 최고의 인삼 경작지는 아닌데 전국 최고의 인삼으로 평가받는 이유는 소비촉진을 위해 시작된 **금산 인삼축제**의 영향력이 컸다. 금산 인삼축제를 개최하면서 **인삼=금산**이라는 이미지를 구축하면서 금산 인삼축제는 전국 최고의 우수인삼이라는 브랜드 파워를 가질 수 있게 되었다.

금산 인삼축제는 금산 인삼을 세계에 알리는 중요한 역할을 담당하고 있기도 하다. 축제기간 중 열리는 국제인삼교역전은 해외 바이어가 참가해 우리의 다양한 인삼 제품을 세계에 소개한다. 또한 금산 인삼 세계화 심포지엄을 통해 금산 인삼의 우수성과 우리 생활 속에서 느낄 수 있는 인삼의 가치에 다각적인 조명이 이루어진다.

그림 10-10 금산 인삼축제

2. 강경 젓갈축제

1) 축제 개요

200년 전통을 갖고 있는 강경발효젓갈은 현대인의 입맛에 맞게 저염도 저온처리와 과학적인 숙성방식을 고수하고 있어 전국 제일의 젓갈 명성을 유지하고 있다. 강경 젓갈축제는 2004년부터 문화체육관광부가 지정한 문화관광우수축제로 한 단계 높아진 위상으로 그 규모나 질적인 면에서 그동안의 축제와는 다른 차별화된 축제로

그림 10-11 **강경 젓갈축제**

볼거리, 먹을거리가 풍성한 향토문화축제로 발돋움하고 있다. 강경 발효젓갈의 특징은 모든 재료를 원산지에서 직접 가져와 선조로부터 이어받은 전통비법에 현대화된 시설로 정갈하게 제조되어 전국의 어느 젓갈과도 비교할 수 없는 옛 고유의 참맛을 그대로 간직하고 있다는 것이다.

우리나라 대표적인 산업형 축제로 발전한 강경 젓갈축제는 당초 IMF가 한창이던 1997년 경제극복의 일환으로 지역경제 활성화 및 상인들의 소득증대 취지에서 강경 젓갈상인들의 뜻을 모아 시작한 축제로 해를 거듭할수록 규모가 커져 오늘에 이르고 있다. 단순히 젓갈이 염장식품이라는 개념에서 탈피하여 세계 속의 젓갈, 발효음식이라는 인식을 확고히 다진 결과, 관광객들의 호응도가 훨씬 높아지고 있다.

강경젓갈축제는 발효젓갈전시회, 발효식품 전시관 등을 운영할 뿐만 아니라 "젓갈김치 담아가기", "황석어젓 만들기" 등 체험이벤트, "개막축하공연", "젓갈마당극" 등 문화행사, "전국퓨전 젓갈음식 요리대회", "강나루 불꽃놀이" 등 특별행사, "전국학생 강경포구 사생대회" 등 부대행사 등의 다양한 프로그램은 체험시간 예약제를 실행하여 관광객으로 하여금 시간을 보다 효율적으로 사용할 수 있도록 배려해주고 있다. 그 밖에 젓갈과 지게꾼, 젓갈 담는 아낙네, 각종 젓갈로 만든 전통 밥상을 맛보는 **황산골 선비밥상** 체험 이벤트도 있다.

2) 축제 기원

강경포구는 우리나라 굴지의 내포항으로 서해 해산물과 교역량이 많아 한 세기 동안 영화를 누리던 곳으로 평양, 대구와 함께 전국 3대 시장의 하나였다. 1930년대 최대의 성시를 이룬 강경읍은 내륙 깊숙이 위치한 호중(湖中)의 명항(名港)으로 각종 수산물의 거래가 왕성하였으며, 전국 각처에서 강경의 젓갈을 구입하기 위해 성시를 이루었다.

그러나 호남선 철도의 개통과 육상교통의 발달로 쇠퇴하기 시작하여 옛 명성과 영화를 잃고 소도읍으로 전락되어 희미해져 버린 강경의 명성과 지역상권을 되살리고자 지난 1997년 제1회 강경 젓갈축제를 시발점으로 조그맣게 시작하였으나, 지역경제를 이끌어온 대표적인 문화산업축제로, 문화체육관광부 최우수축제와 우수축제로 꾸준히 선정되며 대한민국 대표 축제의 면모를 각인시키고 있다. 그러나 2019년에는 아프리카 돼지 열병 예방 차원에서 축제를 아쉽게 취소했다.

3) 축제의 경제적 파급 효과

2015년 강경 젓갈축제 개막식에는 3,000여 명의 관광객이 운집하여 강경 발효젓갈축제의 성공적 개최를 축하했으며 체험프로그램에도 많은 관광객이 참여하는 등 축제장의 분위기를 한층 더해 주었다. 4일간의 축제기간 중 53만 명의 관광객이 다녀갔으며 335억 원의 매출액을 기록했다. 1997년 제1회 축제 당시 20여 개에 불과했던 젓갈상회가 2015년 제19회 축제에는 150여 개 업소로 늘어나 성업 중이며 고용효과도 1,000여 명에 달하는 등 괄목할 만한 성장을 이루어냈다. 이는 소득증대 및 지역경제를 활성화하려는 강경 젓갈상인들의 의지와 13년간 논산시가 일관되게 젓갈축제를 지원해 온 노력의 결과이다.

4) 축제의 사회 · 문화적 파급 효과

특히 2007년 강경 발효젓갈 산업특구로 지정되면서 젓갈이 단순히 염장식품이라는 개념을 벗어나 웰빙 건강음식 트렌드와 세계화 전략으로 새롭게 거듭나기 위해 많은 노력을 기울인 결과 5년 연속 국가지정 문화관광 우수축제로 지정되는 등 그 위상이 날로 높아져가고 있다. 전국 최대의 젓갈시장으로 200년 전통의 손맛이 담긴 강경 발효젓갈은 이제 전통비법과 현대화된 시설로 국민의 대표 브랜드로 자리매김하였으며, 세계 속의 대표축제로 나아가기 위한 힘찬 발걸음을 내딛고 있다.

이처럼 강경 젓갈축제는 발효젓갈의 우수성을 국내외 관광객에게 널리 알려 침체하던 강경 젓갈시장의 활성화 및 시민의 소득증대에 기여하는 우리나라의 대표적인 산업형 축제로 자리매김하고 있다.

제4절 세계의 축제 이벤트

전 세계적으로 수많은 축제들이 열리고 있다. 축제는 그 지역의 특성을 나타내고 있으며 역사와도 매우 밀접한 관련을 가지고 있다. 따라서 전 세계에서 가장 유명한 세계축제 또한 그 지역의 역사와 사회 문화 또는 자연환경 등을 가장 잘 대표하고 있는 축제이다. 세계적으로 가장 유명한 축제의 특징과 내용을 살펴보면 다음과 같다.

1. 뮌헨 맥주축제

1) 축제 개요

1년에 한번 씩 **맥주의 도시** 뮌헨은 1,000cc의 맥주잔 속에 잠긴다. 독일에서의 맥주는 1516년 바이에른 왕국 빌헬름 4세 때 발표된 맥주 원료 순수령(세계 최초의 식품 위생법)으로 그 품질이 계속 유지되었으며 국민적 음료로 사랑받아왔고 사육제, 부활절 축제, 종교 행사 등에도 빠질 수 없는 필수품이 되었다. 독일 뮌헨의 **옥토버페스트**는 일명 **가을의 맥주축제**라고 불리우며 세계에서 가장 유명한 맥주축제로 자리 잡았다. 9월이 되면 독일의 뮌헨에서는 전국 최대의 축제가 벌어지는데 200여 년의 전통을 가진 이 축제가 열리는 9월 마지막 토요일부터 축제가 끝나는 10월 첫째 주 일요일 사이에는 해마다 수백만 명의 관광객이 몰려온다. 축제가 시작되면 시내 곳곳에 거대한 천막에서 맥주잔치가 펼쳐진다. 이 기간 중 소비되는 맥주는 약 600만 리터, 닭은 100만 마리, 소시지는 150만 톤이나 되는 세계 제일의 맥주 축제가 되었다.

한꺼번에 수천 명이 들어가는 거대한 맥주 집에서 1,000cc 넘는 호프 잔에 가득 맥주를 담아와 밤늦게까지 술 파티를 벌이는데 **맥주는 술이 아니라 음식일 뿐**인 독일인들도 이날 만큼은 취할 때까지 마신다. 평소에 말없이 무뚝뚝하게만 느껴지던 이들은 맥주 한잔에 이방인들에게 말도 붙이고, 흥겹게 노래를 부른다. 가장 유명한 장소는 호프브로이 하우스이다. 항상 관광객으로 북적대는 이곳의 밤은 노래 소리가 그치지 않으며 밴드는 알펜 민요를 연주하고, 모두가 박자에 맞춰 따라 부르는 것이 이 맥주집의 전통이다. 5,000여 명을 수용할 수 있는 호프브로이 하우스는 축제 기간에는 발 디딜 틈 없이 붐빈다. 히틀러가 주도한 나치스의 본거지였던 뮌헨도 이때만큼은 세계시민들이 함께 모여 술에 취하고, 웃고, 춤추고 노래하며 밤을 보낸다.

그림 10-12 **뮌헨 맥주축제**

2) 축제의 기원

옥토버페스트는 1810년 당시 뮌헨이 속해 있던 바바리아 왕국에서 시작되었다. 바바리아 왕국의 황태자 루드비히와 작센 출신의 테레사 공주와의 결혼을 축하한 경마 모임에서 비롯되어 왕족들이 참가한 이 경마대회가 끝난 후 이날을 바바리안 전체의 경축일로 선언하게 된 것이 옥토버페스트의 시작이 됐다. 루드비히 왕자가 아내를 맞아들이면서 잔치를 열었고 왕국의 시민들은 뮌헨의 성문 앞에 모여 이들의 성혼을 축하했는데 이러한 시민들에게 맥주를 공짜로 내놓았던 것이 유래가 되었다.

옥토버페스트는 원래 승마, 사격, 브라스 밴드, 민속 춤 등의 경기와 말, 소 등의 가축 품평회가 열리는 지방축제였다. 이것이 100여 년의 세월이 흐르면서 맥주 페스티벌로 정착된 것이다. 처음 몇 년 동안에는 별로 흥미로운 행사가 되질 못하다가 해를 거듭하는 동안 경마장과 오락장 부근에는 양조장들이 만든 맥주집이 생겨났고 1818년 처음으로 술을 즐길 수 있는 테이블과 음악이 동원되었다. 그리고 1896년에는 자그마한 맥주집 대신 수백 명을 수용할 수 있는 거대한 맥주텐트가 명물로 등장하면서 본격적인 맥주축제가 시작되었다.

3) 축제의 경제적 효과

1810년 조촐한 지역축제를 기원으로 시작되어 200년 역사를 자랑하는 이 축제에는 매년 500만 명 이상의 관광객이 몰린다. 이 가운데 10% 정도는 인근 유럽국가는 물론 전 세계에서 축제를 즐기기 위해 찾아온 외국인 관광객으로 외화수입에 큰 기여를 하고 있다. 9월 셋째 토요일부터 10월 첫째 일요일까지 16일간 뮌헨의 테레지엔비제 광장에서 열리는 옥토버페스트는 뮌헨시를 맥주와 춤과 노래로 물결치게 만든다. 축제 기간에 관광객들은 600만ℓ 가 넘는 맥주를 마시며, 안주로 소 7만 마리 가량, 닭 100만 마리 이상을 포함해 많은 양의 돼지고기와 소시지를 소비하는 등 축제로 인한 경제적 효과는 한화로 약 1,650억 원에 이른다고 한다.

매년 9월 말부터 10월 초까지 16일간 열리는 옥토버페스트에는 50여 개국에서

600만여 명이 찾아 700만 여ℓ 의 맥주, 닭 50만 마리와 소시지 25만 개가 요리로 소비된다.

4) 축제의 정치적 효과

옥토버페스트는 지방자치를 굳건히 하는 외적 토대역할을 하고 있다. 독일의 작은 마을의 축제에 불과했던 옥토버페스트가 세계적인 축제로 자리 잡은 데는 바이에른의 유별난 면이 톡톡한 역할을 했다. 바이에른 지방은 독일이면서도 언어, 기질, 문화적 전통, 종교 등이 북부와 확연히 차별된다. 바이에른은 자신들을 소개할 때도 자유국가라면서 자존심 세고 콧대 높다는 것을 은근히 과시한다. 첨단산업에 문화의 풍요로움으로 그야말로 풍요를 구가하는 독일에서 가장 잘사는 주가 되었다.

또한 옥토버페스트에서도 정치인들은 단골손님인데 정치인들은 소뿔 단추를 단 바이에른 전통 복장을 하고 나와 시민들과 일체감을 과시하는 옥토버페스트에 참석함으로써 시민들에게 자신의 위치를 각인시키는 좋은 기회로 활용하고 있다.

5) 축제의 사회적 효과

독일인들의 행동은 시계태엽처럼 스케줄에 짜여진 스타일이다. 정해진 규칙과 원칙에 마치 조종당하는 것 같은 것이 평상시의 생활이라면, 옥토버페스트는 그러한 틀에서 잠시 벗어나 풀어나가는 마당이라고 볼 수 있다. 오직 옥토버페스트만이 그런 것은 아니지만 맥주는 독일인들의 중요한 사회적 기능을 담당하고 있다. 맥주 한잔 놓고 그리도 재미있게 평소에 안 하던 재롱도 떨며 뒤뚱거리는 광경은 독일인들의 분명 다른 측면이다. 밤이 깊어지면서 옥토버페스트도 절정에 다다르고 손님들은 어깨동무를 하며 자연스럽게 한패가 된다. 그리고 딱딱한 가사의 노래가 터져 나온다. 이러한 모습에서 단합하는 독일인의 모습을 볼 수 있다. 모래알 같지만 합쳐야 하는 순간이 오면 그렇게 자연스럽게 하나가 된다. 뮌헨 맥주축제는 독일인들의 생활을 엿볼 수 있는 한 마당이다. 10월 뮌헨 축제는 한 고을의 전통 축제를 넘어서서 하나의 제도로 자리 잡은 것이다. 이렇듯 옥토버페스트는 그 자체가 하나의 거대한 분출구로서의 사회적 기능을 한다고 볼 수 있다.

2. 삿포로 눈축제

1) 축제 개요

삿포로는 웅장한 자연이 원시 그대로 살아 숨 쉬는 홋카이도의 일본 최북단에 있는 섬으로 다른 지방에 비해 유난히 겨울이 길고 추우며 눈이 많이 내리는 지역이다. 삿포로는 일본에서 가장 추운 지역으로 1, 2월 평균기온은 영하 3.8도이고 3일에 한 번꼴로 눈이 내려 연중 평균 강설량이 496㎝에 이른다. 이런 지역적인 특수성에서 비롯된 삿포로의 **눈축제**(雪祭 : Yuki Mastsuri)는 세계적으로 유명하다. 1950년에 시작된 유키마쯔리는 해마다 2월 5일에서 11일까지 1주일 동안 열린다.

매년 2백만 명 이상의 관광객들이 몰리는 축제 기간에는 국제 눈 조각 콩쿠르를 비롯하여 미스 유키마쯔리 선발대회, 패션쇼, 스키대회, 레이저 광선쇼 등이 다양하게 펼쳐진다. 10월에 눈이 내리기 시작해서 이듬해 4월까지 눈이 내린다. 이러한 기후 조건으로 1972년 동계올림픽과 1990년 동계 아시안게임이 개최된 지역이다. 삿포로는 눈과는 뗄 수 없는 지정학적인 위치를 가지고 있으며 이것을 가장 잘 나타나는 것이 바로 삿포로 눈축제이다.

삿포로의 눈축제는 1950년 이 지역의 고교생들이 6개의 설상을 오도리 공원에 설치한 것을 계기로 시작되었으며 삿포로 관광협회 사무국장이 이러한 아이디어를 시의 상공과, 교육과, 백화점 등에 건의하여 시작되었다. 지역 중 · 고등학생들이 참가해 눈 조각상을 만들고, 스퀘어 댄스, 가요무대, 야외 영화제, 불꽃놀이 등을 벌여 삿포로시의 인구가 31만 3천 명에 불과했던 시절, 삿포로 인구의 1/6에 해당하는 인구 5만이 이 행사에 방문하는 성과를 거두었다. 이후부터 삿포로 눈축제는 해가 지날수록 행사의 규모도 커지고 짜임새도 갖추어 나가게 되었다.

행사가 계속 진행되면서 1955년 6번째 행사가 진행될 무렵, 근처에 주둔하고 있는 자위대가 행사에 참여하게 되고 자위대가 눈 조각상을 만들어 진열하게 되었다. 이로 인해 행사의 규모가 커지고 지역주민의 반응도 커짐에 따라, 10회 때에는 눈축제 실행위원회가 설치되는 등 조직운영이 체계를 갖추게 되었다. 또한 10회 때부터는 일본항공사 측이 홋카이도를 제외한 일본 전 지역의 국내 유력한 여행사들을 삿포로 눈축제에 초청하여 관람하도록 하고, 눈축제의 여행 상품화를 독려하여 삿포로 눈축제 패키지 상품을 만들 수 있는 계기를 마련하기도 하였다.

삿포로 눈축제가 열리는 주요 장소는 오도리공원과 마코마나이 군주둔지, 그리고 스스키노 거리에서 행해진다. 축제에 사용되는 눈의 양은 5톤 트럭으로 약 7,700대분에 이르는 엄청난 양으로 눈은 육상 자위대에서 수송을 담당하고 있으며, 일본의 여러 사회단체에서도 분담하여 축제를 후원하고 있다.

축제가 열리기 하루 전에 장애인이나 노인들을 위하여 전시장을 개방하여 천천히 눈 조각상을 볼 수 있게 해주며, 국제 눈 조각상 콩쿠르 대회가 열려 눈이 많이 내리는 나라에서부터 전혀 눈을 볼 수 없는 나라에 이르기까지 많은 나라에서 참여하여 실력을 뽐낸다. 축제 기간에는 삿포로의 메인 스트리트인 오도리, 스스키노, 나카지마공원은 기묘한 눈조각상으로 뒤덮이고, 밤하늘을 수놓은 전등장식과 붐비는 인파로 불야성을 이룬다. 삿포로 눈축제에서는 격렬하게 춤추고 노래하며, 술에 취해 난동을 부리는 일 등은 벌이지 않는다. 다만, 가까운 사람끼리 몰려다니며 거대한 눈조각상을 들여다보거나 흥미 있는 행사에 참여한다.

그림 10-13 **삿포로 눈축제**

2) 축제 개최 효과

매년 20~30%씩 증가하던 외국인 관광객 수가 2008년 하반기 전 세계적인 경제 위기 이후 전년 수준을 유지하는데 그쳤으며, 최대 방문국인 대만과 한국의 2008년 방문객 수는 오히려 감소했다.

삿포로 시에 따르면 2015년도 축제기간 중 외국인 방문객은 75만 2천81명으로 전년도(55만 9천272명)에 비해 34.5% 증가했지만, 2015년도의 경우는 76만 6천854명으로 2.0% 증가하는데 그쳤다. 최근 관광객 수가 다소 줄어들고는 있지만 여전히 삿포로 눈축제는 세계의 3대 축제로 경제적 파급효과는 매우 크다. 호텔, 여행사 등의 지역 관광관련 산업의 발전에 크게 기여하였고, 홋카이도 관광객 유치에 눈축제가 크게 기여함으로서 삿포로의 주요한 관광자원뿐만 아니라, 관광도시로서의 이미지를 형성하는데 크게 기여하였다.

3. 리우 카니발 축제

1) 축제 개요

브라질을 가장 요란하게 하는 것은 단연 삼바 카니발과 축구다. 카니발은 유럽이나 남북 아메리카, 가톨릭 권의 숱한 도시에서 매년 경축되는 사순절 전의 마지막 요란스런 의식이다. 카니발의 어원은 라틴어인 carne levamen(살코기를 끊는다는 뜻)으로 닥쳐올 금육 기간에 앞서 영양을 보충하기 위해 마음껏 먹고 마시자는 취지에서 출발한 것이다.

역사적으로 볼 때 카니발은 유럽 전통과 아프리카 전통의 장기간에 걸친 혼합에서 생겨났다. 초기의 포르투갈 식민자들은 엔트루도라고 하는 소박한 사순절 전의 축제를 유럽에서 가지고 들어왔다. 한편 브라질의 아프리카인 노예들은 고국의 율동적인 타악기의 연주와 부족 춤을 바탕으로 독자적인 카니발을 발전시켰다. 이 둘의 결합으로 20세기 초엽에는 오늘날 카니발의 축제 양식이 확립되었다.

처음 브라질에 도착한 카니발은 무질서한 포르투갈 엔트루도(entrudo, 사육제)의

형태를 그대로 따랐다. 사람들은 거리로 뛰어나와 서로에게 진흙을 던지거나 오물을 끼얹고 밀가루를 반죽하여 만든 공을 날리는 등 소란을 피우기도 하였는데 17세기 포르투갈 식민자들에 의해 브라질 북동부 바이아 지방에 도입된 이 전통은 식민시대와 이후 군주시대에 걸쳐 계속 이어졌다. 한편 사탕수수산업이 융성하면서 아프리카에서 브라질에 온 흑인노예가 전한 아프리카 기원의 갖가지 음악과 춤이 유입되었는데 그 중 하나로 바투케(batuque)가 있다.

유럽의 고급문화를 본 딴 변화도 꾀해 카니발 최초의 가면무도회가 1840년 리우에서 열려 왈츠와 폴카를 포함한 다양한 음악을 선보이기도 했으나 결정적인 새로운 변화는 1848년 거리의 한 젊은 포르투갈인 구두닦이 Jose Nogueira Paredes가 카니발 퍼레이드에 참가하여 커다란 베이스드럼을 치면서 부터이다. 이후 수많은 축제 참가자들이 드럼을 치고 노래를 부르며 거리를 메우기 시작하였다. 1850년 흔히 sociedade로 불리는 귀족집단의 후원을 받아 말, 군악대, 장식행렬이 등장하여 경쟁적으로 거리를 행진하는 최초의 유럽식 퍼레이드가 열렸다. 이즈음 질서정연한 퍼레이드에 지루함을 느낀 값비싼 가면무도회 티켓을 살 수 없는 리우의 가난한 서민들은 남성으로만 구성된 cordoes를 조직하여 아프리카리듬을 따라 요란스럽게 거리축제를 벌이기 시작하였다. 이러한 아프로브라질(Afro Brasil) 영향은 1870년 이후 리우데자네이루주 북부 커피경제의 위축으로 많은 노예들이 일을 찾아 주도인 리우로 몰려들면서 더욱 커져갔다.

브라질의 리우데자네이루에서 펼쳐지는 **리우 카니발**은 **삼바 카니발**이라고 할 정도로 화려한 의상과 음악 그리고 춤의 한판 축제이다. 전 세계에서 이 **삼바 대축제**를 보고자 수많은 관광객들이 모여들어 축제에 참가하고 또한 이를 배워 돌아갈 정도로 유명한 댄스가 바로 브라질의 유일한 민속무용인 삼바춤이다. 카니발의 양식이 확립되고 축제다운 축제의 흥을 돋우기 위해 1910년대에 새로운 세대의 요구로 삼바리듬이 생겨났다.

카니발은 시대에 따라 브라질 특유의 삼바리듬을 형성했고, 그 시대를 반영하는 풍자의 도구이기도 하고, 때로는 민중적 유머가 분출하는 놀이도 되고, 때로는 종교적 면모를 갖춘 의식이 되기도 한다. 토요일 오후, 카니발의 왕이 개막을 선언하고 축

그림 10-14 **리우 카니발**

제를 시작한다. 온갖 종류의 다양한 규모를 가진 카니발 그룹이 거리로 쏟아져 나온다. 카니발의 꽃이라 할 수 있는 삼바댄서들의 퍼레이드를 위해 단을 이루도록 설계된 거리가 있는데 그것이 바로 삼바드로모(Sambadrome)이다. 총 6만 명을 수용할 수 있는 삼바드로모에서는 최고의 삼바팀들이 제각각 재주를 뽐내며 매일 밤 9시간 동안 경연대회가 지속된다.

카니발 퍼레이드의 핵심 중의 핵심은 타악기를 연주하는 대규모 밴드인 바테리아로 삼바춤의 축제인 만큼 음악이 퍼레이드를 지휘한다. 바테리아가 지나가면 관중은 일제히 일어서고 관람석에서도 삼바를 추기 시작한다. 그 뜨거운 열기에는 구경만 하려던 사람도 자기도 모르게 끌려 들어가서 남들과 함께 춤을 추기 시작한다. 화려함의 극치와 광란에 가까운 삼바춤, 관능적인 초미니 의상의 퍼레이드는 끝없이 열기를 내뿜는데 밤이라 해도 기온이 높기에 열사병으로 쓰러지는 사람들도 있다. 이렇게 파티는 나흘 동안 계속된다.

삼바 퍼레이드의 규모는 어마어마하다. 하나의 그룹마다 삼바춤을 추는 사람을 약 4,000명씩 동원하고 각종 행렬 마차엔 국내 유명 가수, 배우, 모델 등을 태우고 300여 명의 민속 악단을 동참시킨다. 카니발이 시작되기 몇 개월 전부터 브라질에는 실리콘 겔의 품귀현상도 일어난다. 노출이 많은 삼바의상을 입기 위해 많은 여성들이 성형수술을 하기 때문이다. 삼바학교에, 성형수술에, 일 년간의 준비, 축제에 열광하는 브라질인들의 열기를 충분히 짐작할 수 있다. 매년 삼바학교들이 이 퍼레이드를 위해 쓰는 돈만 해도 몇 백만 달러에 이르고, 리우데자네이루 시청은 노천 카니발 춤

판 후원과 14개 주요 삼바학교에 대한 보조금을 지급하기도 한다. 그들이 흔히 자랑하듯 이 퍼레이드는 **지상 최대의 쇼**이다.

3박 4일간 쉬지 않고 계속되는 축제에 지쳐 목숨을 잃는 사람이 해마다 200~300명이나 된다고 한다. 하지만 브라질 리우 카니발 축제는 원시시대의 자유로움을 실컷 즐기는 곳, 열정의 도시 리오에서 열리는 리우 카니발은 지구 반대편의 우리에게는 상당한 충격이 아닐 수 없다.

지금의 삼바는 브라질을 대표하는 문화로 자리 잡고 있지만, 브라질 사람들에겐 아직도 삼바는 현실의 고통을 잊게 해주는 치료제로 쓰이기도 한다. 브라질인들 중 4천만 이상이 영양실조로 고통받고 있고, 2천5백만이 빈민촌에서 거주하고 있으며, 천2백만의 버려진 아이들이 배고픔에 허덕이고 있다. 이렇게 양과 음이 분명하게 구분되어 있지만 일 년에 단 한 번 리우 카니발이 열리는 기간에는 이들도 모두 한마음으로 이 축제를 즐긴다. 그리고 지난 한 해의 지겨웠던 고통을 잊는다. 이들에게 삼바는 곧 마음의 안식이자 평화인 것이다.

2) 축제 개최 효과

리우 카니발의 경제적 파급효과는 엄청나다. 브라질 호텔업협회(ABIH)는 리우 · 상파울루 · 살바도르 등 3개 도시에서만 카니발 축제 관련 매출이 32억 달러(약 3조 5천억 원)을 웃돌고, 32만 5000여 명의 고용을 창출할 것으로 본다. 리우와 살바도르의 호텔은 카니발 전후로 호텔 예약률이 100%에 이른다. 브라질 카니발은 단순한 축제를 뛰어넘어 엄청난 경제적 효과를 가져오는 것으로 평가되고 있다. 관광명소인 리우와 살바도르의 경우 호텔과 쇼핑센터, 음식점, 관광상품 판매점 등이 카니발 대목 효과를 톡톡히 누린다.

리우시의 경우는 2015년 카니발에 92여만 명의 관광객이 다녀가면서 관련업계의 매출액이 8억 달러 수준에 달한 것으로 나타났고 상파울루시 역시 리우나 살바도르에는 미치지 못했지만 상당한 규모의 매출액을 기록한 것으로 알려졌다. 이와 함께 삼바학교의 카니발 퍼레이드에는 광고 효과를 노린 업체들의 대규모 협찬이 따른다.

카니발을 전후해 브라질에서 여름휴가를 즐기려는 경우까지 감안하면 경제적인 파급효과는 엄청날 것으로 평가되고 있다.

4. 에든버러 페스티벌

1) 축제 개요

영국 스코틀랜드의 에든버러는 매년 8월만 되면 축제 분위기에 흠뻑 빠져든다. 이곳의 별명은 **축제의 도시**다. 이곳에서는 한 달 동안 쉬지 않고 각종 축제가 벌어진다. 어린이축제, 과학축제, 범선축제 등 이 중에서 **에든버러 국제축제**는 이들 축제의 백미요, 전 세계 유명 예술인들이 모여 한 여름을 화려하게 장식하는 세계적으로 가장 성대한 국제축제이다. 축제기간 중에는 연극, 무용, 오페라, 오케스트라, 미술품 전시, 등불행렬, 거리공연 등 매일 5백 개가 넘는 공연이 개최된다. 이처럼 **에든버러 페스티벌**은 세계의 유명 · 무명 예술인들이 가장 서보고 싶은 공연 축제로 유명하다. 실제로 영국 최고 여배우 **엠마 톰슨**과 미스터 빈으로 유명한 로완 앳킨슨도 무명에서 스타로 발돋움하게 된 것이 에든버러 페스티벌을 통해서다. 세계의 유명한 극작가, 코미디언, 배우, 시인 등을 만날 수 있는 기회 또한 에든버러 페스티벌에서 얻을 수 있다.

에든버러 국제 페스티벌의 기원은 1947년으로 제2차 세계대전의 상처와 그림자가 유럽 전역을 무겁게 덮고 있던 시기에 **예술을 통한 인류의 상호협동과 이해**를 목적으로 글린데본 오페라단의 행정관이던 루돌프 빙(Rudolf Bing)을 포함하는 몇몇 뜻있는 사람들에 의해 시작되었다. 그때 나온 아이디어가 바로 축제였고 이는 유럽 대륙에서도 호응을 받아 몇몇 도시에서 참가를 알려오기 시작하며 발전했다.

기네스북에도 세계 최고의 예술 축제로 기록되어 있는 에든버러 페스티벌은1947년에 시작하여 그 역사가 70년을 넘고 있다. 에든버러 페스티벌은 영국의 약 650가지의 예술문화 축제 중 영국의 문화를 대표하며, 규모와 수준에 있어서 최고를 자랑하고 있다. 또한 에든버러는 세계 각처에서 몰려오는 유명한 전문 음악인, 연극인, 오페라 등으로 문화 활동의 중심지가 되어, 참신한 신진 작가들의 연극, 음악작품들이

그림 10-15 에든버러 페스티벌

런던이나 세계의 다른 수도로 진출하기 전에 기회의 장이 된다. 에든버러에서는 전 세계의 유명한 오케스트라, 오페라, 발레단 등 고전부터 현대에 이르는 다양한 예술이 존재한다. 군악행진, 영화, 재즈, 공연 등 각종 행사들 또한 메인축제와 함께 벌어진다.

에든버러 프린지 페스티벌은 에든버러 시내 길거리에서 열리는 각종 공연을 일컫는 것으로, 1회 축제 때 초대되지 않은 6개 공연집단이 시의 외곽에서 공연을 한 것이 그 시초이다. 실내에서 열리는 메인 축제와 달리 자유롭고 편하게 즐길 수 있는데다 소재도 다양해 오히려 주행사보다 더 인기가 있다.

실내공연과 거리가 예술가들에 의해 점령당하는 동안 도시를 굽어보는 에든버러 고성에서는 영국 왕실 병사들의 장중한 군악과 화려한 조명 속에서 행진을 펼친다. 늘 관광객으로 붐비던 고성은 병사들이 발소리와 하늘로 울려 퍼지는 군악으로 가득 차고, 이때만은 관광객들도 숨을 죽인다. 이렇게 시끌벅적한 축제분위기는 당연히 에딘버러 관광수입과 직결 되고 있다.

에든버러 국제 페스티벌은 영화, 시사풍자극, 미술, 거리공연, 재즈, 가장행렬, 파이프 공연단, 도서 및 건축물 전시회 등 초기의 색깔보다 다채롭게 변모되었다. 더불어 축제 속의 축제(festival within the festival)인 에든버러 국제 페스티벌 프린지(Edinbrugh Festival Fringe)가 진가를 발휘하면서 수백 개의 쇼, 콘서트, 전시회가 조그마한 극장과 홀, 거리와 광장을 가득 메워 도시 전역이 축제 무드에 휩싸이게 되었다. 특히 한국의 공연 뮤지컬 점프(Jump)는 2년 연속 박스 오피스 1위를 차지하고

그림 10-16 **점프**

매회 매진을 기록하는 등 프린지 페스티벌의 가장 유명한 공연이다. 뮤지컬 점프는 태권도, 태껸 등 우리나라 전통 무예를 기반으로 액션과 댄스, 기계체조가 절묘하게 결합된 마샬아츠 퍼포먼스(Martial Arts Performance)로 비언어(nonverbal) 뮤지컬이다.

2) 경제 효과

에든버러 페스티벌 최초의 축제 사무국은 축제에 참가하는 공연단체들 사이에서 선발되었으며 시간이 흐름에 따라 차츰 축제의 통일적인 정체성이 서서히 형성되기 시작하였다.축제 기간 중 에든버러 인구의 20배에 가까운 1,100만 명의 방문객들이 방문한다. 공식 초청장 없이도 극장, 콘서트홀, 학교 등 200여 개 장소에서 2,200여 개의 작품이 무대에 오른다. 에든버러의 장점은 진입장벽 없이 무한경쟁할 수 있는 공연계의 장을 마련한다는 점이다. 2015년 185만 9235장의 티켓을 팔아 관람료 수입만 2000만 파운드(370억 원)를 남겼다. 부가적 수입은 더 크다. 관람객의 공연, 관람, 숙식, 쇼핑 등 파생효과는 4억 파운드(7500억 원)로 추산된다. 하지만 축제예산은 150만 파운드(30억 원)에 불과하다.

2019 에든버러 페스티벌은 전 세계 63개국에서 모여든 3,841개 공연팀이 323개 공연장에서 총 59,600회의 공연을 상연하며 기네스북 자체 기록을 다시 한 번 갱신했다.

11

국제회의 이벤트

제1절 국제회의의 개요
제2절 국제회의의 운영
제3절 국제회의의 사례

Event Management

이벤트 경영론

제11장

국제회의 이벤트

제1절 국제회의 개요

1. 국제회의 개념

국제회의란 통상적으로 공인된 단체가 정기적으로 주최하고 3개국 이상의 대표가 참가하는 회의를 말한다. 회의의 내용은 국가 간의 학술, 교육, 문화, 정치, 경제 등 그 종류가 매우 다양하게 이루어진다. 국제회의를 영어로는 Convention이라고 하며 컨벤션(convention)의 어원을 보면, con은 라틴어 cum(=together 또는 함께)이며 vene는 라틴어의 venire(=to come)의 합성어로 convention이란(회의와 모임을 위해) **함께 와서 모이고 참석하다**는 의미가 된다. 그러나 국제회의와 관련한 개념은 국가 또는 기구마다 서로 다르게 정의하고 있으며 이에 대한 기준을 보면 다음과 같다.

1) 국내의 국제회의 정의

안종윤은 관광용어사전(1985)에서 국제회의를 **대부분 많은 사업가 또는 전문 직업인이 참가하는 회의를 말하며 미국 이외의 나라에서는 컨그레스(congress)라는 용어가 흔히 쓰인다**고 정의하였다. 한국관광공사는 **국제기구 본부에서 주최하거나 국내 단체가 주관하는 회의 가운데 참가국 3개국 이상, 외국인 참가자 10명 이상,**

회의기간이 1일 이상인 회의라고 정의하고 있으며 정부가 1996년에 제정한「국제회의 산업육성에 관한 법률」제2조 1항에 의하면 국제회의라 함은 **상당수의 외국인이 참가하는 회의(세미나, 토론회, 전시회 등을 포함한다)로써 대통령령이 정하는 종류와 규모에 해당하는 것**으로 첫째, 국제기구 또는 국제기구에 가입한 기관 또는 법인 · 단체가 개최하는 회의로써 당해 회의에 5개국 이상의 외국인이 참가하거나 회의 참가자가 300인 이상이고 그 중 외국인이 100인 이상일 경우 그리고 3일 이상 진행되는 회의이며, 둘째 국제기구에 가입하지 아니한 기관 또는 법인 · 단체가 개최하는 회의로 회의참가자 중 외국인이 150인 이상이며 2일 이상 진행되는 회의라고 정의하고 있다.

표 11-1 국내의 국제회의 정의

학자/기관	정 의	
안종윤	대부분 많은 사업가 또는 전문 직업인이 참가하는 회의	
한국관광공사	국제기구 본부에서 주최하거나 국내 단체가 주관하는 회의 가운데 참가국 3개국 이상, 외국인 참가자 10명 이상, 회의 기간이 1일 이상인 회의	
문화체육관광부	국제기구 또는 국제기구에 가입한 기관 또는 법인 · 단체	당해 회의에 5개국 이상의 외국인이 참가할 것 회의 참가자가 300인 이상이고 그 중 외국인이 100인 이상일 것 3일 이상 진행되는 회의일 것
	국제기구에 가입하지 아니한 기관 또는 법인 · 단체	회의 참자가 중 외국인이 150인 이상일 것 2일 이상 진행되는 회의일 것

2) 국외 기관의 정의

국제협회연합(Union of International Associations, UIA)은 국제회의의 기준을 국제기구가 주최하거나 후원하는 회의 또는 국내단체가 주최하는 회의 가운데 참가국 5개국 이상, 전체 참가자 300명 이상, 전체 참가자 중 외국인 비율이 40% 이상, 회의기간이 3일 이상 등의 4가지 기준을 만족시키면 국제회의로 인정하고 있다. 국제회의전문협회(ICCA)는 4개국, 100명 이상이 참가하는 규모를 국제회의라고 정의하며 국제회의는 사전에 계획된 모임으로써 최소 6시간 이상, 최소 25명 이상이 참석하여 정해진 순서에 따라 진행되는 모임이라고 정의하였다. 아시아국제회의뷰로(ACCVB)는 공인된 단체나 법인이 주최하는 단체회의, 학술 심포지엄, 기업회의, 전시박람회, 인센티브 관광 등 다양한 형태의 모임에 전체 참가자 중 외국인 10% 이상이고 방문객이 1박 이상을 상업적 숙박시설을 이용하는 행사를 국제회의라고 정의하고 있다.

표 11-2 국외의 국제회의 정의

학자/기관	정 의
국제협회연합(UIA)	국제기구가 주최하거나 후원하는 회의 국내단체가 주최하는 회의 가운데 참가국 5개국 이상 전체 참가자 300명 이상 전체 참가자 중 외국인 비율이 40% 이상 회의기간이 3일 이상
국제회의 전문협회(ICCA)	4개국 100명 이상이 참가하는 규모 최소 6시간 이상, 최소 25명 이상이 참석
아시아국제회의뷰로(ACCVB)	외국인 10% 이상 방문객이 1박 이상 상업적 숙박시설을 이용

2. 국제회의 종류

회의 이벤트는 주최 측의 의도에 따라 규모별, 개최조직별, 회의주제별, 참가대상별로 다양하게 분류될 수 있으며 일반적으로 어떤 문제에 대해 상호 의견교환을 통해 해결 또는 개선방안을 모색하기 위하여 의사소통(communication)의 기회를 마련하는 것이므로 회의개최의 취지에 따라 다양한 형태로 운영할 수 있다. 이경모(2002)는 이를 규모별, 개최조직별, 개최지역별, 회의주제별로 분류하고 이를 [그림 11-1]과 같이 세부적으로 구분하였다.

회의의 진행방식은 의사전달방법에 따라 다양하게 나타난다. 회의는 상호 간의 의사를 전달하는 것을 원칙으로 한다. 이러한 회의 의사전달방법은 회칙 또는 의사진행 규정에 따라 회의를 진행하는 일방의사전달(one way communication) 방법과 비교적 소수인원이 상호 의견교환, 토론을 벌이는 상호의사전달(two way communication) 방법이 있다. 일방의사전달 방법은 개회식 또는 폐회식 시 다수의 회의참석자들을 대상으로 행사진행 측이 의도하는 방향으로 유도하기 좋으나, 상호 의견교환의 결여로 의사전달이 용이하지 않다. 반면에 상호 의사전달 방법은 소규모 토론회, 세미나 등 소수인원이 참석하는 회의에서 상호 의견교환을 통해 정확한 의사전달을 기할 수 있으나 진행시간이 오래 걸리는 것이 단점이다.

그림 11-1 **회의 이벤트 분류**

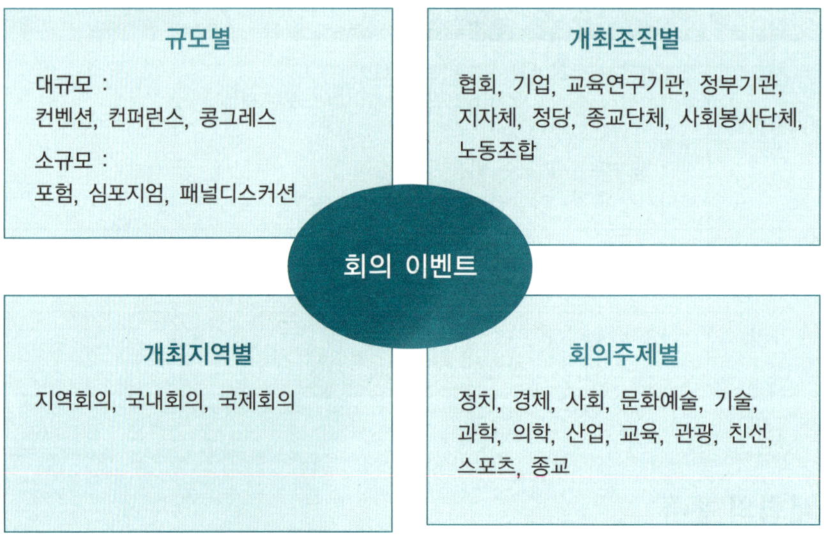

자료 : 이경모, 2002 : 352

일반적으로 회의를 대표하는 말로 미팅이라는 용어가 사용된다. 그러나 이러한 회의를 참가자의 수, 프레젠테이션의 유형, 참가 청중의 수, 회의의 형식에 따라 컨벤션, 컨퍼런스, 포럼, 세미나, 워크숍, 전시회(교역전시회), 패널 토의 등으로 다음과 같이 분류할 수 있다.

1) 컨벤션(convention)

컨벤션은 회의 분야에서 가장 일반적으로 쓰이는 용어로 회의분야에서 가장 보편적으로 사용된다. 대회의장에서 개최되는 일반 단체회의를 말하며, 그 뒤에 소규모의 브레이크 아웃 룸(break out room)에서는 위원회를 열기도 한다. 브레이크 아웃(break out)이란 대규모의 단체가 몇 개의 작은 소그룹으로 나누어질 때 사용되는 용어이다. 컨벤션은 기업이나 집단의 참가자들이 새로운 정보를 교환하고 새로운 지식의 습득을 주목적으로 개최되며 개최형태는 정기집회의 형태로 많이 이루어지고 보통은 연례적으로 개최된다. 그리고 최소한 3일간의 회합을 갖는 것이 특징이며, 참가자는 100명에서 3,000명 이상이 되기도 한다. 또한 기업의 시장조사 보고, 신상품 소개, 세부전략 수립 등 정보전달을 주목적으로 하는 정기집회에 많이 사용되며 전시회를 수반하는 경우가 많다.

그림 11-2 **부산 해양금융 컨벤션**

2) 컨퍼런스(conference)

컨벤션과 유사한 의미로 사용되지만 보통 컨벤션에 비해 회의진행상 토론회가 많이 열리고 회의참가자들에게 토론 참여기회도 많이 주어지는 회의에 사용되는 용어이다. 컨벤션은 주로 산업이나 무역에 관련되는 회의를 주제로 다루는 업계의 정기회의에 자주 사용되는 반면, 컨퍼런스는 주로 과학, 기술, 학문분야의 새로운 지식 습득 및 특정 문제점 연구를 위한 회의에 사용된다. 따라서 컨퍼런스의 참여자들은 대부분 전원의 참여와 협의 토론을 필요로 하며 현안을 토의하고 각자의 생각을 교환함으로써 참여자들이 만족할 만한 결론을 이끌어야 한다.

그림 11-3 2019 경제발전경험공유사업(KSP) 성과공유 컨퍼런스

3) 콩그레스(congress)

컨벤션이나 컨퍼런스와 매우 유사한 용어이며 종종 과학 계통 또는 의학 계통에서 많이 사용된다. 이 용어는 유럽에서 국제회의를 지칭하는 것으로 일반적으로 사용되고 있으며, 유럽이나 일정 지역에서는 국제회의와 동일한 의미로 쓰인다.

그림 11-4 모바일 월드 콩그레스

4) 세미나(seminar)

세미나는 주로 교육목적을 위한 회의로써 대면토의로 진행되는 비형식적 모임이

다. 30명 이하의 참가자가 어느 1인의 주도하에 특정분야에 대한 각자의 경험과 지식을 발표하고 토론하며 대부분의 세미나는 매우 특정한 주제를 다루며 그 분야에서 인정받는 전문가에 의해 진행된다. 또한 전문가의 발표뿐 아니라 객석 참가자들의 질문과 토론이 이루어지기도 한다.

5) 포럼(forum)

포럼은 공통된 관심사를 가진 상반된 견해의 전문가들이 사회자의 주도하에 청중 앞에서 벌이는 공개토론회로 청중들이 자유롭게 질의에 참여할 뿐 아니라 자유로운 토론참여도 보장한다. 사회자는 회의진행을 이끌면서 회의의 토론사항을 요약하고 설명하거나 회의를 주재하기 때문에 그 역할이 매우 중요하다.

그림 11-5 **평화경제 국제포럼**

6) 심포지엄(symposium)

심포지엄은 포럼과 비슷한 형태이나 포럼에 비해 공식적이고 형식적이다. 심포지엄은 포럼과 같이 제시된 안건에 대해 전문가들이 청중 앞에서 벌이며 청중들은 질의를 하지만 발표자와 청중 간의 토론이 자유롭지는 않으며, 청중의 질의기회도 적게 주어진다.

7) 강연(lecture)

강연은 어느 한 전문가의 강단에서 청중들에게 개별적인 발표 또는 연설을 하는 것을 말하며 심포지엄보다 더욱 형식적이며 가끔 질의응답 시간이 주어지기도 한다.

8) 패널 토의(panel discussion)

2명 또는 그 이상의 발표자를 초청하여 서로 다른 분야의 전문가적 견해를 발표하는 공개토론회로 각각 다양한 전문분야의 지식과 관점을 듣는다. 패널리스트 및 청중 상호 간의 토의는 자유롭고, 사회자가 토론을 이끌어가며, 큰 규모의 회의에서 부분적으로 활용하는 회의이다. 일단의 전문가들이 사회자의 주관하에 차례로 견해를 제시하는 회의로 청중도 자신의 의견을 발표할 수 있다.

그림 11-6 **패널 토의**

9) 워크숍(workshop)

워크숍은 훈련목적 회의로 특정한 주제관련 기술 및 지식을 개발시킬 목적으로 트레이너나 발표자에 의해서 진행되는데 특정분야에 관련된 사람들이 문제나 상황을 해결하기 위해 모인다. 또한 참가자들은 보통 직접 경험 또는 체험의 기회를 갖게 됨으로써 관련된 기술습득이나 문제해결에 참여하게 된다. 워크숍은 30~35명 정도의 인원이 참가하는 훈련목적의 소규모 회의로 특정문제나 과제에 관한 아이디어, 지식, 기술, 통찰방법 등을 서로 교환한다.

그림 11-7 **워크숍 모습**

10) 클리닉(clinic)

클리닉은 구체적인 문제점을 분석하거나 이를 해결하기 위해 소그룹별로 특별한 기술을 훈련하고 교육하는 모임이다. 클리닉 참가자들의 구체적인 문제점을 분석하고 이에 대한 해결점을 제시하여 참가자들에게 특정한 분야를 향상시킬 수 있도록 명확한 방법을 제시하는 것이 클리닉의 특징이라 할 수 있다. 예를 들면 운동 클리닉, 심리 클리닉, 건강 클리닉 등이 있다.

그림 11-8 **금연 클리닉**

11) 어셈블리(assembly)

어셈블리는 협의, 법률제정, 예배 혹은 오락을 위하여 모인 사람들의 집합이나 회합을 말한다. 이 용어는 주의회 또는 하원 대표들의 모임을 의미하지만, 학교 학생들의 모임, 특히 고등학생들의 학생회를 지칭하기도 한다.

그림 11-9 **학생회 어셈블리**

3. 국제회의 효과

국제회의 산업은 국가 경제발전에 기여도가 높은 고부가가치 산업으로 인정받고 있으며 전 세계적으로 국제회의 시장의 규모는 매년 신장되고 있다. 따라서 오늘날 국가뿐만 아니라 지방자치단체에서 국제회의에 대한 중요성을 인식하여 국제회의 전담기구들을 갖추고 있으며 단순한 국제회의뿐만 아니라, 이와 동반되는 전시회, 박람회, 학술세미나 등 다방면의 국제회의와 관련된 산업을 유치하기 위해 많은 노력을 하고 있다.

이렇듯 각국의 국제회의 산업은 국가 산업에 상당한 영향력을 미치고 있으며 국가 경제발전에 기여할 뿐 아니라 국민의 세계화에 도움을 주고, 국제적 지위 향상이 이루어지며, 관광산업의 활성화를 도모하는 등 실로 막대한 이익을 안겨다 준다. 특히 체재형의 회의가 있으면 호텔 및 커피숍, 관광레저업, 금융업, 병원, 전신전화, 매스컴업 등에도 상당한 도움을 준다. 이러한 경제적 효과 이외에도 국제회의 이벤트는 연구, 비즈니스, 첨단기술, 예술 등의 정보축적과 교류에 의해 기술적 · 문화적 측면에 큰 영향을 미치며 사회의 글로벌화를 위한 기여를 한다.

국제회의의 개최와 관련한 효과는 사회 각 분야에 걸쳐 다양하게 나타나고 있다. 즉 국제회의를 개최함으로써 국가나 지역에서 나타나는 전반적인 효과를 말하며 이는 긍정적인 효과뿐 아니라 부정적인 영향 또한 같이 나타나게 되며 1차적 효과, 2차적 효과, 정치적, 경제적, 사회적, 문화적 효과 등을 포괄하여 나타나게 된다.

표 11-3 국제회의의 제효과

구분	긍정적 효과	부정적 효과
정치	• 개최국의 이미지 부각 • 국가 간 이해 증진 • 상호 평화 및 외교정책 구현 • 민간외교 수립	• 개최국의 정치적 이용화 • 정치목적에 의한 경제적 부담 및 희생
경제	• 국제수지 개선 • 고용증대 • 국민경제 발전 • 산업구조 개선 • 지역 경제 활성하	• 물가상승 • 부동산투기 • 비전문가의 파견으로 참가비용 낭비 및 소득없는 회의참가 • 소득이 불평등
사회 문화	• 관련분야의 국제경쟁력 배양 • 개최국민의 자부심 및 의식수준 향상 • 사회기반시설의 발전 • 구성원 상호 이해 증진 • 새로운 시설의 발전 • 정보교환과 학술교류로 인류의 발전에 기여	• 각종 범죄로 인한 사회적 병폐 • 행사에 다른 국민생활불편(도로차단 등) • 전통적 가치관 상실 • 사치풍조와 소비성 조장 • 치안유지 강화로 경찰의 업무 부담 증가 • 주민의 위화감 조성
관광	• 관광산업 진흥 • 관광관련 산업의 발전 • 대규모 관광객 유치 • 국제회의 전문가 양성 • 지역 홍보	• 인구 밀집현상 • 관광지 집중화 현상에 따른 고통, 소음, 오염 등의 공해문제 • 호텔 객실의 블럭 예약으로 일반관광객의 이용 불편(관광성수기)

자료 : 최승이 외 pp.87~88, 저자 재구성

이주형(2000)은 회의 이벤트 산업과 컨벤션 센터의 운영과 관련된 산업 및 기타 서비스 산업, 관광여가 산업, 호텔관련 사업, 교통, 기반 산업시설 등 종합적 사업을 예로 들며 다음과 같이 유관산업 효과를 설명하고 있다.

그림 11-10 **회의이벤트 유관사업과 효과**

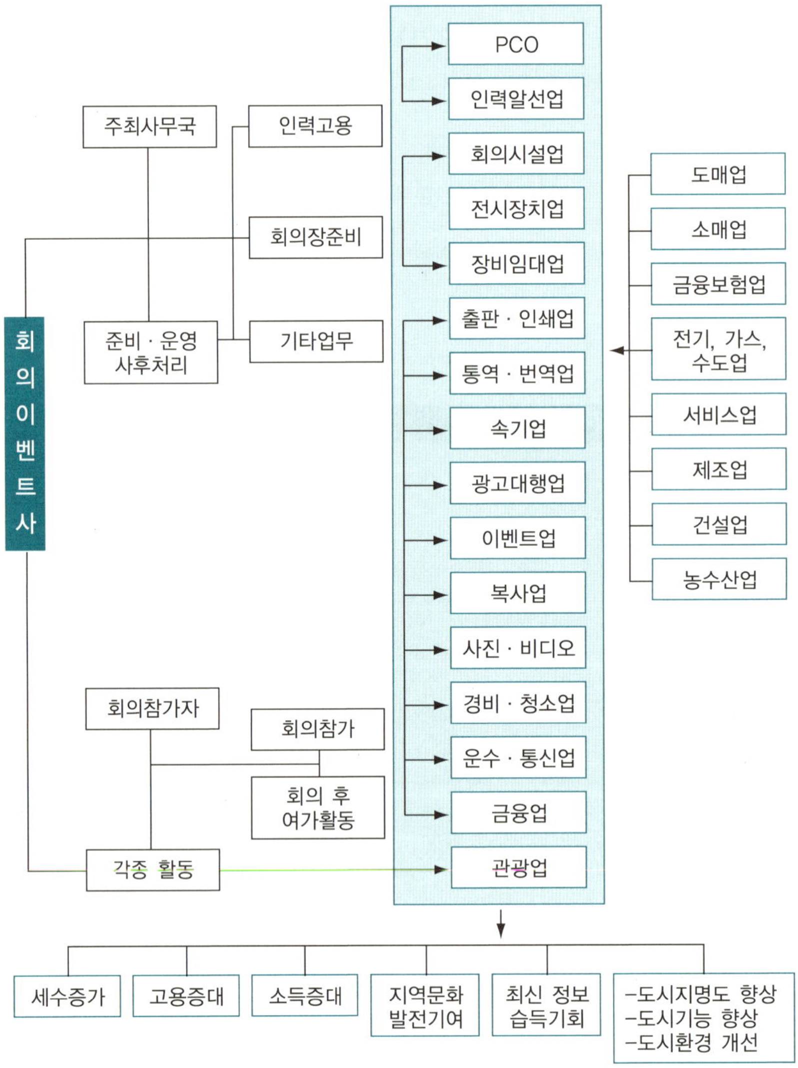

자료 : 이주형 외, 2000 : 379.

4. 국제회의 특성

국제회의는 상호 간의 회합을 통해 서로 토의하고 의결하며 상호 정보를 수집 또는 교환함으로써 주변의 복합적인 시설 등을 활용하는 활동이다. 이러한 국제회의는 일반 개별적인 회의에 비해 독특한 특징을 지니고 있는데 이를 종합해 보면 다음과 같다.

1) 공공성

국제회의는 일반적으로 관련 단체의 문제와 이해를 위해 개최되기도 하지만 회의 특성상 국제적인 사안을 토의하고 협력하여 상호교류를 위해서 개최된다. 이러한 만남은 나라 간의 이해와 친선을 도모할 수 있고 이를 통해 세계 평화에 기여하기 때문에 공익성이 강조된다. 또한 회의시설 및 전시공간, 조명 및 음향시설 등 전문화된 시설 및 서비스가 대규모로 필요하기 때문에 주로 민간차원보다는 공공차원의 시설건립이 많이 시행되고 있어 더욱더 공공성을 추구한다고 볼 수 있다.

2) 전문성

국제회의 산업은 일반적으로 복잡하고 많은 시간을 요구하며 전문적인 지식을 요구한다. 따라서 유치 · 회의기획 · 준비 · 운영 및 관련 프로그램의 준비 및 운영, 그리고 사후 관리에 이르기까지 더욱 전문적이고 복합적인 인력이 필요하며 회의 주제와 관련한 전문적인 지식과 경험이 필요하고 그 사회와 문화에 대한 전반적인 이해를 두루 갖춘 인력이 필요하다.

3) 시간성

국제회의는 시간의 중요성이 매우 강조되는 산업이다. 이는 회의 특성상 서로 알맞게 일정이 조정되어야 하며 시간이 지남에 따라 상품자체가 소멸되는 특성을 지니고 있다. 국제회의 시설을 운영하는데 그날의 운영이 되지 못하면 그 상품에 대한 가치는 상실하고 이를 다음날 판매하거나 저장하는 것이 불가능한 상품이 바로 회의상품이다. 따라서 국제회의는 상당기간 전에 일정 및 장소가 결정되는 업무 특성으로 인해 그 날짜와 시간에 맞는 정확한 일정의 결정이 필요하며 이를 위해 사전예약이 대단히 중요하다.

4) 공간성

일반적으로 국제회의 개최지 선정을 위해 여러 후보지가 심의되고 입찰 과정을 거쳐 최종 개최지가 결정된다. 따라서 이러한 개최지 결정을 위해서는 국제회의 장소에 대한 많은 준비가 필요하다. 개최장소의 시설 및 교통, 숙박, 편의시설, 관광지 등을 심층적으로 평가하여 이 장소가 국제회의 참가자들이 쾌적하게 회의를 할 수 있는지 결정하게 된다. 따라서 국제회의는 회의장소가 매우 중요한 요소를 차지하고 있으며 대부분 이러한 시설들은 모두 전문화되고 충분한 서비스를 겸비해야 한다.

5) 상호 복합성

국제회의는 앞에서 언급했듯이 시설, 교통, 숙박, 편의시설, 관광시설뿐 아니라 외식업체, 관광업체, 광고업체, 여행업체 등 관련 상호시설과 유관 업체들이 모두 복합적으로 연결된 유기적인 형태를 갖추고 있다. 이는 국제회의 상품 자체가 대규모이고 연관 산업과 의 협력이 필요할 뿐 아니라 여러 행사가 같이 어우러지는 경우가 많기 때문에 이들과 긴밀하고 협력적인 체계를 이루어야 한다. 국제회의의 성공적인 개최를 위해서는 이들 유관기관과 지속적인 사전 사후 협력체제 및 관리가 필수적이다.

5. 국제회의 이벤트의 발전 배경

현대에 들어 회의 이벤트가 발전하게 된 배경은 농경사회에서 산업사회 · 정보화 사회, 즉 국제화 시대에 접어들면서 상호 간의 이해관계와 협력관계를 중요시하는 사회구조로 변해가면서 발전하게 되었다.

그림 11-11 회의 이벤트 발전배경

1) 국제적 경제 협력체제 발전

과거 기업은 한 국가의 소속이었으나 이제는 기업이 다국가적인 형태를 갖추고 있다. 이는 기업에서 생산하는 재화가 한 지역 및 국가의 수요에 맞추기보다는 전 세계적인 글로벌화에 초점을 두고 있는 경우가 많기 때문이다. 따라서 이러한 국가적인 기업의 형태 또한 매우 많이 나타나고 있다. 한 기업 전문지에 의하면 한 기업의 매출액이 국가의 매출액보다도 많은 기업이 전 세계에 100여 개에 달한다고 발표하였다. 또한 기업과 기업뿐 아니라 기업과 국가, 국가와 국가 간에도 상호 경제적 이해관계가 매우 복잡하게 얽혀 있기 때문에 이들의 이해 해결을 위해 오늘날 국제회의가 많이 필요하게 되었다.

2) 국제적 정치 협력체제 발전

국가 간의 이익을 위해 현재의 세계는 많은 갈등을 초래하고 있으며 심할 경우 국가 간의 전쟁까지 치달을 정도로 자국의 이익을 위해 상호 극심한 전면전 양상을 띠고 있다. 따라서 국제 협력기구들을 비롯한 여러 국내외 국제 관련기구들은 새로운 정치 공동체에 대한 모색과 함께 각국의 대표들이 국가 간의 분쟁을 조정하고 국제관계에 대해 의사표명을 할 수 있도록 많은 기회를 제공하고 있다. 이러한 노력과 정치체제의 변화가 국제회의를 발전시키는데 많은 기여를 하고 있다.

3) 사회적 수요 증가

현대사회는 개인의 행복이 무엇보다 강조되고 있다. 따라서 이들의 행복에 대한 추구와 노력에 의하여 국제 간의 정보교류와 개인의 활동영역 등이 확대됨에 따라 회의산업이 전보다 발전되고 있다. 현대인은 자신의 행복을 위해 자신의 의견을 거침없이 제시할 뿐 아니라 다른 사람들의 의견 또한 수렴하여 사회의 다양한 공동체 의식을 형성해 가고 있다.

4) 문화적 상호 이해

현대사회는 교육 수준 향상, 인구의 증가, 사회 분화, 도시화 등 사회의 다양성과 더불어 문화의 다양화 현상도 나타나고 있다. 이러한 스포츠, 종교, 문화 행사가 전 세계적으로 공동의 관심사가 되면서 국제회의 산업 또한 이와 더불어 중요한 이슈로 떠오르게 된다. 타 지역의 문화를 이해하려는 상호 노력과 더불어 국제회의는 국제사회 평화의 중요 수단으로 자리 잡게 되었다.

5) 과학기술의 발전

오늘날 과학기술의 발전은 많은 생활을 바꿔 놓았다. 정치체제 뿐 아니라 사회 · 문화적 시스템까지 바꿀 정도로 국가 경쟁력의 원천이 되었다. 국제회의를 위해서는 기술적 뒷받침이 필요하다. 즉 통신의 발달로 인해 화상 국제회의가 가능하게 되었으며 일반적 국제회의 또한 각종 부대시설, 편의시설, 숙박시설, 교통시설 등의 기반을 위해 많은 기술적 노력이 필요하다. 첨단 멀티미디어 장비 및 통신시설 및 건축기술이나 전자통신기기 등의 시설, 또는 장비의 급속한 발전은 국제회의나 각종 전시회 · 박람회 등의 효과가 극대화되어 행사가 성공적으로 연출될 수 있는 배경이 되었다. 이러한 기술적 바탕이 오늘날 국제회의 산업이 발전하는데 기여한 첫 번째 요인이다.

제2절 국제회의 운영

1. 국제회의 구성요소

국제회의는 이를 성공적으로 구성하기 위해 각기 서로 독특한 구성요소를 이루고 있다. 이들은 국제회의 유치홍보와 개최지 지원조직을 중심으로 컨벤션 운영주체 및 개최/주최(PCO/PEO), 국제회의 장소를 위한 개최지 그리고 국제회의 참가자들 및 전시 참가업체, 컨벤션을 위한 다양한 서비스 제공자 및 시설 등을 들 수 있다.

국제회의의 성공적인 운영은 그 지역 사회에 많은 경제적 파급효과를 일으킨다. 따라서 국제회의와 관련한 호텔업체, 회의기획업체 및 운영서비스업체, 교통서비스업체, 전시업체, 여행업, 식음료서비스업체, 영상음향업체, 관련 시설업 및 관련단체 등이 상호 유기적인 연관을 맺고 협력하여야 한다. 황희곤 등(2002)은 국제회의 산업의 구성요소를 국제회의 개최 및 운영주체, 국제회의 개최장소(venue)와 시설, 국제회의 개최를 지원하는 유치, 홍보지원조직인 DVB(Convention and Visitors Bureau) 등을 다음과 같이 구분하고 있다.

1) 주최자

국제회의 이벤트의 주체로는 이벤트를 기획하는 이벤트 기획사를 비롯하여 관련 기구 및 민간사업자 등 다양하게 나타난다. 이들은 회의유치를 위한 활동을 벌이는 동시에 수많은 참가자들을 유치하기 위한 다양한 이벤트를 개최한다. 이들은 국제회의 이벤트를 통해 지역의 홍보뿐 아니라 경제적 파급효과 및 비수기 관광수지 개선을 위한 노력도 기울이고 있다. 이들 기구 및 단체로는 국제회의 전문업체(PCO), 국제회의 시설업체, 여행사 등이 있다.

2) 참가자

국제회의 참가자들은 회의를 통해 전문적인 지식이나 유용한 정보를 습득하고 교환할 수 있으며, 같은 관심을 가진 참가자들과 서로 네트워크를 형성할 수 있는 기회를 갖는다. 또한 이들 국제회의 참가자들은 다른 관광자들에 비해 사회적으로 소득수준이 높으며 더욱 전문화된 사람들로 구성되어 있다. 일반적으로 이들에 의해 소비되는 지출액은 일반 관광객보다 크고, 국제회의 참가 이후 다시 그 개최도시로 방문할 가능성이 높으며, 국제회의 참석자와 전시업체 등은 국내뿐만 아니라, 해외에서도 참가하기 때문에 경제적인 파급효과가 크다.

3) 개최지

국가 및 도시들은 자신의 지역에서 국제회의가 개최되기 위해 많은 노력을 기울이고 있다. 즉 국제회의 개최가 그 지역의 경제적 이익뿐 아니라 사회 · 문화적으로도 많은 파급효과를 얻을 수 있기 때문이다. 국제회의 개최장소를 Montgomery & Strick(1995)는 두 가지로 구분하고 있는데 이를 전통적으로 자주 열리는 장소와 비전통적으로 자주 열리는 장소로 구분하고 전자를 컨벤션 센터, 호텔, 리조트 등으로, 후자를 대학교 크루즈선, 일반숙박시설 등으로 구분하고 있다.

그림 11-12 **국제회의 산업의 구성요소**

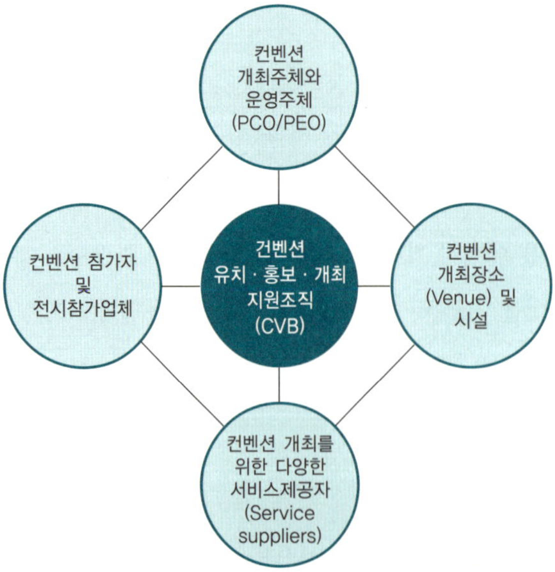

자료 : 황희곤 외, p.63

2. 국제회의 운영

1) 국제회의 기획

국제회의 기획이란 회의의 목표를 효과적으로 달성하기 위해서 구체적이고 체계적인 방법과 절차를 작성하는 것이다. 유치, 개최 및 운영의 구체적인 절차를 수립하고 이런 과정에서 발생할 수 있는 사전 사후의 문제를 예측, 해결함으로써 성공적이고 효과적으로 달성하기 위한 일련의 조직 활동을 말한다.

국제회의 기획은 일반적으로 주최 측의 의뢰를 받아 작성하기 때문에 기획의도를 충분히 반영하여 납득시키기 위해서 가능한 한 단순논리에 따라 쉽게 전개되어야 한다. 또한 행사 목적에 합치되는 요소는 반드시 포함되어야 하며 기획서는 될 수 있는 한 읽기 쉬워야 한다. 또한 시각적인 효과를 최대한 활용해야 하며 간결한 타이틀, 인상적인 캐치프레이즈로 그 내용을 부각시켜야 한다.

문상희 외(2003)는 주최 측에서 요청한 업무에 대해서 국제회의 기획서로써 표현하기 위해서는 일반적 기획서에서 역할방법인 5W2H1T로서 표현해야 한다고 하였다.

표 11-4 국제회의 기획서 표현방법

구 분	표현 방법	내 용
기본기획	Who(누가 하는 것인가)	국제회의 주최 분석
	Why(왜 기획을 입안하는 것인가)	기획배경
	What(무엇을 기획으로 행하는 것인가)	기획의 명칭, 목표, 내용
	Target(무엇에 대하여 실시하는 것인가)	대상 및 예상참가자
	Where(어디에서 실시하는 것인가)	장소
	When(언제 실시하는 것인가)	시기
운영계획	How(어떻게 기획을 운영하는 것인가)	내용의 방법, 프로그램 구성 및 홍보방법, 운영사후 관련
	Howmuch(얼마나 비용이 소요될 것인가)	예산

자료 : 문상희외, 2003. p.36

여기서 5W2H는 전달의 중요요소이며, 국제회의 기획의 성격을 분명하게 하기 위해 국제회의의 예상 참가대상을 파악한 T(Targe)와 실현 가능성을 명백히 하기 위한 필요충분조건의 역할을 한다. 그러므로 국제회의 주최 측에서 의뢰한 국제회의에 대해서 [표 11-4]의 국제회의 기획 표현방법과 같이 국제회의 기획서를 구축하면 최소한 기획서의 목적은 달성할 수 있다.

2) 등록

등록은 행사 참여자들의 참가를 공식적으로 확인하는 절차를 말하며 이는 사전등록과 현장등록으로 구분한다.

(1) 사전등록

사전등록은 가장 이상적인 등록형태이나 현실적으로는 어려운 것이 사실이다. 사전등록을 실시할 시 예상 인원을 파악하여 예산 및 현장부대 비용을 예측할 수 있으며 현장등록 시 혼잡을 피할 수 있다. 또한 미리 참가인원의 명단 및 성향을 파악함으로써 사전행사요원들의 업무를 미리 파악할 수 있으며 사전에 추가적인 홍보 등을 미리 설정할 수 있다.

(2) 현장등록

현장등록은 행사 참여자들의 등록을 현장에서 바로 접수하는 것으로 접수현장의 상태가 혼잡하지 않도록 주의를 기울어야 한다. 한꺼번에 많은 인원이 몰리기 때문에 동선의 위치를 잘 파악해야 하며 사전교육을 통해 담당 직원들 간의 업무분담이 세부적으로 잘 이루어져야 한다.

3) 숙박

숙박에 있어서 가장 중요한 요소는 바로 위치 선정이다. 숙박의 위치는 회의장과 동일한 장소에 있는 것 또는 도보 거리에 있는 것이 바람직하며 이동 수단을 활용한다고 할지라도 10분 이내의 거리에 있는 것이 좋다. 또한 참가자들의 일반적인 경제 사정도 반영하여 숙박 수준을 결정하는 것이 좋다. 숙박업무는 참가자들의 수와 회의 특성에 따라 다양하기 때문에 숙박업무 관련자들은 상당한 주의를 기울여야 한다. 참가자들이 사용할 숙소를 미리 결정하고 계약이 완료되면 예약 업무를 마무리해야 한다. 또한 객실의 block 현황, 객실 사용료, 무료 객실 여부, cutoff date 등을 재확인하고 이를 수시로 확인해야 한다.

4) 행사장

행사장은 회의의 성격에 따라 장소의 선정이 다르게 나타난다. 따라서 주최자는 회의에 맞는 시설들을 점검하고 이에 적합한 회의장을 선정해야 한다.

국세회의 산입육싱에 관한 법률에 의하면 국제회의 시설의 종류 · 규모를 법률적으로 규정하고 있다. 이 법에 의하면 국제회의 시설은 전문회의 시설 · 준회의 시설 · 전시시설 및 부대 시설로 구분하고 있다.

표 11-5 국제회의 행사장

분 류	내 용
전문회의시설	• 2천인 이상의 인원을 수용할 수 있는 대회의실이 있을 것 • 30인 이상의 인원을 수용할 수 있는 중 · 소회의실이 10실 이상 있을 것 • 2천 제곱미터 이상의 옥내전시면적을 확보하고 있을 것
준회의시설	• 국제회의의 개최에 필요한 회의실로 활용할 수 있는 호텔연회장 · 공연장 · 체육관 등의 시설 • 600인 이상의 인원을 수용할 수 있는 대회의실이 있을 것 • 30인 이상의 인원을 수용할 수 있는 중 · 소회의실이 3실 이상 있을 것
전시시설	• 2천 제곱미터 이상의 옥내전시면적을 확보하고 있을 것 • 30인 이상의 인원을 수용할 수 있는 중 · 소회의실이 5실 이상 있을 것
부대시설	• 전문회의시설, 준회의시설, 전시시설에 부속된 숙박시설 · 주차시설 · 음식점시설 · 휴식시설 · 판매시설 등

(1) 회의실 수와 규모

회의실의 크기는 참가자의 인원에 따라 적절한 규모를 갖추어야 한다. 참가자에 비해 너무 커서도 안 되고 너무 협소해서도 곤란하다. 일반적으로 회의장 배치 형태별 1인당 소요면적을 살펴보면 다음 표와 같다.

표 11-6 회의실 배치형태별 1인당 면적

배치형태	1인당 소요면적
극장식	8~10ft2(0.8~0.9㎡)
Standing 뷔페	8~10ft2(0.8~0.9㎡)
리셉션	8~10ft2(0.8~0.9㎡)
Sitting 뷔페	10~14ft2(0.9~1.3㎡)
강의식	15~16ft2(1.4~1.5㎡)

자료 : 한국관광공사, 1994. 51.

(2) 회의실 배치와 기능

회의실은 회의 성격에 따라 사용하기 쉬운 상태로 배치되어야 한다. 회의실의 안락성, 즉 의자, 환기, 조명상태가 좋은지, 연단이나 무대가 참가자가 잘 볼 수 있는 상태인지, 동시 통역시스템, 음향시설 등의 기자재가 충분히 설치되어 회의실이 제 기능을 다할 수 있는지를 점검하여야 한다.

(3) 회의실 대관료

회의실 대관료는 주최 측의 경제사정을 고려하여 부담을 느끼지 않을 적당한 장소를 선정하도록 한다.

(4) 전시장 유무

국제회의가 진행되는 동안 전시회가 개최된다면 주최 측은 참가자들이 전시회도

그림 11-13 **회의장 배치 예**

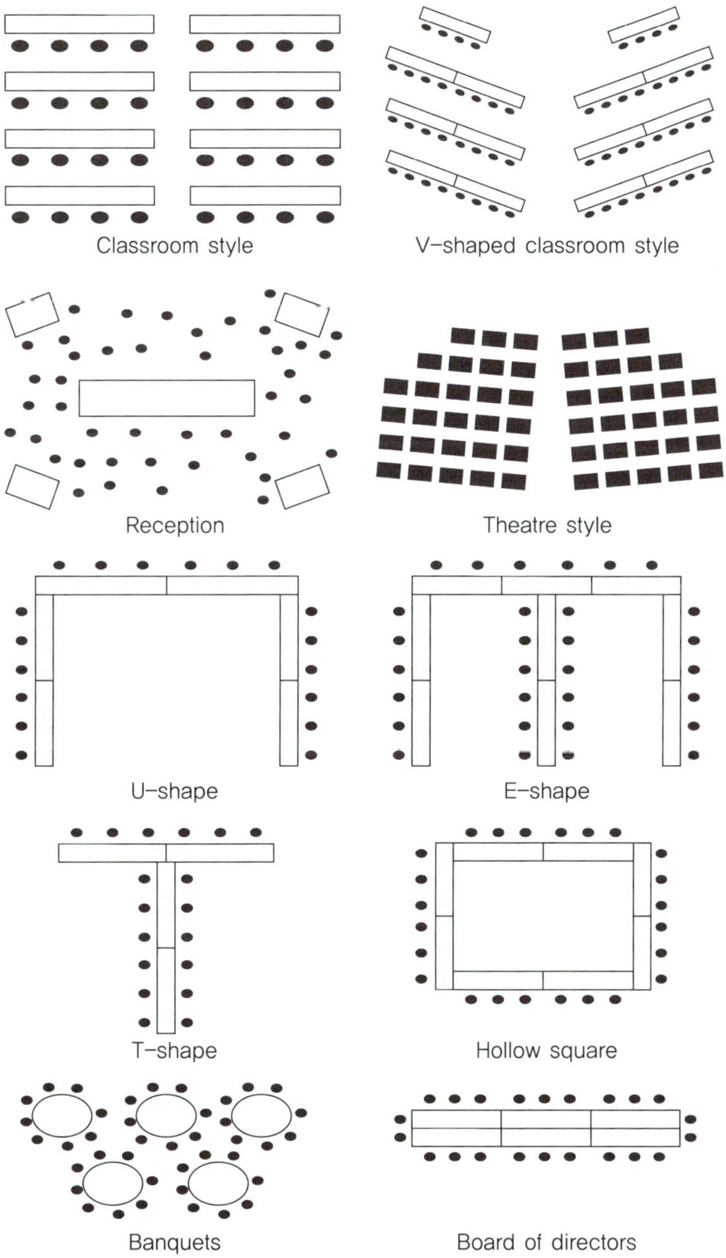

자료 : Watt, 1998.

참관할 수 있도록 회의장과 동일한 장소 또는 인접한 장소에 전시장이 있는지를 파악하여 사전에 예약을 해야 한다.

(5) 행사장 장비

일반적으로 발표만 할 것인지 또는 토론을 할 것인지 등 행사의 성격에 따라 회의장은 다른 장비들이 필요하게 된다. 따라서 행사에 맞는 영상 및 음향장비를 갖추어야 한다. 영상장비로는 과거 슬라이드 프로젝터, Tray, OHP 등이 사용되었으나 현재는 Beam Project나 여러 대의 Cube를 이용하여 하나의 이미지를 만들거나 각각의 이미지를 만드는 Multi-Cube System이 사용되고 있다.

(6) 위치/접근성

회의장의 위치는 참가자의 성향, 회의의 성격을 고려해서 결정해야겠지만, 국제회의의 경우라면 공항, 숙박시설 및 기타 행사장과의 거리를 고려해야 한다.

(7) 부대 서비스 수준

회의 이벤트는 현장성이 가장 우선이다. 따라서 현장의 종사원들과 음식 및 기타 부대 시설의 서비스 질에 따라 회의의 수준 차이가 나게 된다. 따라서 사전에 서비스 질에 대한 충분한 검증이 이루어져야 한다.

5) 광고 및 홍보

회의 이벤트는 기획과 더불어 홍보는 성공을 결정하는 중요한 역할을 하게 된다. 주최자는 사전에 참가인원을 확인하고 이들이 회의에 참가할 수 있도록 적극적으로 홍보해야 한다. 일반적인 홍보수단은 DM 발송, 우편, Fax, 기사나 광고, 인터넷 홍보, 판촉물, 옥외 광고 등이 있으며 어느 것이 더 효율적일 지는 주최 측의 올바른 결정에 따라 이루어져야 할 것이다. 오늘날은 일반적으로 정규방송을 이용한 취재방식의 홍보가 가장 좋은 반응을 보이고 있으며 신문이나 잡지 또한 광고형태가 아닌 기사형식의 광고가 좋은 홍보효과를 누리고 있다.

6) 연회 행사

국제회의는 참가자들이 서로 정보를 교환하고 친교를 다지는 자리이다. 따라서 어떤 형식으로 사교행사가 이루어지는데 이는 기능별, 장소별, 시간별, 요리형태별로 구분할 수 있으며 일반적인 회의 연회행사는 다음과 같다.

(1) Welcome Reception

주최 측의 인사가 Host가 되어 주최하는 연회로 대개 본 행사 전날이나 개최일 당일 저녁에 하게 된다. 행사의 주요 목적은 서로 인사를 나누고 사귀며, 주최자와 어울리는데 있다. 일반적으로 Standing Buffet나 칵테일 파티 등의 간단한 형태로 하는 것이 일반적이다.

(2) Gala Dinner

정식적인 연회행사로 상당한 노력과 비용이 소요된다. 식사는 주로 정식 형태가 제공되며 각종 이벤트가 개최되어 참가자들의 즐거움을 주는 연회행사이다.

7) 통역

국제회의는 각국의 참가자들이 모이는 자리이므로 모든 언어를 불편 없이 제공해주는 것이 중요하다. 아무리 좋은 시설을 갖추었다고 할지라도 통역이 잘 이루어지지 못하면 행사는 곧바로 실패로 이어질 만큼 통역 서비스는 매우 중요하다. 통역의 유형은 순차통역과 동시통역으로 이루어지는 데 순차통역은 소규모 회의 시 필기기구를 이용하여 통역하는 것을 말하며 동시통역은 각종 컨벤션 등 대규모 회의 시 통역장비를 이용하여 통역을 제공하는 것을 말한다.

통역사는 빠른 사고력과 순발력 및 집중력이 요구되는 전문적인 사람으로서 능숙한 언어 구사력이 있어야 하며 폭넓은 지식과 상식 및 논리적인 화술과 유추 능력을 보유해야 한다.

3. 국제회의 실무자

국제회의를 직접 기획 및 관리, 운영하는 전문적인 실무자 육성은 매우 필요하다. 이를 컨벤션 기획사라고 하는데 이는 국제회의를 기획하고 운영, 평가하는 사람으로 국제회의 전문용역업체의 국제회의 기획, 운영, 업무를 대행해 주고, 국제회의 관련 부대행사(동반자 행사, 사교행사, 관광행사, 이벤트행사 등), 국제회의 참가자의 숙박, 전시회 개최 등 지원 업무를 하는 사람을 말한다.

정부는 컨벤션기획사 국가자격증의 신설 배경을 다음과 같이 설명하고 있다. 2000년 ASEM, 2001년 한국방문의 해, 2002년 월드컵 등의 국제적인 행사를 계기로 무공해 선진 컨벤션 산업을 21C 고부가가치의 주요산업으로 인식, 국가기관, 지방자치단체 및 민간기업이 참여하여 서울, 부산, 대구, 제주 등 각 광역시를 포함 11개의 컨벤션 센터 건립 및 확충을 위한 전담기구를 각각 운영 중이며, 정부도 컨벤션산업의 고속성장에 대비하여 1996년 **국제회의 산업육성에 관한 법률**을 개정하는 등 제도적 개선과 동시에 컨벤션산업 분야인 국제회의, 이벤트, 기획, 전시, 홍보, 의전, 운영, 관광분야에 전문인력을 양성하고자 2002년 **컨벤션기획사 1, 2급**을 신설하여 국가기술자격 종목으로 확정하게 되었다.

컨벤션기획사 시험은 1급과 2급으로 나누어져 시행한다. 컨벤션기획사 1급은 회의 유치에서부터 사후평가에 이르기까지 실무에 입각하여 회의기획 능력, 외국어구사 및 발표 능력과 경영능력, 협상능력을 포함한 고도의 업무를 수행할 수 있는 능력을 갖추어야 한다. 필기시험은 컨벤션 기획 실무론, 재무회계론, 컨벤션마케팅과 실기시험으로 컨벤션 유치 제안서 영문작성(70점)과 영어 프리젠테이션(30점)을 검정한다.

컨벤션기획사 2급은 회의 운영기획 경영에 관한 제반업무에 관련한 전문지식을 가지고 회의기획 및 진행을 할 수 있는 능력을 보유해야 한다. 필기로는 컨벤션산업론, 호텔 · 관광실무론, 컨벤션영어가 있고, 실기는 컨벤션기획서 작성(70점)과 영어서신 작성(30점)을 검정한다.

컨벤션기획사 시험에 응시할 수 있는 자격은 다음과 같다.

■ 컨벤션기획사 1급

- 해당 종목의 2급 자격을 취득한 후 응시하고자 하는 종목이 속하는 동일 직무분야에서 4년 이상 실무에 종사한 자
- 대학졸업자 등 졸업후 응시하고자 하는 종목이 속하는 동일 직무분야에서 7년 이상 실무에 종사한 자
- 전문대학 졸업자 등으로서 졸업 후 응시하고자 하는 종목이 속하는 동일 직무분야에서 9년 이상 실무에 종사한 자
- 응시하고자 하는 종목이 속하는 동일 직무분야에서 11년 이상 실무에 종사한 자
- 외국에서 동일한 등급 및 종목에 해당하는 자격을 취득한 자

■ 컨벤션기획사 2급

- 대학 졸업자 또는 졸업예정자
- 전문대학 졸업자 등으로 졸업 후 응시하고자 하는 종목이 속하는 동일 직무분야에서 2년 이상 실무에 종사한 자
- 컨벤션 관련분야에서 회의 유치, 기획, 운영, 진행업무 경력 4년 이상인 자
- 외국에서 동일한 등급 및 종목에 해당하는 자격을 취득한 자

합격기준은 일반 정부기술자격과 마찬가지로 필기는 매 과목 100점 만점에 40점 이상, 전 과목 평균 60점 이상이면 합격이고, 실기는 100점 만점에서 60점 이상이면 된다. 또한 1급, 2급 필기 합격자가 실기시험 불합격 시에는 2년간 유효기간을 적용한다. 대부분의 자격증이 그렇듯이 자격증의 획득여부가 해당분야에 대한 실무능력을 증명하는 것은 아니다. 컨벤션기획사는 컨벤션업무를 수행하는데 필요한 기초적인 지식과 최소한의 업무수행 능력만을 입증해 줄 뿐이다. 무엇보다 국제회의기획업체(PCO)나 전시기획업체(PEO)에서 실무경험을 획득하는 것이 더 중요하다.

컨벤션기획사 자격증 시험출제기준을 살펴보면 다음과 같다. 컨벤션기획사 1급은 컨벤션기획실무론, 재무회계론, 컨벤션마케팅, 컨벤션실무(실기)가 있다. 2급은 컨벤션산업론, 호텔 · 관광실무론, 컨벤션영어, 컨벤션실무(실기)로 구성된다.

표 11-7 국내 컨벤션 기획사 자격제도

자격종목	검정방법	시험과목
컨벤션기획사 1급	필기 (180분)	1. 컨벤션기획실무론(40문항) 2. 재무회계론(40문항) 3. 컨벤션마케팅(40문항)
	실기 (240분)	1. 컨벤션기획 및 실무제안서 작성(70점) 2. 영어 프리젠테이션(30점)
컨벤션기획사 2급	필기 (150분)	1. 컨벤션산업론(40문항) 2. 컨벤션영어(30문항) 3. 호텔 · 관광실무론(30문항)
	실기 (240분)	1. 컨벤션기획 및 실무제안서 작성(70점) 2. 영어서신 작성(30점)

제3절 국제회의 사례

1. ASEM

1996년 3월 1~2일 태국 방콕에서 아시아-유럽 양 지역 간 대화 채널로 처음 출범한 아시아-유럽 정상회의 ASEM(Asia-Europe Meeting)은 2004년 베트남 하노이에서의 5차 정상회의에 이르기까지 정례화된 연속성을 지님으로써 아시아-유럽 양 지역의 새로운 협력시대를 이뤄가고 있다. ASEM은 양 지역의 다양한 국가들을 하나의 협력체로 끌어들여 국가 간 정치 · 안보, 경제, 사회 · 문화 등의 차이점을 극복하고 서로 간의 이해증진과 상호협력을 통하여 평화 · 안보기반을 구축하고 동시에 경제적 보완성과 다양성을 최대한 활용해 양 지역의 번영과 발전에 기여하는 것을 목적으로 하고 있다.

아시아와 유럽 간의 관계는 정치적인 관계와 경제적인 관계에서 약간의 차이는 있었지만 1980년 중반 또는 1990년대 초까지도 매우 소원한 관계였는데 ASEM을 계기로 정치, 경제, 사회 · 문화관계에 변화를 가져올 수 있는 중요한 전기를 마련하게 되었다. 무엇보다도 아시아와 유럽 양 지역이 과거의 역사적 불평등 관계에서 벗어나 이제 대등한 협력과 번영의 동반자가 되었다는데 그 의미가 있다. ASEM은 대륙 간 대화채널 그 이상으로 개별 국가들의 참여에 바탕한다는 점에서 다른 지역기구들과 기본 성격이 다르다. ASEM은 급속한 경제성장을 거듭하는 아시아 지역과의 경제협력 관계가 상대적으로 약했던 유럽의 대 아시아 관계강화 필요성과 미국의 대외경제 관계를 탈피하려는 아시아의 의도가 결합되어 그 필요성이 더욱 증대되었다.

ASEM은 현재 51개국을 중심으로 실실석으로 진 아시아와 유럽을 대표하는 회의체로 성장하였다. 1996년 아시아 10개국, 유럽 15개국 그리고 유럽연합 집행위원회를 구성인자로 출범한 ASEM회의는 2004년 아시아 3개국과 유럽연합 신규가입 10개국을 포함하여 총 39개 회원으로 1차 확대의 시기를 맞이하였다. 그 후 2006년 아세안 사무국, 아시아 3개국, 루마니아, 불가리아 등 총 6개국을 신규가입국으로 받아들이면서 ASEM회의는 2차 확대를 통해 51개국으로 늘어났다. 현재 ASEM은 전 세계 인구의 59%, 총생산(GDP)의 51%, 무역의 64%를 차지하고 있고, 국제사회 이슈에 대해 아시아-유럽 간 긴밀한 협력채널을 제공하고 있다.

표 11-8 ASEM 국제회의 개최현황

구 분	연 도	개최지
제1차 회의	1996년 3월	태국 방콕
제2차 회의	1998년 4월	영국 런던
제3차 회의	2000년 10월	대한민국 서울
제4차 회의	2002년 9월	덴마크 코펜하겐
제5차 회의	2004년 10월	베트남 하노이
제6차 회의	2006년 9월	핀란드 헬싱키
제7차 회의	2008년 10월	중국 베이징
제8차 회의	2010년 10월	벨기에 브뤼셀
제9차 회의	2012년 1월	라오스 비엔티안
제10차 회의	2014년 10월	이탈리아 밀라노
제11차 회의	2016년 7월	몽골 울란바토르
제12차 회의	2018년 10월	벨기에 브뤼셀

APEC 외에는 어떤 협력 채널에도 가입하고 있지 않던 우리나라는 제3차 ASEM 정상회의를 개최했을 정도로 ASEM에서 비전그룹의 주도세력이 되었고, APEC에 이어 국제사회에서 우리의 주도적 입지를 굳힐 수 있게 됨으로써 아시아인으로서의 위치를 격상할 수 있는 계기를 마련했으며, 나아가 아시아 지역발전의 책임 있는 주역으로 부상하는 성과를 올렸다.

그림 11-14 2018 브뤼셀 ASSM

2. APEC

아시아태평양 경제협력체 APEC(Asia-Pacific Economic Cooperation)은 아시아 및 태평양 연안 국가들의 원활한 정책대화와 협력을 주목적으로 하는 협의체이다. APEC은 아·태 공동체의 달성을 장기 비전으로 하여 아·태 지역의 경제 성장과 번영을 목표로 삼고 있다. 아·태 공동체 비전 달성을 위한 이행프로세스로서 APEC은 보고르 목표로 대표되는 무역·투자 자유화(liberalization)와 함께, 경제기술협력(ECOTECH : Economic and Technological Cooperation)을 양대 축으로 설정·운영하고 있다.

APEC은 전 세계 인구의 46.1%, GDP의 약 54%, 교역량의 46%를 점유하는 세계 최대의 지역협력체이다. 의사결정은 컨센서스 방식에 따르며, 비구속적(non-binding) 이행을 원칙으로 하며, 회원국의 자발적 참여 또는 이행을 중시하고 있다.

정상회의는 Retreat 형식으로 진행하고, 정상들 간에 형식에 구애받지 않는 협의, 더욱 내실 있는 결과 도출에 역점을 두고 있다.

APEC은 1989년 호주 캔버라에서 우리나라를 포함한 12개국 간 각료회의로 출범하였다. 이어, 미국의 클린턴 대통령의 제안으로 1993년부터 정상회의로 격상되어 오늘날의 구조를 갖추게 되었다. 우리나라에서는 2005년 부산 누리마루에서 제13회 APEC을 성공적으로 마쳤다.

표 11-9 APEC 정상회의 개최현황

구 분	연 도	개최지	회원국 수
1차 정상회의	1993	시애틀	18
2차 정상회의	1994	자카르타	18
3차 정상회의	1995	오사카	18
4차 정상회의	1996	마닐라	21
5차 정상회의	1997	벤쿠버	21
6차 정상히의	1998	쿠알라룸푸르	21
7차 정상회의	1999	오클랜드	21
8차 정상회의	2000	반다르세리벤가완	21
9차 정상회의	2001	상하이	21
10차 정상회의	2002	멕시코	21
11차 정상회의	2003	방콕	21
12차 정상회의	2004	산티아고	21
13차 정상회의	2005	부산	21
14차 정상회의	2006	하노이	21
15차 정상회의	2007	시드니	21
16차 정상회의	2008	리마	21
17차 정상회의	2009	싱가포르	21
18차 정상회의	2010	베이징	21
19차 정상회의	2011	와이키키/코올리나	21

구 분	연 도	개최지	회원국 수
20차 정상회의	2012	블라디보스톡	21
21차 정상회의	2013	발리	21
22차 정상회의	2014	베이징	21
23차 정상회의	2015	마닐라	21
24차 정상회의	2016	리마	21
25차 정상회의	2017	다낭	21
26차 정상회의	2018	포트모르즈비	21

※ 2019년 11월 16일~17일에 칠레 산티아고에서 개최 예정이던 정상회의는 칠레 측 사정으로 취소. 2005년에 이어 2025년 우리나라에서 APEC 정상회의가 개최될 예정.

그림 11-15 2005 부산 APEC

12

전시 이벤트

Event Management

이벤트 경영론

제12장

전시 이벤트

제1절 전시 이벤트 개요

1. 전시 이벤트 개념

전시는 사람들에게 유무형의 상품을 보여주는 것으로 일반적으로 전시회라고 하면 미술관련 전시회와 산업전시회 등으로 구분한다. 전시 이벤트는 이러한 전시회에 이벤트 요소를 가미한 것으로 전시형 이벤트는 크게 문화적 성격이 강한 박람회, 견본시 등으로 구분하는 것이 일반적이다. 전시회는 매년 그 수가 증가하고 있으며 전시회 기간 중에 일반대중도 많이 참여하지만 다수의 기업경영자, 구매담당자, 엔지니어, 마케팅요원 등이 참가하기 때문에 이러한 전시회는 수출을 증대시키는 좋은 계기가 되며 관광산업을 활성화하는 중요한 기회가 된다.

전시(Exhibition)는 라틴어인 Exhibitionem에서 유래된 중세 영어로, 유사용어로는 Fair를 들 수 있는데 Exhibition이 제품의 전시를 기반으로 한 용어라면 Fair는 판매장소에 기반하여 나타난 말이라고 할 수 있다.

2. 전시 이벤트의 형태

이경모는 전시 이벤트를 산업에 관련된 박람회와 모든 종류의 산업 또는 전시회로

그림 12-1 산업전시 이벤트의 분류

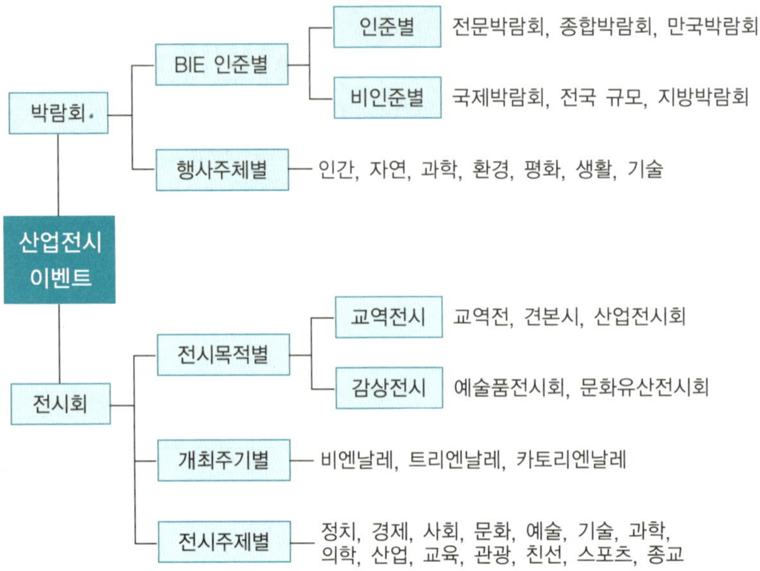

자료 : 이경모, 2002. 391

분류하여 박람회는 국제세계박람회기구(BIE)가 인준한 분류와 행사주체별로 분류할 수 있으며, 전시회는 전시목적별, 개최주기별, 전시주제별로 분류하였다.

이를 종합하면 다음과 같이 박람회, 종합전시회, 전문전시회, 복합전시회로 구분할 수 있다.

1) 박람회(Exposition)

Exposition은 라틴어에서 유래된 말로 Exhibition과 흡사한 의미를 가지고 있으나 Exposition은 정부기구 또는 정부가 보조하는 기업에 의해 무역을 촉진하기 위해 열리게 된다. 박람회는 전시 이벤트의 모든 형태를 취하고 있으나 박람회 B.I.E(Bureau International des Expositions)의 승인을 획득해야 국제적 공인을 받을 수 있다. 박람회는 주로 상업적인 목적보다 국가별로 그 나라의 문화나 미래상을 전시하여 대중계몽을 목적으로 하며 인류의 발달과 인류의 미래상을 시간적, 공간적으로 한 장소에 집약하여 전시함으로써 인류 상호 간의 이해와 복지를 향상시킨다.

박람회는 한 시대가 달성한 인류문화와 문명의 성과를 확인하고 미래를 전망하는 무대라고 말할 수 있으며 문화적 요소를 기반으로 한 전시회로써 대표적인 행사로는 파리박람회, 오사카박람회, 대전EXPO, 여수 해양 EXPO 등을 들 수 있다.

2) 종합전시회(Exhibition)

종합전시회는 유럽의 산업혁명이 가져온 변화라고 할 수 있으며 이는 매우 조직적이고, 순환적이고 장기적으로 이루어지는 행사이다. Exhibition은 정부가 무역을 촉진시키려는 목적으로 시작되어 현장에서 물건을 판매하지 않고 그 안에서 사업을 수행하도록 시스템을 구성하고 있다. 즉 직접 판매는 이루어지지 않으며 판매를 촉진시키기 위해 제품을 전시하는 형태이다. 관람객의 대상도 일반대중 계층으로 선정하기 때문에 여러 상품의 출품이 허용되고 관람객과 출품분야도 비교적 엄격한 제한을 받지 않는다.

3) 전문전시회(Tread Show)

전문전시회는 종합전시회보다는 더 세부적이고 전문적인 분야의 품목으로 제한하고 관람객 또한 선별하여 제한하는 것으로 이는 산업 견본시, 전문 견본시라고도 불린다. 전문전시회는 시간 및 업체, 품목 등을 제한하고 전문화해서 집중적으로 단일 혹은 여러 산업분야의 제품을 전시하거나 판매 촉진을 목적으로 제품을 알리는 행사이다. 주로 산업이 발달한 유럽 등에서 각국의 수출 진흥 수단으로 첨단 산업을 중심으로 전문전시회가 성행하고 있으며 전자 제품 전문 박람회인 Cebit, 자동차 전문 전시회인 Motor Show 등이 있다.

4) 복합전시회(Complex Exhibition)

복합전시회는 회의 이벤트와 전시 이벤트를 복합한 형태로 컨벤션 개최 시 전시 이벤트가 복합적으로 이뤄지는 전시회를 말한다. 복합전시회는 전시회뿐만 아니라,

전시장소를 회의장소와 연결하여 공간을 효율적으로 사용하고 작은 행사에 유연성 있게 대처, 운영할 수 있도록 해줌으로써 더 많은 경제적 파급효과를 줄 수 있다.

3. 전시 이벤트 발달 과정

1) 세계 전시 이벤트 발달

초기 전시회는 자연발생적으로 형성된 시장의 성격이 강하였다. 그러나 상품이 하나의 가치로 인정받은 경쟁사회가 나타나면서 전시회는 그 성격을 상업적으로 이용하게 되었다. 수나라 양제는 610년 국력을 자랑하기 위해 오늘날 만국박람회와 비슷한 전시박람회를 연례행사로 열었으며, 유럽에서는 7세기경 물물교환의 수단으로써 지역별로 시장이 생성되어 오늘날 전시회의 성격을 갖춘 행사에 이르게 되었다. 또한 중세시대에는 상인들이 통과하는 주요 지역이나 교회 등지에서 소규모 전시회가 개최되었다.

초기 전시회는 자연 발생적으로 형성된 물물교환 형태의 시장이었다. 12세기에 접어들면서 프랑스에서 전 유럽의 생산물이 전시되는 것을 시작으로 전시회는 유럽의 주요 도시를 거점으로 산업전시회로 점차 변모하기 시작하였다. 또한 17세기에는 로마에서 미술전람회가 최초로 개최되었다. 이처럼 미술전시회, 학술전시회가 발전하였지만 과학기술의 발달로 인해 신제품, 신기술에 대한 전시회가 점차 등장하기 시작하였다. 19세기 산업혁명 이후 영국은 세계적인 국가로의 시장확대 필요성을 인식하고 자국제품을 해외시장으로 진출하기 위한 모색을 하기 위해 1851년에 런던에서 만국박람회(Great Exhi-bition of the Work Industry of All Nation)를 개최하였다. 이 박람회는 기존의 박람회와는 달리 대규모의 전시회였으며 국제적 규모를 갖추었을 뿐 아니라 최초로 이익을 창출한 전시박람회였다. 런던 산업전시회는 대영제국의 위상 및 산업성장을 도모하기 위해서 개최되었지만 오히려 당시 독일, 프랑스 등의 산업을 발전시키는 촉진제 역할을 하였다. 1853년 미국도 만국산업전시회(The Exhibition of the Industry of All Nations)를 뉴욕에서 개최하였으며 이를 통해 무역위원회와 은행들이 지속적으로 건립되어 오늘날 뉴욕이라는 거대 도시를 만드는 계기가 되었다.

19세기 산업혁명과 더불어 발달된 전시회는 점차 상품전시회에서 견본전시회로 성격이 변모되었다. 산업기술, 기계의 발달로 상품을 대량으로 생산할 수 있게 됨으로써 더 이상 전시회장에서 상품을 직접 판매할 필요가 없었다. 따라서 고객이 단순히 주문을 할 수 있는 견본만을 전시하게 되어 전시회는 견본전시회의 성격을 가지게 되었다.

견본전시회는 1894년부터 라이프찌히를 시작으로 발전되었다. 1차 세계대전 이후 라이프찌히 전시회를 모델로 삼아 프랑크푸르트, 쾰른, 베를린, 밀라노 등지에서 견본전시회가 개최되었다. 1928년 영국 등 31개국이 프랑스 파리에 국제 세계박람회 기구인 B.I.E(Bureau International des Expositions)를 만들고 세계박람회 개최 수와 내용 등에 관한 협약을 재정하여 세계 주요도시에서 박람회가 개최되었다. 2차 세계대전을 거치면서 미국의 급부상과 더불어 일반전시회와 일반관람을 제한하는 전문적인 성격의 전시로 분화되어갔다.

60년대와 70년대 이후 첨단산업과 3차 산업의 비약적인 발달로 새로운 제품을 취급하는 전시회가 계속 등장하였고 기존의 전시회는 산업분야로 전문전시회의 형태로 발전하게 되었다. 80년대와 90년대에 이르러서부터는 공급자와 수요자의 정보, 커뮤니케이션 형태가 변화되고 참관객들의 다양한 욕구에 의해 전시회는 여러 개의 개별 전문전시회가 하나의 전시회로 통합되는 복합전시회의 성격으로 변모되었다. 최근에는 전시회와 컨퍼런스, 전시회와 세미나, 전시회와 심포지엄 그리고 특별이벤트 등 개별 전문전시회만으로 상호 결합되는 형태와 더불어 성격이 다른 행사와도 접목되는 형태의 복합전시 이벤트가 많이 등장하고 있다.

2) 국내 전시 이벤트 발달

우리나라는 고종 26년인 1889년 파리 만국박람회 때 처음 전시회에 참여하게 되었다. 또한 1893년 5월부터 10월까지 미국 시카고에서 개최된 시카고 세계박람회에 고종 황제의 특명으로 국내 상품을 출품하였다. 1907년에 한일 양국은 공동주최로 서울에서 **경성박람회**라는 전시회를 개최하였으며, 1915년 경복궁에서 **물산공진회**, 1929년 **조선박람회**가 개최되기도 하였다. 하지만 당시의 전시회는 일본의 정치적 의도로 이루어졌기 때문에 순수상업전시회의 성격이 퇴색되었다. 1933년 조선무역협회가 발족되면서 박람회 참가가 활기를 띠게 되었고, 1941년 조선총독부가 조선동아무역주식회사를 설립함에 따라 조선무역협회는 총독부 산하 전시사업 등 일부만 분장하는 것으로 업무가 축소되었다.

해방 후 1950년 시카고 국제박람회에 230점을 출품하였으며 1955년에는 광복 10주년 산업박람회를 덕수궁에서 개최하여 시발택시가 출품되었다. 1962년 대한무역진흥공사의 설립과 더불어 1968년 한국 수출산업공단에서 **한국무역박람회**가 개최되고 그 이듬해에 덕수궁에서 제1회 전자공업 진흥협회 주최의 한국전자전이 개최됨에 따라 본격적으로 우리나라의 전시 이벤트가 시작되었다.

1970년대 초반에 우리나라 수출정책과 전시회에 대한 관심이 증대되어 1975년 KOTRA가 주관한 75특별 상품전시회가 계속 개최되었고 1982년부터는 국제 무역박람회로 변경되었다. 또한 1976년에는 한국진흥회의 전시장을, 1979년에 한국무역협회는 최초의 전문시설인 한국종합전시장을 설립하였다. 1986년 코엑스(COEX)는 개관한 이후부터 지속적으로 성장하여 '93 대전 세계박람회를 계기로 우리나라 전시산업은 획기적인 계기를 마련하게 되었다. 2011년 킨텍스(KINTEX) 제2전시장의 개장으로 국제 수준의 전시와 컨벤션을 유치, 운영하면서 전시산업을 대표하고 있다.

4. 전시 이벤트 기능과 특성

1) 전시회의 기능

전시회는 일반적으로 판매를 주요 기능으로 하고 있지만 실제로는 판매 외적인 기능 또한 간과할 수 없다. 즉 이 두 가지의 기능이 원활하게 유지될 때 전시 이벤트는 성공적인 기능을 수행한다고 할 수 있다. Cavanaugh & Bonoma 등은 전시회가 판매기능(selling)보다 광범위한 판매 외적인(nonselling) 커뮤니케이션 기능을 수행하고 있다 하였으며 기능을 두 가지로 구분하였다. 따라서 직접적인 판매기능 이외에 기업의 이미지 제고, 경쟁기업의 정보수집, 신제품의 시험, 바이어 및 소비자의 반응 조사 등의 판매 외적인 기능이 효율적으로 이루어져야 한다. 전시회는 판매기능의 역할을 할 뿐만 아니라 커뮤니케이션의 기능을 수행하고 있다. 이같은 전시회의 기능을 살펴보면 다음과 같다.

표 12-1 전시회의 기능

구 분	내 용
판매기능 (Selling function)	• 실질적인 제품판매 • 신 시장 개척 • 유망 예상 고객의 탐색 • 현재고객 및 잠재고객의 확인구매의사 결정 • 제품 및 서비스 등 정보의 전파 • 신제품 및 서비스에 대한 정보교류 • 제품에 대한 장단점 인식 및 문제점을 파악
판매 외적 커뮤니케이션 기능 (Nonselling function)	• 기업의 이미지 제고 • 경쟁기업에 대한 정보수집 • 기업 구성원이 사기 진작 • 신제품 및 신서비스의 고객 반응 사전 파악 • 미래 출시 예정 제품 정보 획득

2) 전시회의 특성

전시회의 가장 큰 특징 중의 하나는 판매자와 소비자가 직접적으로 접촉하여 현장에서 이를 거래하는 것이다. 이는 판매자와 소비자 간의 거래에 소요되는 시간을 단축시킬 수 있을 뿐 아니라 공간적으로 전시장이라는 한정된 장소에서 만남을 통해 비용적으로도 많은 절약을 할 수 있다. 이러한 전시 이벤트의 특성을 신재기(2004)는 다음과 같이 나타내고 있다.

(1) 신속성

마케팅의 촉진수단, 특히 광고 또는 DM 등을 통해서 현재 및 잠재고객의 흥미와 관심이 유발되어 더욱 많은 제품, 가격 및 서비스 등에 대한 정보 수집을 필요로 할 때 전화 및 메일 등의 수단을 필요로 한다. 그러나 전시회는 이같은 고객의 욕구를 짧은 시간 동안 한 공간에서 충족시키며 기타 경쟁기업의 제품 및 서비스를 상호 비교함으로써 구매 및 제품의 흡수과정을 더욱 촉진시키는 특성을 띠고 있다.

(2) 다양한 기회의 제공

마케팅의 촉진수단 중 인적판매는 기존의 고객 및 담당 영업구역에 한정되는 경향이 있어 신규고객 및 잠재고객의 개발에 미흡한 점이 있다. 그러나 전시회는 전시장소라는 한 공간에서 기존 고객뿐만 아니라 잠재고객도 접촉할 수 있기 때문에 다양한 가능성 및 기회를 제공해 주고 있다.

(3) 선택된 매체

전시회는 유망고객이 정기적으로 방문하여 제품 및 서비스의 실질적인 정보를 파악하고 탐색할 수 있는 선택된 매체가 될 수 있다. 즉 유망고객은 관심 있는 전시회에 참관하여 새로운 지식 및 정보, 아이디어를 습득하고 직접 인적판매원과 상담 및 구체적인 문제점에 대한 대안을 찾을 수 있다.

(4) 입체적 특성

여러 마케팅의 수단은 대부분 제품 및 서비스에 대해서 일차원적인 방법으로 소개를 하는 반면에 전시회는 제품 및 서비스를 직접 전시할 뿐만 아니라 직접 시연 등을 함으로써 입체적으로 많은 정보를 다양하게 제공해준다.

(5) 비용 절약적 특성

전시회는 현재고객 및 유망고객, 잠재고객을 짧은 시간에 한 공간에서 접촉할 수 있도록 하기 때문에 다른 마케팅의 수단과 비교할 수 없을 정도로 접촉비용이 절감된다. 일반적으로 전시회에 참가하는 비용은 방문판매비의 1/4의 정도에 불과하다.

제2절 전시 이벤트 기획 및 운영

1. 전시 이벤트 기획

전시 이벤트 기획이란 누가 언제 무엇을 어느 곳에 개최할 것인가를 설정하고 이것의 업무 및 홍보, 미게팅 방향을 선정하여 전시를 성공적으로 개최하기 위한 업무 및 예산의 사전 계획서를 말한다. 일단 전시 이벤트 계획서를 성공적으로 작성하기 위해서는 전시의 목적을 확정해야 하며 전시목적에 맞는 전시물의 자료수집이 선행되어야 한다. 전시 기획을 수립할 때 중요 사항은 참가자들의 관심을 끌 수 있는 확실한 아이템을 확인하고 이를 검증하는 것이다. 즉 참가자들에게 각인될 수 있는 전시물의 유무는 전시회의 성패와 직결된다. 전시목적을 위한 전시물의 확인 및 전시 장소의 섭외를 거친 후 다른 업계 및 단체와 협력 여부, 또한 회의 이벤트와 병행여부, 홍보 수집 여부와 예산을 수립한 후 체계적인 업무별 흐름도를 구성해야 한다.

전시기획 단계의 업무흐름도는 민저 해당 신업에 대해 통계연감을 통해서 국내시장 규모 및 수출입 동향, 그 분야 전문가의 조언 등으로 해당 산업에 대해서 시장조사를 한 후 기업 연감이나 관련 잡지, 관련 협회 및 조합의 회원사 명부 등으로 국내 참가대상 업체 수를 파악한다. 전시기획자는 전시장 전체의 이미지와 장식에 관심을 가지고 전시장 사용료 및 교통의 편리성, 시설의 적합성 등을 고려하여 전시장소를 선정하고 필요시에 후원 및 협력기관을 결정하고 마지막으로 수입예산 및 지출예산을 고려하여 예산을 수립한다. 예산의 수입은 기업의 협찬금 및 기간 중 부스 판매 등 예상수입 및 입장료 등으로 마련할 수 있으며 적절한 비용 범위 내에서 예산결산이 이루어지도록 충분한 범위 내에서 수립되어야 한다.

1) 개최 목표

전시회의 목표 방향을 어떻게 설정하느냐에 따라 전시운영이 달라진다. 전시의 목적이 공익적인지 영리적인지 또는 기업의 정보 교류인지를 먼저 설정한 후 이에 맞는 전시수립이 이루어져야 한다. 이에 따라 전시회의 명칭과 내용이 결정된다. 전시회의 명칭은 전시할 분야를 함축하는 명칭을 만들어 참가업체 및 참관객들의 관심을 끌 수 있도록 해야 하며 전시회의 성격과 내용을 결정하는 것이므로 모든 전시회에 기대감이 있도록 해야 한다. 전시회 명칭은 꼭 한 가지 정식 명칭만을 써야 하는 것이 아니고 영문 및 약어로 하여 전시회의 이름만 보아도 쉽게 전시회를 파악하고 유도할 수 있는 명칭이 좋다.

2) 개최 시기

전시회의 개최시기는 참가 기관의 사정 및 업무의 특수성, 계절적 상황, 다른 경쟁 전시회의 개최시기에 따라 유동적으로 대처해야 한다. 또한 전시회 개최 기간은 대부분 준비기간, 전시기간, 철거기간의 세 부분으로 나뉘는데, 준비기간은 3일, 전시기간은 4일, 철거기간은 1일 등 준비기간을 포함한 총 전시회의 일정 기간은 8일 정도로 수립한다.

3) 개최 장소

국내에서 전시 이벤트를 개최하고 있는 전문 장소로는 코엑스와 킨텍스 비롯한 전국 주요도시에 분포되어 있다. 그러나 개최장소는 개최 규모, 대중 교통수단, 전시회장의 편의시설 이용성, 그 지역의 물가수준, 기후, 숙박시설, 참가자 수에 따라 각각 다르게 설정되어야 한다. 반드시 종합전시장을 고집할 이유도 없으며 참가자의 상황과 예산 등을 고려하여 호텔이나 다른 상설전시장 등을 이용할 수 있다.

또한 전시장 규모는 개최타당성 조사 시에 검토된 해당산업의 시장조사에서 파악된 것과 외국의 유사한 전시회, 참가 대상업체의 수, 예상 관람객의 수, 제품의 크기 등을 고려해서 결정해야 한다. 전시장 규모를 잘못 설정하면 운영에 많은 어려움이 따르게 되므로 전시장 규모를 결정할 때는 미리 참가자와 전시품의 규모를 고려하여 예상보다 20% 정도 여유 있을 정도의 전시장을 설정하는 것이 좋다.

4) 운영 예산

전시 이벤트 예산은 충분한 검토를 통해서 수립해야 한다. 수입을 많이 예상해서 예산을 편성할 경우 어려움에 직면할 수 있으며 너무 적은 예산 편성은 운영을 힘들게 할 수 있다. 전시회 수입은 기업의 협찬금, 부스 판매료, 입장료 등이 있으며, 전시장 지출비용은 인건비, 임대료, 전기 및 냉난방비와 부대시설 사용료, 홍보행사 등이 있다.

표 12-2 사업 수입 · 지출 항목

구 분	내 용
수입항목	• 출품료 – 부스판매 대금 • 전시회 디렉토리 판매수입 – 전시업체 명단 및 전시품목 자료의 유료 판매대금 • 광고수입 – 디렉토리 등 관련 책자의 광고 게재료 • 입장료 수입 – 일반 관람객의 입장료 수입금 • 기타 수입 – 은행이자 등 기타 수입
지출항목	• 회장료 – 전시회장 임차료 • 전시장 설치, 장치료 – 기본부스 설치비, 간판류 제작비, 전기공사, 청소비 • 인쇄비 – 전시회 출전안내서, 전시자용 안내서, 각종 관계 서류 등 • 인건비 – 사무국 요원, 임시 고용원의 임금, 사무국 운영비용 • 기타 지출 – 보험, 경비 등

자료: 한국관광공사, 1994 : 132

5) 전시물 섭외

전시목적에 따라 선정된 전시물은 그 유치와 관리가 매우 중요하다. 고가의 전시물을 섭외할 시 반드시 전시물 임대차 계약서가 필요하며 고가의 전시물이 훼손 또는 분실하였을 경우 그 책임을 명확히 할 수 있도록 전시물 임대인과 협의하여 보험 상황도 확인해야 한다.

2. 전시 이벤트 운영

1) 개막

전시 이벤트는 개막식을 실시함으로써 일반인들에게 공개하게 된다. 일반적으로 개막의식 중 대표적인 것이 개막 테이프 커팅이다. 테이프 커팅은 개장식에 온 주요 인사들이 오색 테이프를 자르고 전시장을 관람하는 형태로 이루어진다. 이때 음악연주 및 기타 공연 등을 가미하면 개막식 분위기를 더욱 고조시킬 수 있다. 개막식 행사는 주최 측 주요인사의 개막 선언 이후 참석자의 축사 등 주요연설을 비롯하여 축하공연 등이 주를 이룬다.

2) 부스(Booth) 관리

전시회에 출품하는 모든 관련업체는 반드시 부스(Booth)를 사용하는데 이때 부스는 주최 측의 가장 중요한 수입원이 된다. 부스(Booth)는 사용에 따라 기준 방법이 다른데 가장 효율적이고 신뢰성 높게 사용하는 방법이 부스 수 기준 방법이다.

부스 단위 계산방식은 기본부스를 몇 개 단위로 판매하는 것인데 이때 주최 측에서 제공하는 기본부스는 약간씩 차이가 있으나 통상 9㎡(3m×3m)가 가장 많다. 스페이스 외에도 좌, 우, 뒷벽, 전시업체 명판, 기본조명, 안내데스크, 의자 등이 포함된다(한국관광공사, 1994 : 133). 이 방법은 전시회를 개최할 수 있는 최소한의 부스 수(보통 100부스를 기준으로 한다)를 기준으로 정해놓고 전시회를 기획해서 마칠 때까지 소요예상되는 예상 총지출 금액(직접지출 경비+간접지출 경비)을 산출한다. 또한 실(室) 또는 면적을 기준으로 결정하는 방법이 있는데 이는 우리나라의 COEX와 같이 전시장을 임대할 경우에는 최소한 1개실 이상을 단위로 하여 임대를 하거나 외국과 같이 1개 전시장의 규모가 커서 분할 임대하는 경우에 이용되는 방법이다. 그러나 결국은 임차한 면적에 부스를 만들어서 부스 기준방법과 같이 계산하여 결정한다(문영수, 1999 : 123~124).

그림 12-2 서울 국제관광 산업박람회

3) 전시물

전시물은 단순한 배열보다는 의미를 부여하거나 드라마처럼 이야기(story)를 만들어 진열하거나 전시 스토리를 구성하는 전시나 전시장 전체를 상징적으로 이미지화하는 전시장 구성이 많이 실시되고 있으며 이때는 전시 전문가의 자문을 구하여 전시품을 진열하는 것이 바람직하다(정호권 외 2004 : 189).

4) 홍보

행사일정이 확정되면 전년도 전시회 참가업체 등 전시내용과 관련된 업체들을 대상으로 출전품 안내서 등 홍보물을 배포하여 행사참가를 유도하게 된다. 출품자의 모집은 주최자가 직접하는 경우와 POC나 광고대리점을 통해서 하는 경우가 있다. 출품안내서는 팸플릿, 가이드북의 형태로 제작하는 경우와 회의 Circular에 출전 관련 사항을 게재하는 경우가 있는데 일반적인 수록 내용은 대표자의 개최 인사말, 개최취지, 전시회 개요(명칭, 기간, 장소 등), 주최자, 협찬, 후원, 협력단체 등 소개, 출품자 참가자격, 가격 및 지불방법과 출품요령 및 신청용지 등이다.

전시업체가 결정된 해당업체 담당자들을 모아 설명회를 개최하는데 주최 측에서 출품에 관한 주의사항을 알리고 각종 정보를 제공한 후 각 전시업체로부터 질문을 받고 상황이 허락되면 전시장을 같이 답사한다. 설명회에서는 전시회의 각종 규정, 정보 및 각종 신청서 등이 수록된 전시자용 킷트(Exhibitor's Kit)를 배포한다(한국관광공사, 1994 : 134~135).

표 12-3 Exhibitor's Kit

Exhibitor's Kit
• 전시회 개요 • 전시장 안내(교통, 시설, 허용 하중 등) • 반출입 규정 • 기본부스 크기와 배치도 • 부스 설치규정 • 전기, 배수, 가스, 전화설치 등에 관한 규정 • 공연시 주의사항 • 천재지변으로 인한 전시회 중단 때 취소규정 • 기타 각종 신청서 - 전시회 디렉토리 게재 신청서 - 디렉토리 내에 광고게재 신청서 - 보세취급 신청용지 - 출품자 배지 신청서 - 전화가설 신청서 - 기초장식 패키지 신청서 - 이외에 비품신청서, 위험물 신고용지, 전기, 압축공기, 급배수시설 신청서, 용역제공 신청서, 냉온방장치 신청서 등이 필요

자료 : 한국관광공사, 1994 : 134

5) 동선

전시장은 관람객의 동선이 중요하다. 동선은 관람객들이 전시품을 모두 관람할 수 있으며 관람객끼리 동선의 충돌이 없도록 한다. 또한 어느 한 장소에 너무 밀집이 되어서도 곤란하다. 따라서 집중적이고 관람시간이 많이 걸리는 전시품은 안쪽에 위치하도록 하며 입구와 출구는 시각적이고 단순한 전시품들이 좋다.

6) 휴식 및 편의 공간

대규모 전시장의 경우 관람자들이 장시간 이동하며 관람하기 때문에 피로를 많이 느낄 수 있다. 따라서 관람장 규모에 따라 적절한 휴식 공간이 필요하다. 휴식 공간은 보통 30분~40분 정도 관람 후 동선을 방해하지 않은 공간에 설치하는 것이 좋으며, 기본적인 음료 시설을 구비하는 것이 좋다. 편의시설은 식수, 화장실, 음식점, 공중전화 등 쾌적한 관람을 위한 시설들을 말하며 관람인원, 전시장의 규모, 평균 관람시간 등을 충분히 고려하여 편의시설을 구비해야 한다.

7) 전시장 조명 및 색상

전시장은 전시품의 성격에 따라 조명 및 색상 등이 다르게 사용된다. 일반적으로 조명은 전시품을 관람하는 데 불편함이 없고 전시품의 특성이나 개성이 돋보일 수 있도록 해야 한다. 채광 또한 전시장 전체가 잘 조화될 수 있도록 구성되어야 하며 잘못된 조명과 채광으로 인하여 전시 이미지를 훼손하는 경우가 있으므로 전시품의 성격에 맞는 알맞은 조명과 채광이 이루어져야 한다.

8) 종료

전시회가 종료되면 전시품을 다시 기존의 업체에 반송해야 하며 기존 관람실의 기자재 또한 철거해야 한다. 철거는 준비 때보다 안전사고가 날 소지가 더 많기 때문에 사전에 충분한 계획을 세워서 종료작업을 해야 한다.

시설물 철거는 사용물 철거와 기자재 철거가 있는데 사용물 철거란 전시장의 안전을 위해 제일 먼저 철거하는 시설물로는 전기, 전화, 수도와 가스 등이 있고, 기자재 철거란 기본시설물과 비품 등을 제거하는 것을 말한다. 비품기자재 철거는 순서대로 진행되어야 하는데 이는 ① 비품 및 임대기자재 철거, ② 기본시설물 철거, ③ 기본기자재 철거, ④ 기본부스 카펫트 철거 순이다.

전시품을 반출하기 위해서는 전시품목마다 패킹(Packing) 작업을 먼저 실시해야 하는데 작업 시에는 주변 출품업체에 지장을 주지 않도록 조심해야 하고, 패킹(Packing) 작업이 끝난 후에는 naming 처리를 정확히 하여 목록별로 정리정돈해 두었다가 차례가 되면 반출한다.

제3절 전시 이벤트 발전 방안

1. 전시산업의 중요성 및 각국의 육성동향

1) 중요성

전시산업은 지식집약산업적 환경친화적인 고부가가치 산업으로 고외화가득률을 이루고 있다. 90년대 북미의 전시산업 평균성장률은 7%였으며 독일은 10%의 성장률을 나타냈고 세계적으로 매년 13,000여 건 이상의 전시회가 개최되고 있다. 산업별 외화가득률을 보면 무역전시가 88.1%, 반도체 39.8%, 신발 72.8%, 조선 69.0%로 전시 산업이 가장 높게 나타나고 있다. 또한 문화, 관광 및 교통, 통신 등 연관산업에 대해 미치는 파급효과도 매우 크다. 독일의 경우 전시산업은 GDP의 1%를 상회하고 있으며 이는 건설업 규모와 대등하게 나타나고 있고 전시산업의 생산유발 효과와 고용창출 효과가 크다고 할 수 있다.

전시산업은 수출을 촉진하고 국가이미지를 제고하는 산업으로써 독일의 경우 총 무역거래 중 60~70%가 전시회를 통해 성사되고 있으며 문화, 관광과 결합되면서 국가이미지 제고에도 상당한 기여를 하고 있다. 특히 전시산업은 지역 및 국가발전을 위한 전략산업으로서 일본 나고야의 경우 전시회를 지역개발사업으로 활용하고 있으며 한국 대전의 경우 엑스포를 계기로 과학기술도시로 발돋음하였다.

2) 각국의 육성동향

미국은 대부분 민간 기업이 전시회 주체를 담당하면서 정부와 민간단체가 지원하는 시스템을 구축하고 있다. 상무부 국제무역청이 선정된 전시회에 대해 해외 바이어를 유치해 주는 IBP(International Buyer Program)를 운영하고 있으며 IAEM(국제전시회경영협회) 등을 주축으로 전시회인증제도, 통계 및 자료생산 기능을 수행하고 전시전문기획사 제도를 운영하고 있다.

독일은 중앙과 지방정부가 출자한 공기업(프랑크프르트 메세 등)이 전시장운영 및 주최자로서 기능을 수행하며 AUMA(전시산업협회)가 평가, 진흥활동을 수행하고 있다. AUMA는 독일전시회 해외 프로모션, 통계조사 및 데이터 관리기능 수행 및 인증제도를 운영한다. 싱가포르는 정부인정 전시회에 개최관련 비용을 지원하는 등 정부가 전시회를 적극 육성하고 있으며 전시산업 지원 추진체제로는 컨벤션 · 전시협회가 구성되어 정부지원으로 전시 교육과정 운영, 연구, 평가 등의 사업을 시행하고 있다. 홍콩의 경우 무역발전위원회가 직접 참가업체 및 참관객 리스트를 DB제작하여 정보제공 기능수행과 평가관리업무를 담당하고 있다.

그림 12-3 2009 세계 전시회 개최현황

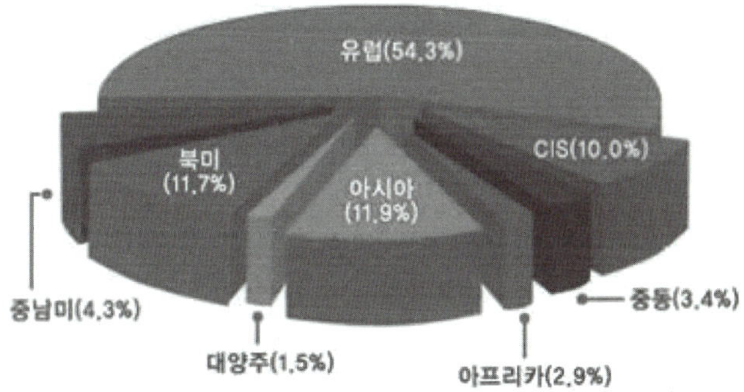

자료 : 글로벌 전시 포털(GEP)

2. 국내 전시산업의 현황 및 문제점

우리나라의 전시산업은 전시장 면적, 전시회 개최건수 등 양적인 측면에서 급속히 발전하였으며, 전시회로 인한 직접 및 간접효과 등을 고려할 때 생산유발, 부가가치 유발, 고용유발 등의 경제효과를 달성하였으나 이러한 외형적인 성장에도 우리나라의 전시산업은 전시시설 및 숙박 · 교통 등 부대시설, 전문인력 등의 부족 등 산업기반이 체계적으로 마련되어 있지 못하고 산업구조 또한 영세사업자의 난립 및 불합리한 하도급 관행 등으로 낙후성을 면하지 못하고 있다.

산업의 경쟁력 측면에서도 전시산업은 우리나라의 무역규모 및 경제적 수준에 미치지 못하고 있으며, 이로 인해 대부분의 기업들은 국내 전시회보다는 해외 유명전시회를 선호하고 있다. 이렇듯 국내 전시장은 전문 전시장이 전반적으로 부족하고 지역 간 수급이 불균형하며 경쟁국에 비해 전시장 수와 가용면적이 열세에 있는 상황이다. 특히, 국제규모의 전시장 수가 경쟁국에 비하여 부족하다.

현재 국내에는 전국에 걸쳐 9개에 174,021㎡의 무역전시장이 있으나 선진국은 물론 경쟁국에 비해서도 매우 부족한 실정이며, 국제규모의 전시회를 개최할 수 있는 KINTEX · COEX의 전시면적도 각각 53,541㎡와 36,027㎡에 불과하여 독일 하노버전시장(490,000㎡), 일본 동경빅사이트전시장(80,660㎡), 홍콩 아시아 월드엑스포(66,420㎡) 등에 비해서 크게 협소한 상황이다.

표 12-4 국내 전시장 현황

전시장명	위치	개장 연도	운영기관	시설 규모(m²)
aT Center	서울	2002년	농수산물유통공사	7,422
COEX	서울	1988년	코엑스	36,027
SETEC	서울	1999년	KOTRA	7,948
KINTEX	경기	2005년	KINTEX(주)	53,541
수원컨벤션센터	수원	2019년		7,877
BEXCO(제1전시장)	부산	2001년	(주)벡스코	26,508
BEXCO(제2전시장)	부산	2012년	(주)벡스코	19,872
송도 컨벤시아	인천	2008년	인천관광공사위탁	54,053
EXCO	대구	2001년	(주)대구전시컨벤션센터	11,616
CECO	창원	2005년	경상남도/창원시	7,826
GUMI CO	구미	2004년		3,402
HICO	경주	2015년		2,273
김대중컨벤션센터	광주	2005년	김대중컨벤션센터	9,072
KOTREX	대전	1995년	KOTRA	4,200
DCC	대전	2008년	재단법인 대전컨벤션뷰로	2,520
GSCO	군산	2014년	김대중컨벤션센터	3,000
ICC JEJU	제주	2003년	(주)ICC JEJU	2,394

국내에서 개최하고 있는 전시회는 국제적인 인지도가 높고 외국업체 및 바이어가 많이 찾는 전시회는 많지 않은 실정이다. 국내 최대 무역전시회로 꼽히고 있는 한국기계전, 한국전자전, 섬유 · 의류교역전 등도 외국의 유명전시회에 비해서는 매우 미미한 수준에 그치고 있다.

현재 공급에 여유가 있으나 단기적으로 수도권에서는 공급이 수요에 비해 부족한 반면 지방에서는 전시장의 일시적 과잉공급이 예상된다. 또한 국내개최 전시회의 85%가 수도권에서 개최되는 반면 제대로 된 전시공간은 부족한 실정이다. 지방의 경우 각 지자체의 전시장 건립계획이 추진되고 있으나 수급관련 기초통계와 중앙정부 차원의 계획이 없어 향후 이에 대한 대책이 필요하다. 국내전시회는 연간 300여개씩 개최되고 있으나 내실이 부족한 실정이며 참가업체수가 400개 사를 넘는 전시회는 불과 2~3개 수준이다. 소수를 제외하고는 외국참가 업체가 거의 없는 국내 행사가 대부분이며 대부분 전시회 주최자는 연간 2~5개의 전시회를 개최하고 있다.

현재 국내 전시관련 통계와 평가는 국제적으로 인정되지 않는 실정이며 전시회 개최실적을 주최자의 자의적 통계에 의존하고 있다. 전시회 개최실적을 평가 · 관리하는 기관(추진체제)이 없으면 객관적이고 신뢰성 있는 평가가 부실할 수밖에 없다. 따라서 바이어나 판매자의 전시회 참여 결정에 참고할 수 있는 객관적 자료제공이 불가능한 실정이다. 정부지원도 전시회 발전가능성보다는 주관기관과 후원기관의 영향력에 의하여 결정되는 경향이 있으며 전시회 주최자, 전시장 운영자, 전시지원기관, 전시회 평가자 등 전시 관련기관 간의 역할 정리도 아직 확립되지 않은 실정이다. 이는 전시장 운영자가 주최자 기능을 수행하고 평가관리자도 주최자 기능을 수행하는 등 전시관련 각 분야의 전문화가 미흡하기 때문이다.

3. 전시산업 진흥방안

현재 국내의 무역전시산업이 유치산업단계에 있는 점을 감안한다면 당분간 정부주도형 산업으로 성장을 이끈 후 시장형성으로 시장기능이 제대로 발휘되는 경우 민간주도형으로 전환하는 것이 바람직하다. 또한 현재 전시주최자, 전시장운영자, 전시

지원기관을 연계한 민간주도의 추진체제를 정립하고 주최자, 운영자, 지원기관 간의 역할을 명확히 하여 이들이 모두 참여하는 전담 전문기관을 설치하여야 한다.

전시장 공급확대에 맞추어 전시회의 균형적 발전을 추진해야 하며 이를 위하여 체계적인 해외홍보 시스템을 구축하여 국내전시회 지원 사업의 평가 관리 및 환류(Feed-back)기능을 강화해야 한다. 외국의 유명한 전시사업자 및 전시주최자들을 초청하여 우리나라에서 개최예정인 교역전에 보다 많은 외국회사가 참가하도록 유도하는 등 우리나라 전시 주최자들의 능동적인 노력이 요청된다. 아울러 수출 진흥에 역점을 두고 있는 교역전일수록 외국의 바이어 유치에 힘써야 할 것이다.

한국전시산업진흥회는 전시회 참가업체 및 참관객에 대한 신뢰성 있는 객관적인 데이터 통계를 확보하여 국내 전시회의 국제화 촉진과 신뢰성 있는 통계를 정책 개발의 기초자료로 활용 국내 전시 산업의 경쟁력 제고를 목적으로 전시회 인증제도를 운영하고 있다.

기대효과로는 ① 신뢰성 있는 데이터 공개로 전시회 질적 성장 및 대외공신력 제고, ② 관람객에 대한 정확한 데이터 제공으로 기업의 마케팅 목표에 적합한 전시회 선정 및 전시회 참가성과 극대화, ③ 신뢰성 있는 통계자료 확보로 정부의 정책능력 향상, ④ 전시주최사업자간 투명하고 공정한 경쟁원리의 도입으로 전시산업 발전 기여, ⑤ 해외 업체 · 구매자(바이어) 유치 도모 및 국제수준 전시회 개최 유도 등이다.

현재 국내전시와 관련한 통계자료가 매우 미흡한 실정이다. 따라서 전시산업관련 통계 · 정보 생산 및 연구능력을 제고하여 무역전시산업 관련 정책수립에 활용해야 하며 무역전시산업과 관련산업 간의 유기적인 발전을 도모하여 무역전시산업과 호텔, 관광, 교통업 등 관련 산업의 유기적 협조로 전시산업의 시너지 효과를 극대화해야 한다. 산업전시 이벤트 전문인력을 적극 육성하여 전시회 주최자, 각종 용역업체나 학계의 전문가 등의 강사진을 구축해서 전시회 관련업계 종사자들을 훈련해야 하고, 또 대학이나 전문대학의 관광관련 학과의 교과과정도 새로운 수요에 부응할 수 있도록 과감한 투자가 이루어져야 한다.

제4절 전시 이벤트 사례

1. 대전 세계박람회

1993년 8월 7일부터 11월 7일까지 총 93일 동안 개최된 대전 세계박람회는 첨단기술을 소개하면서 동시에 한국을 포함한 108개 참가국들이 전통문화 예술을 소개하는 다채로운 프로그램으로 진행되었다. 이 행사를 위해 대전시는 박람회장 건설 등 직접 관련비, 박람회장 연결도로 확충 및 교량건설, 임시역 설치 등 지역기반시설비, 경부고속도로 및 대덕밸리 인터체인지 확장비 등 모두 9,755억 원을 직 · 간접비용으로 지출했다. 행사기간에 외국인 67만 명을 포함해 총 1천4백만 명에 이르는 국내외 관광객들이 방문했으며 특히 일본과는 비자면제 협정을 맺어 입국을 도모하고자 노력했는데, 그 결과 전년대비 6.7% 증가한 9,300명의 일본인 관광객들이 다녀갔다. 대전 국제박람회 개최를 통해 대전은 도시 팽창과 함께 도시 이미지가 크게 향상되었다.

그림 12-4 대전 세계박람회 전경

2. 광주 비엔날레

현대미술의 전시를 중심으로 공연, 이벤트, 학술회의 등 복합문화축제의 장이 펼쳐지는 광주비엔날레는, 한국에서는 처음으로 마련된 국제 현대미술축제로 장기적인 지역 문화발전의 추구와 세계화의 염원을 담아 1995년 처음으로 개최되었다. 광주비엔날레는 2년마다 열리는 국제 미술전람회로써 다양한 미술장르를 한 곳에서 볼 수 있고, 20년이 넘는 역사를 가진 우리나라의 대표적인 전시 이벤트이다. 광주 비엔날레는 지금까지 1995년 제1회 비엔날레를 시작으로 1997년, 2000년부터는 2년마다 열리고 있다.

2018(제12회) 광주비엔날레 주제 '상상된 경계들'은 베네딕트 앤더슨(Benedict Anderson)의 민족주의에 대한 저서인《상상의 공동체(Imagined Communities)》에서 차용됐다. 세계화 이후 민족적 · 지정학적 경계가 재편되고 있는 동시대 현상 속에서 지정학적 경계를 넘어 정치, 경제, 감정, 세대 간 복잡해지고 보이지 않게 굳건해지는 '경계'에 주목하면서 시각화했다.

2018 광주비엔날레 시그니처는 기하학적 형태가 도드라지는 아방가르드 고딕(Avant Garde Gothic) 서체와 작도로 진행된 한글레터링 조합으로 구성됐다. 굵고 진한 획이 두드러지면서 다방면으로 표출될 가능성의 상황을 표현하고 있다.

2018광주비엔날레 공식 포스터는 주제 '상상된 경계들'의 풍경을 제시한다. 광주의 역사성과 공간성에 착안하면서도 관람자의 다양한 해석이 가능하도록 열린 형태를 취하고 있다. 보색 대비의 양분된 화면은 관객의 시점에 방향성을 암시하고, 반추상적 그래픽 모티프에 대한 해석의 층을 더하면서 '저 너머' 경계의 풍경을 연상시킨다.

이를 배경으로 공간에 부유하는 그래픽 모티프는 절제되면서 각 요소 간 상관관계가 지속되도록 했다. 사선으로 진열된 오른쪽 정렬 시그니처 배치는 그래픽 모티프와 연결성을 강조하면서 관습적으로 위치하던 타이틀 역할의 레이어를 축약하여 '상상의 풍경'에 집중하게끔 했다.

광주 비엔날레는 관광 측면에서는 소득 수준 향상에 기여함과 동시에 광범위한 유발효과를 창출시키고 지역경제 활성화에 상당한 공헌을 하고 있으며 이외에도 지역주민의 자부심 향상과 도시의 선진화에 기여하고 있다.

그림 12-5 제12회(2018년) 광주 비엔날레 시그니처와 공식 포스터

시그니처

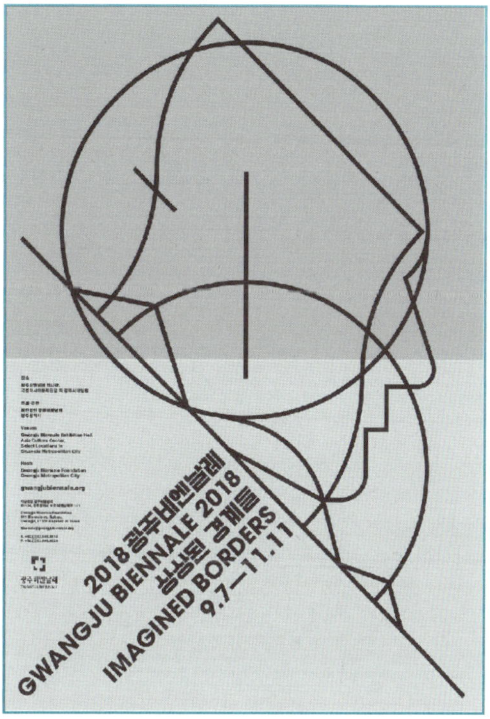

공식 포스터

13

기타 이벤트

제1절 스포츠 이벤트

제2절 문화공연 이벤트

Event
Management

이벤트 경영론

제13장

기타 이벤트

제1절 스포츠 이벤트

1. 스포츠 이벤트 개념

오늘날 스포츠 이벤트 행사는 월드컵과 같은 대규모 메가 스포츠 이벤트 행사부터 시역의 소규모 운동회까지 그 규모는 매우 차이가 크며 이에 따른 행사인원과 비용은 천차만별이다. 사람들은 스포츠 이벤트를 통해 즐거움을 얻고 이를 통한 지역의 경제, 문화 등의 파급효과는 오늘날 스포츠 이벤트 개최의 가장 큰 목적 중 하나이다.

스포츠 이벤트는 모험 · 건강 · 레크리에이션 · 스포츠를 통해 삶의 질 향상을 도모하고자 하는 프로그램으로, 참여자가 스포츠의 관전, 강습 또는 경기에 직접 참여하는 것을 목적으로 사람들이 모이도록 모임을 개최하여 정해진 목적을 실현시키기 위하여 행하여진 행사이다. 즉 참여자는 내적인 모험을 통하여 재창조와 자아개발에 중점을 두며, 외적으로 신체적 회복 및 건강증진 등을 도모하기 위하여 스포츠 이벤트에 참여하는 것이다(이경모 2002 : 426). 스포츠 이벤트는 스포츠를 담당하는 사회조직들이 자신들의 사회적 역할을 증대시키고 평생체육의 활성화를 도모하고자 실시하는 이벤트를 말하나, 스포츠조직 이외에 다른 사회조직들이 자신들의 조직강화를 위한 수단으로 스포츠를 선택하여 실시하는 이벤트도 포함한다. 일반적으로 스포츠 이벤트는 기업을 중심으로 한 텔레비전 등의 매스미디어, 스포츠단체, 광고회사, 스포츠 프로덕션이 유기적으로 연결되어 만들어 가는 **관전 스포츠**와 지방자치단체 또는 공공단체가 주최하고 주민이 행하는 **참가형 스포츠**로 나누어진다. 전자는 주로 상업적인 목표가 강한 이벤트이고, 후자는 공공의 목표가 강한 이벤트라 할 수 있다(고승익 외, 2002 : 98).

오늘날에는 국민의 여가 선용과 삶의 질 향상을 위해 국가 및 지역 단체에서 스포츠 이벤트를 적극 지원하고 있으며 이는 생활 스포츠 형태로 나타나고 있다. 개인적인 생활 스포츠부터 상업적인 프로스포츠까지 오늘날 스포츠 이벤트는 우리 생활에 밀접하게 퍼져 있다.

그림 13-1 **스포츠 이벤트 개념**

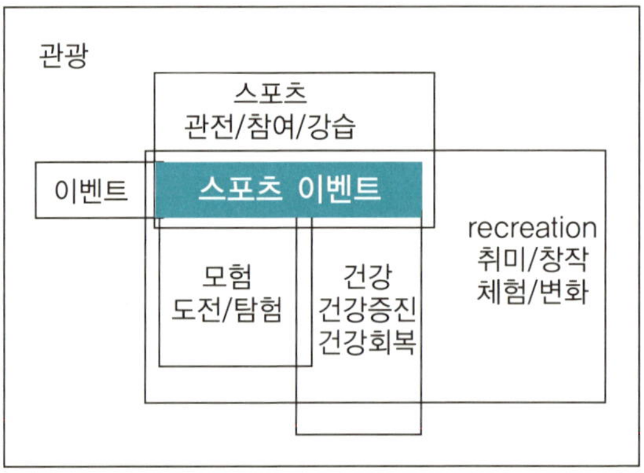

자료 : 이경모, 2002: 426

2. 스포츠 이벤트 등장 배경

1) 해외 스포츠 이벤트

오늘날 스포츠 이벤트는 여가의 증가와 대중 스포츠의 붐 속에서 그 인구가 급격하게 늘어나고 있다. 과거 운동선수 위주의 경기 형태에서 오늘날은 대중들이 참여할 수 있는 참여형 스포츠가 널리 확산되고 있다. 스포츠는 그 시대에 따라 다른 양상을 보이고 있으며 스포츠 발달은 그 시대 사회 현상을 반영하고 있다. 스포츠는 인류가 생존을 위해 필사적으로 움직여야 했던 원시시대부터 기원을 찾을 수 있다. 그러나 국가

체제가 확립된 고대시대에 들어서 국가의 안보와 국민들의 단결심을 위해 국가적인 스포츠 행사가 필요하게 되었다. 고대 그리스시대의 올림픽은 시민 국가를 결속시키는 대표적인 스포츠 행사였다. 그리스인들은 4년마다 제우스신을 위한 제례를 치루었는데 이 당시 콜로세움 경기장은 9만 명을 수용할 수 있는 대규모 행사장이었다.

중세시대 이후 인본주의 사상이 확립되어 신중심의 스포츠에서 인간과 규칙중심의 스포츠가 확립되게 된다. 중세시대에는 종교행사의 일환으로 스포츠 행사가 이뤄졌으나 이는 미비한 수준이었으며 본격적인 스포츠 이벤트가 활기를 띤 것은 르네상스시대가 도래하면서이다. 이 시대에는 건강과 위락을 목적으로 교회에서 체육이 인정되어 펜싱교실, 테니스 코트장 등이 생겨났으며 스포츠를 하나의 도박으로 인식하여 많은 곳에서 소규모의 스포츠 행사장이 존재하였다. 근대에 들어 스포츠는 대중화시대로 접어들게 되었는데 이에 따라 지역별로 동호회 등이 활기를 띠고 스포츠 조직들이 생겨나게 된다. 프랑스의 쿠베르텡은 국가 간 화합과 인류의 평화를 위해 1896년 근대 올림픽을 창안하게 되었으며 이는 오늘날에도 국가 간의 평화와 우호 증진에 많은 기여를 하고 있다. 현대의 스포츠는 매스미디어와 접목된 대중스포츠가 주를 이루고 있으며 국민의 건강을 지향하는 참여 스포츠가 활성화되고 있다.

2) 국내 스포츠 이벤트

우리의 스포츠 이벤트 역사는 고대시대의 제천의식부터 찾을 수 있다. 이는 일년농사에 대한 하늘에 감사하는 마음을 표현하는 것으로 노래와 춤을 추었으며 다른 부족들과의 패권을 위한 무술 연마 등이 활발히 이루어졌다. 고구려는 전국규모의 수렵대회와 무인을 선발하기 위한 국가대회를 개최하였으며, 신라는 화랑들을 중심으로 각종 무술대회를 비롯한 일반 스포츠도 성행하였다. 고려시대에는 활터를 설치하여 병사와 일반인을 상대로 연습하게 하였으며 궁술대회를 개최하고 상품을 주기도 하였다. 조선시대에는 국가 규모의 큰 행사는 없었으나 마을 단위의 향촌 씨름대회 등이 개최되기도 하였다.

근대 이후 1896년 동소문 밖 삼선평에서 육상경기를 개최하게 되었다. 또한 해방 이후 국민의 체력증진과 국가 체육을 위한 전국체전이 열렸으며 1982년 국내 최초로 프로야구가 출범한 후 축구, 농구, 배구 등 프로 스포츠가 활기를 띠게 되었고, 1986년 아시안게임, 1988년 올림픽, 2002년 월드컵, 2011년 세계육상 선수권 대회, 2018년 동계올림픽 등 전 세계 메이저 스포츠 이벤트를 국내에서 모두 개최하게 되었다.

3. 스포츠 이벤트의 특성

인간은 스포츠를 통해 자신이 이루지 못한 대리만족을 느끼기도 하며 이를 통해 극도의 승부감과 카타르시스를 느끼기도 한다. 스포츠 이벤트는 본인이 참여하는 것 이외에 관전을 통해서도 참여 못지않은 감정을 가질 수 있다. 또한 스포츠는 현장감을 통해 생생한 분위기를 느낄 수 있으며 사전에 각본이 없고 꾸며지지 않은 진실된 현장을 맛볼 수 있다. 또한 승패를 예측하기 어려운 경기에서 뜻밖의 승부가 나기도 하며 이를 통해서 사람들이 충분한 화제와 회상성을 가지게 된다. 이런 스포츠 이벤트의 특성을 정리하면 다음과 같다.

1) 공존성

스포츠 이벤트는 대부분 사람들이 모여서 이루어지는 경기이며 이는 서로 간의 공동체 의식과 소속감을 가지게 하며 이를 통한 팀플레이를 우선시하게 된다. 스포츠를 통해서 공존, 공감의 인간관계(human relationships)를 만들고, 대량동원을 하는 것이 가능하다. 개인적인 스포츠 이벤트 경우에도 이를 참관한 관중들과의 공존성을 같이 느끼게 됨으로써 선수와 관중들이 하나의 소속감을 가지게 된다. 국가대표의 경기나 지역대표의 스포츠 이벤트 경우 이것들을 잘 느낄 수 있다. 현대사회의 프로 스포츠들이 대부분 연고지를 보유하고 있는 것은 바로 이런 공존성의 이점 때문이다.

2) 대중성

현대는 매스컴에 의한 사회적 관심이 많이 표출된다. 또한 매스컴에 의해 사회적 관심이 유도되기도 한다. 스포츠 이벤트는 이런 많은 매스컴에 의한 퍼블리시티

(publicity) 효과를 기대할 수 있다. 따라서 대중성을 무엇보다도 중요한 가치로 여기는 기업 및 지자체 등의 협력을 얻기 쉽다. 또한 과거 스포츠 이벤트는 소수 특정 남성에게 한정되었으나 오늘날 스포츠 이벤트는 남녀노소 누구나 참여 가능한 이벤트로 발전하게 되었다. 실제로 경기장에서 활동하지 않더라도 매스컴이나 직접 관전을 통해 대중들이 자유롭게 스포츠에 참여하게 된다.

3) 건강성

오늘날 여가의 증대와 소득수준의 향상으로 인해 많은 사람들이 건강에 대한 관심이 매우 높다. 병이 들고 치료하는 것이 아닌 평소 꾸준한 관리로 자신의 건강을 유지하는 현대인들이 급격히 증가하고 있다. 이들은 지역의 동호회나 소규모 그룹을 만들어 스스로 스포츠를 즐기고 있으며 스포츠 이벤트를 통해 아름다운 신체와 건강한 정신을 보유할 수 있다.

4) 교육성

스포츠는 항상 룰(Rule)이 존재하며 그 바탕에는 상대에 대한 예절이 수반된다. 스포츠를 통해 규칙을 배우고 서로에 대한 존경과 배려를 배움으로써 사회의 규범과 인간의 존엄을 같이 배울 수 있는 좋은 체험기회가 된다. 또한 항상 결과를 예측할 수 없는 스포츠의 특성은 자기 자신을 꾸준히 수련하고 연마하여 좋은 경기를 위한 준비를 해야 하는 자기절제의 과정이기도 하다. 오늘날은 스포츠를 통한 심리치료 등도 많이 등장하고 있으며 사회 전반적으로 스포츠는 교육의 한 일부분으로 자리 잡고 있다.

5) 진실성

스포츠 이벤트는 짜여진 각본으로 움직이는 것이 아니라 바로 현장에서 관중, 선수, 심판 등이 어울려 꾸며지지 않은 경기를 치루게 된다. 이는 누구의 조작도 있을 수 없으며 자신이 그동안 수련한 노력만큼의 결과가 나오게 된다.

6) 감동성

영원한 승자도 영원한 패자도 없는 것이 스포츠의 현실이다. 챔피언도 언젠가는 그 자리에서 내려와야 하며 패자도 언젠가는 챔피언 자리에 올라갈 수 있다. 우리는 스포츠를 통해 지난날 어두웠던 과거를 딛고 정상의 자리에 서는 순간들을 보며 그 감동을 자신과 같이 느끼게 된다. 누구도 예상하지 못했던 일들이 스포츠 경기에서 일어나며 사람들은 이를 통해 어디에서 느끼지 못한 진한 감동을 느낄 수 있다. 지난 2002년 월드컵 당시 누구도 상상하지 못한 신화를 이루었을 때 온 국민의 마음을 모두 기억할 것이다.

4. 스포츠 이벤트 분류

스포츠 이벤트는 형태에 따른 분류와 참가입장 형태에 따른 분류로 구분할 수 있는데 이를 구분하면 다음과 같다(이용철a, 2000 : 17~18).

1) 형태에 의한 분류

스포츠 이벤트는 지역, 문화, 정서 등에 따라 세분화될 수 있는데, 형태에 따른 분류는 다음과 같다.

표 13-1 형태에 의한 분류

분 류	종 류
스포츠 경기	챔피언십, 올림픽, 월드컵 등의 스포츠 경기
스포츠 회의 · 컨벤션	스포츠이벤트 유치 및 기타 행사를 위한 만남의 장
스포츠 박물관	올림픽, 월드컵 및 운동선수의 기념을 위한 스포츠박물관
스포츠 휴가	스키, 스킨스쿠버 등 계절에 맞는 스포츠 이벤트 강습회 등 관광자의 휴가를 위한 형태

자료 : 이용철, 2000

2) 참가자 입장에서의 분류

참가자의 입장에서 분류해보면 크게 관전형 스포츠 이벤트와 참여형 스포츠 이벤트로 분류할 수 있다. 요즈음 스포츠 이벤트는 참가자의 특성에 맞게 다양화, 차별화, 세분화 양상을 보이고 있어 교육을 목적으로 하는 강습형 스포츠 이벤트로도 세분화시킬 수 있다. [그림 13-2]는 관전형 스포츠 이벤트와 참여형 스포츠 이벤트에서 발생한 강습형 스포츠 이벤트의 상관을 나타내 주는 그림이다.

그림 13-2 **스포츠 이벤트의 분류**

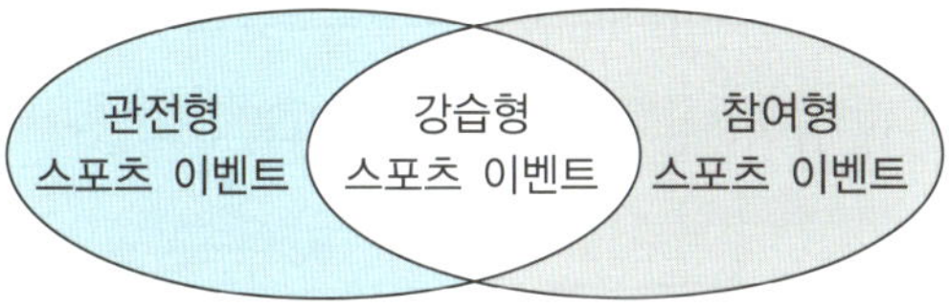

자료 : 이경모, 2002: 426

(1) 관전형 스포츠 이벤트

상당한 수준의 체력 · 기술을 가진 사람들에 의한 고도의 스포츠를 보고 즐기는 형태의 이벤트이다. 스포츠 이벤트 관전을 통하여 즐거움, 오락, 교양 등을 얻고자 스포츠 이벤트에 간접적으로 참여하는 것을 말한다. 국내외의 각종 스포츠 대회에 참여하는 것으로써 개인 · 단체로 올림픽, 월드컵 및 각종 시군에서 행해지는 스포츠 이벤트에 참여하는 이벤트다. 엘리트 스포츠라 불리는 높은 수준의 스포츠 테크닉을 구경하고 즐기기도 하며 이벤트적인 발상으로 기업이 자금을 원조하여 빅게임을 개최하는 경우가 늘어나고 있다.

(2) 참여형 스포츠 이벤트

일반인이 참가 · 출전할 수 있는 이벤트이며 참가자 모집형태의 각종 스포츠 대회를 말한다. 특정 스포츠 이벤트에 직접 참여하여, 행동, 자기표현 욕구를 충족시키는 스포츠 이벤트로써 국내외에서 개인 및 단체로 조깅대회, 마라톤대회, 테니스 토너먼트, 팀대항 소프트볼대회, 야구대회, 주부 탁구선수권, 꼬마 수영대회, 여대생 스키선수권, 지역대항 게이트볼 대회, 직장대항 볼링대회, 아마추어 골프대회 등 스포츠 대회에 참여하는 것으로써 이 중에는 기술적인 폭이 넓으며 프로에 가까운 기술을 겨루는 것도 있다.

(3) 강습형 스포츠 이벤트

특정 스포츠 이벤트에 대하여 관전형과 참여형 스포츠 이벤트를 함께 하는 것으로써, 특정 스포츠에 대한 지식을 습득하기 위하여 개최한 이벤트를 말한다. 이는 우리나라의 태권도를 배우기 위하여 들어오는 외국인이나 골프 및 축구 등 특정 스포츠를 배우기 위하여 강습회, 스포츠교실 등에 참여하는 스포츠 이벤트이다.

5. 스포츠 이벤트의 발전 방향

사회의 발전과 더불어 스포츠 이벤트 또한 하나의 산업으로 그 발전 속도가 가속화될 것이다. 오늘날 스포츠 이벤트가 현대인에 미치는 영향은 매우 크다. 우리의 일상생활 주변에는 스포츠 이벤트와 관련된 선수나 조직을 비롯한 사람들의 관심을 끌 수 있는 숱한 스포츠 화제 등 무수한 것들이 상품으로 자리 잡고 있다. 따라서 이러한 스포츠 이벤트를 활성화하기 위한 여러 방법이 모색되고 있다. 조배행(1999)은 지역주민 참여활성화, 사전 사후 영향평가 시스템 도입, 지속적인 스포츠 관광상품 개발 강화, 스포츠 이벤트 활성화, 사후시설 운영관리 강화, 추후 정책 연구과제 등을 제시하여 미래 스포츠의 긍정적인 발전 방안을 제시하였다. 이를 정리하면 다음과 같다.

1) 주민 참여 활성화

스포츠 이벤트는 지역주민의 많은 참여가 필수적이다. 현대는 대중화 사회이며 스포츠 이벤트 또한 시대의 요구에 부응해야 한다. 시대의 흐름 속에 있는 원인의 필연성을 포함하여 영향력을 갖는 사회현상을 근거로 할 필요가 있다. 따라서 이들 지역

주민의 적극적인 참여와 성원이 가능하도록 하는 제도적인 장치가 필요하다. 주민참여가 결여된 이벤트는 개최 이후 지역의 경제, 사회문화, 자원환경 등의 측면에서 지속적으로 유지, 존속되기 곤란하고, 지역사회나 주민에게 외면받을 수 있다.

2) 사전 · 사후 영향평가 시스템의 도입

스포츠 이벤트 역시 그 개최 목표와 행사 내용 등을 실행하기 위해 조직 운영위원회 등과 실행기구들이 설치되어 행사를 운영하게 되는데 이들이 한시적으로 운영되는 것이 아니라 지속적으로 발전하기 위해서는 스포츠 이벤트가 어떻게 관광적 측면과 통합되는지를 이벤트 개최 이전 단계와 이벤트 개최 당시, 그리고 이벤트 개최 이후 각각 그 영향에 대한 평가를 통해서 확인하고 재검토할 필요가 있다. 이러한 사전 · 사후 영향평가를 통해서 이벤트관광의 최종목표의 달성 정도를 각각 확인할 수 있는데 실질적으로 그 최종목표는 각 분야에 대한 성공여부를 판단하는 지표들의 분석을 통해서 가능할 수 있으며 이들 지표는 다음 표와 같다.

표 13-2 스포츠 이벤트의 성공지표

분 야	최종목표	성공의 지표
조직적 측면	• 자원봉사자의 참가 최대화 • 행사의 효율성 증대 • 네트워크의 개발과 확대	• 참여율 및 이탈률 분석 • 행사재원 절감 확인 • 행사 지지도와 참가단체의 수
경제적 측면	• 행사 수익의 극대화 • 지역경제 수익의 극대화 • 지역주민의 혜택 극대화 • 지역사회 비용부담 최소화	• 경제성 평가, 비용편익 분석 • 관광객 지출 분석 • 승수효과 분석(소속, 고용효과 등) • 외부비용 측정
사회문화적 측면	• 스포츠 활성화와 여가기회 창출 • 지역사회 유대 강화 • 문화유산 보존의 촉진 • 지역주민 지지와 자긍심 촉진	• 스포츠에 대한 인식조사, 참가자 수, 관련 행사 개최 수, 시설 사후 활용도, 참여 단체의 수, 재정규모 등 분석 • 행사를 위한 기부금 등 모금액수
환경적 측면	• 공해와 생활환경 파괴 극소화 • 환경보전에 기여 • 지역시설의 개선	• 야생물 조사 • 대기 · 수질변화 추세 분석 • 사회 간접자본 투자분석

분 야	최종목표	성공의 지표
관광마케팅 측면	• 통합마케팅으로 총관광객 증가 • 고객시장 확장과 숙박관광객 유치 • 관광시즌 및 방문객 체재일수 연장 • 매력적인 관광지 이미지 확산	• 표적시장의 확장 및 시장 다변화 분석 • 숙박 관광객의 비율 및 객실점유율 • 소비자 인식 및 행태분석 • 행사관련 보도자료 분석 등

자료 : 조배행, 1999 : 69.

3) 지속적인 스포츠 관광상품 개발 강화

스포츠 이벤트는 단순하게 경기만 운영하는 것이 아니라 경기관람 이외의 볼거리를 제공해야 한다. 초대형 스포츠 이벤트를 성공시키기 위해서는 광고, 인적판매, 판매촉진, 홍보와 같은 다양한 마케팅 수단이 활용될 수 있지만 무엇보다 중요한 것은 전국 · 세계매스컴의 이목을 집중시킬 수 있는 다양한 이벤트를 지속적으로 개최하는 것이다. 여기에는 스포츠 행사를 위한 전용경기장의 착공이나 공사진척, 그리고 개장을 축하하는 문화 이벤트와 특집프로그램의 제작을 위해서 전 세계 기자들을 초청하는 팸 투어 기획 등의 관심고조 및 분위기 조성활동, 그리고 한국의 멋과 풍류를 알리는 프로그램의 지속적인 개발 등이 이루어져야 한다. 현대인의 스포츠에 대한 관심은 일상생활뿐만 아니라, 휴가 때에도 발생할 수 있고, 이에 따라 스포츠 활동에 참가하거나 스포츠 경기관람을 목적으로 하는 관광활동이 늘어나는 추세이다.

4) 지방 스포츠 이벤트 활성화

대부분 국내 스포츠 이벤트는 대도시 이벤트 중심 성향을 보이고 있다. 특히 수도권에서 이벤트 집중현상을 나타내고 있다. 물론 도시형 이벤트의 장점은 저변에 많은 팬을 확보하고 있으며 교통이 편리하고 대규모 이동이 가능하며 매스컴과 접촉하기 쉬워 홍보에 유리하고 전국 규모의 방송망을 포착하기 쉽다는 것이다. 그러나 앞으로의 스포츠 이벤트는 지방의 이행을 적극 유도하여 전국적으로 활성화되어야 한다.

5) 사후시설 운영관리 강화

스포츠 이벤트 관련시설 등은 개최 이후 특정 도시의 이미지를 다른 도시와 구별짓는 특징적인 것으로 관광객을 매료시킬 수 있는 매력적인 문화관광 자원으로 활용될 수 있다. 도시 이미지의 강화에 올림픽이나 월드컵과 같은 초대형 스포츠 이벤트의 사후시설이 활용될 수 있도록 스포츠 이벤트의 계획단계부터 이러한 관련시설의 활용에 대하여 사전에 치밀한 기획이 필요하다고 하겠다. 현재 월드컵 경기장 등이 지자체별로 부수적인 용도로 많이 사용되고 있으며 이러한 활용으로 인해 관리 비용을 위한 수입개선을 꾀할 수도 있다.

6) 추후 정책연구

스포츠 이벤트를 개최하면 지역 관광산업의 발전에 유무형의 파급효과가 많으므로 지속적인 모니터링과 사전 · 사후 영향평가 체계의 도입을 위한 각종 조사분석을 시행할 필요가 있다. 특히 개최지역 주민의 인식 및 태도조사, 지역개최의 경제성 평가, 행사개최의 재무분석, 관광자의 인식 및 관광행태 등에 대한 사전 · 사후 평가연구가 반드시 수행되어야 한다. 이를 통해 스포츠 이벤트 개최단체는 행사진행을 위한 기획자료와 필요한 관련시설의 확인 또는 행사와 관련된 사전정보를 입수하여 관광마케팅 활동을 전개함으로써 성공적인 스포츠 이벤트 개최를 위한 중요한 자료로 활용해야 한다.

6 스포츠 이벤트 사례

1) 올림픽

올림픽은 IOC(International Olympic Committee : 국제올림픽위원회)가 4년마다 개최하는 국제 스포츠대회이다. 본래 올림픽 경기는 고대 그리스인들의 제전경기 중 하나였으며 근대올림픽은 제1회 아테네 올림픽을 시작으로 2008년 베이징 올림픽까지 29회가 개최되었다. 약 1,500년 동안 중단되었던 고대 올림픽 경기는 프랑스의 피에르 쿠베르탱의 노력으로 1894년 6월 23일 파리의 소르본 대학(파리대학교)에서 열린 국제 스포츠대회에서 유럽 각국 대표들의 만장일치로 찬성을 얻어 근대올림픽으로 부활되었다. 20세기는 다수의 신생국가들이 등장하면서 해를 거듭할수록 많은 국가들이 올림픽에 참여하고 있다. 올림픽은 국제적인 스포츠 이벤트일 뿐만 아니라, 국제 경제의 무대로도 그 역할을 수행하고 있다.

1896년 유서깊은 그리스 아테네에서 개최된 제1회 대회에 참가한 선수는 13개국 311명으로 **인류평화의 제전**이라는 거창한 구호에 걸맞지 않은 작은 규모였다. 올림픽이 국제대회로써 면모를 갖춘 것은 1908년 제4회 런던대회 때부터였다. 이 대회에는 22개국 1,999명이 20개 종목에 참가함으로써 대회규모가 획기적으로 확대되었는데, 각국이 처음으로 국기를 앞세우고 참가하였으며 경기규칙 제정, 본격적인 여자경기종목 채택, 마라톤 코스의 확정 등 조직과 관리 면에서 체계가 갖추어졌다. 우리나라에서 치루어진 '88서울올림픽은 1988년 9월 17일부터 10월 2일까지 16일간에 걸쳐 서울을 비롯한 한국의 주요도시에서 개최되었다. **화합 · 전진**의 기치 아래, 전 세계 160개국이 참가하여 올림픽사상 최대 규모로 진행되었으며 성공리에 막을 내렸다.

그림 13-2 2018 평창 동계올림픽 개막식

2) 월드컵

월드컵은 국제축구연맹(FIFA)이 올림픽 중간 연도를 택해 4년마다 한 번씩 개최하는 세계선수권대회를 말한다. FIFA 월드컵 대회는 선수 개인 및 종목별 팀 경기로 진행되는 올림픽과는 달리 국가 간 경쟁이라는 성격을 띠고 있다. 월드컵을 주관하는 국제축구연맹(FIFA)에는 UN보다 많은 전 세계 206개 회원국이 가입하고 있다. 팀은 총 32개 팀이 출전하고 64경기가 펼쳐지며, 월드컵 대회를 개최하기 위해서는 최소 40,000명 이상의 수용이 가능한 8~12개의 경기장이 필요하다.

월드컵 축구대회는 1930년 우루과이에서 개최된 제1회 대회를 시작으로 제14회까지는 유럽과 남미에서 번갈아 가면서 열리다가, 제15회 미국 FIFA 월드컵 축구대회 때 처음으로 유럽과 남미를 벗어난 북미에서 개최되었고, 지난 2006년은 유럽대륙의 독일에서 제18회 월드컵 대회가 치러졌다. 2002년 처음으로 아시아 대륙에서 한국과 일본이 공동개최한 2002년 한일 월드컵 대회는 공동개최에 따라 우리나라 10개, 일본 10개, 총 20개의 경기장에서 치러졌다. 월드컵 개최의 파급효과에는 월드컵 대회의 기획과 개최에 수반된 투자가 가져다주는 효과는 물론이고 문화 이벤트가 갖는 독창성으로 인하여 개최국의 문화가 타국으로 확산되는 효과가 포함되어 있으며 또한 국가 이미지 쇄신을 통해 국제적 위상을 높일 수 있고 이밖에 엄청난 경제적 효과를 가져다주고 있다.

(1) 경제적 파급효과

월드컵은 단일종목 스포츠 중에서는 세계 최대의 Mega-Event로 단순한 행사를 넘어서 정치, 경제, 사회, 문화 및 관광 등 국가전반에 걸쳐 다양한 효과를 발생시키고 있다. 특히 2002월드컵은 한국사회전반에 걸친 충격과 변화의 계기를 마련한 것으로 평가된다.

경제적 측면에서는 직접적인 자본투자 및 소비진작 효과는 물론 중장기적으로 지속적인 경제성장을 위한 긍정적인 효과를 가져왔다. 월드컵 개최로 한국은 7조 9961억 원의 생산유발 효과와 3조 7,169억 원의 부가가치 유발효과, 24만 5338명의 고용창출 효과가 있는 것으로 나타났다. 이로써 2002년 파생된 부가가치 유발효과는 약 4조 원으로 2001년 총GDP 54조 원의 0.74%에 해당된다. 한국이 월드컵 개최를 위해 지출한 경비(시설투자비 1조 9503억 원, 조직위원회 운영비 4000억 원)를 감안하면 엄청난 흑자대회이다.

국가브랜드 홍보효과는 1게임당 경기 시간 100분(하프타임 포함), 총 게임 수 7회로 산정하여 분당 홍보비용을 미국의 주요 방송국(CNN, CBS 등)의 광고단가로 환산해 분당 900만 달러(110억 원)로 가정했을 때 7조 7천억 원의 효과가 있는 것으로 나타났다.

관광부문에 있어서는 월드컵 대회를 관람하기 위한 내외국인 관광객의 증가로 숙박비, 음식료, 교통비, 쇼핑 · 오락 등의 관광수입이 추가적으로 증가하였다. 월드컵 방문객의 지출은 총 1조 7천억 원의 생산유발 효과와 9천억 원의 부가가치 창출효과 및 3만 명의 고용효과 등으로 인해 약 1,500억 원의 수입을 증대시킨 것으로 나타났다. 또한 월드컵 기간 중 총 방한 외래객의 지출은 총 2조 3천 억 원의 생산유발효과와 1조 2천억 원의 부가가치 창출효과 및 4만 4천 명의 고용효과 등으로 인해 약 2천억 원의 수입을 증대시킨 것으로 나타났다.

표 13-3 한국문화예술진흥원의 문화행사

분 류	내 용
문 학	시낭송회, 시화전, 문학의 밤, 백일장, 기타 관련행사
미 술	회화, 공예 · 디자인, 조각, 판화, 서예, 사진, 건축, 종합 미술행사
국 악	연주회, 극음악, 사물놀이, 민속종합공연, 국악감상 및 강좌 등
양 악	작곡, 기악, 성악, 오페라 등
연 극	정극, 뮤지컬, 마임극, 창극, 마당놀이 등
무 용	현대춤, 발레, 한국춤, 행사용 춤 등
민속축제	종합 향토축제, 역사 · 제의 축제, 민속놀이 축제, 예술제, 경연대회 축제 등

자료 : 한국관광공사, 1995 : 17

(2) 사회 · 문화적 파급효과

월드컵의 개최는 경제적 파급효과뿐만 아니라, 사회 · 문화적으로도 막대한 영향을 미친 것으로 나타났다. 가장 큰 파급효과는 국가이미지 제고라고 할 수 있다. 월드컵 이후 국가이미지 및 국가인지도의 상승으로 **코리아 브랜드**가 정립되기 시작하고 있는 것으로 평가된다. 한국에 대한 긍정적 국가이미지는 한국산 브랜드나 제품에 대한 신뢰감으로 연결되며 이를 적절히 활용한 관광마케팅 활동을 전개할 경우보다 높은 효과를 기대할 수 있을 것이다.

2002월드컵은 국민의식의 제고 및 자부심 고취, 국가의식 및 역사의식의 강화 그리고 지역 및 계층 간 국민통합 증진을 통해 전 국민을 결속시키는 구심적 역할을 하였으며 전 세계에 우리 전통문화와 관광자원을 널리 홍보함으로써 문화 · 관광산업의 경쟁력을 강화할 수 있는 큰 역할을 했다. 또한 한 · 일 관계의 변화에도 중요한 영향을 미친 것으로 평가된다.

그림 13-4 2002 한일 월드컵

자료 : http://blog.naver.com/shmoon1985

제2절 문화공연 이벤트

1. 문화공연 이벤트 개요

현대 사회는 문화의 결정체라 할 수 있다. 즉 문화의 수준이 그 사회의 수준을 가늠하며 그 지역과 사회를 알기 위해서는 먼저 문화를 인지해야 한다. 학자마다 문화에 대한 정의도 다양하듯이 문화 이벤트 또한 다양하게 나타난다. 임동권(1978)은 문화 이벤트란 전통과 맥을 같이 하고 전통에 바탕을 두고 있는 행사로써 일회적인 이벤트가 아니며, 선대의 관습 · 사고 · 기술 등의 계승과 인수이고, 그 정신과 외형이 현재 속에 재발견 또는 창조되어 간다는 점에서 지속성을 갖는 것이라고 하였으며 문화가 환경을 같이 하는 속에서 형성 · 성장된 생활의 결과이고, 그들이 속해 있는 자연적 환경과 역사적 · 사회적 환경에 대처하고 적응하는 가운데 신앙과 지혜로 엮어낸 생활풍속을 의미한다고 할 때, 문화 이벤트란 전통성과 문화성에 바탕을 둔 것이라고 하였다.

그림 13-5 문화공연 이벤트

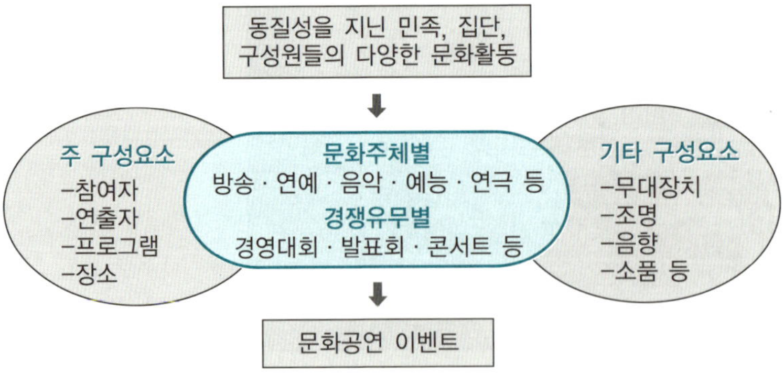

자료 : 이경모, 2002 : 468

이경모(2002)는 문화공연 이벤트란 동질성을 지닌 민족, 집단, 구성원들의 다양한 문화 활동 중 특정한 장소(무대)에서 참여자(관객), 연출자(배우)들이 짜여진 이벤트 프로그램(시나리오)을 통하여 행하여지는 이벤트로써 부가가치 창출을 위하여 문화요소를 매개로 사람들이 모이도록 모임을 개최하여 정해진 목적을 실현시키기 위하여 행하여지는 행사라고 정의하였다.

조현호 등(2006)은 현대에 와서 이런 공동체의식이 사라지자 공동체 결속을 위해 중요한 역할을 했던 축제의 의의는 소멸하고, 문화 이벤트로 약화된 축제는 단순한 지역주민의 행사로 가치가 절하되었다고 하면서 문화 이벤트를 그 지역이나 사람들의 삶의 모습, 즉 생활문화를 바탕으로 하는 이벤트라고 정의하었다.

2. 문화공연 이벤트 분류

한국관광공사에서 분류한 문화공연 이벤트는 다음과 같이 7가지로 분류하고 있다.

표 13-4 한국문화예술진흥원의 문화행사

분 류	내 용
문 학	시낭송회, 시화전, 문학의 밤, 백일장, 기타 관련행사
미 술	회화, 공예 · 디자인, 조각, 판화, 서예, 사진, 건축, 종합 미술행사
국 악	연주회, 극음악, 사물놀이, 민속종합공연, 국악감상 및 강좌 등
양 악	작곡, 기악, 성악, 오페라 등
연 극	정극, 뮤지컬, 마임극, 창극, 마당놀이 등
무 용	현대춤, 발레, 한국춤, 행사용 춤 등
민속축제	종합 향토축제, 역사 · 제의 축제, 민속놀이 축제, 예술제, 경연대회 축제 등

자료 : 한국관광공사, 1995 : 17.

이경모(2002)는 문화공연 이벤트를 문화주체별과 문화경쟁 유무별로 구분하고 이를 다음과 같이 정리하였다.

3. 문화공연 이벤트 구성요소

문화 이벤트를 구성하는 요인들은 매우 많다. 그러나 이러한 요인들은 상호 복합적으로 구성되어 있다. 문화 이벤트를 구성하기 위해서는 기술적 측면뿐 아니라 그 지역사회의 문화적 요인, 환경적 요인 등이 서로 결합되어야 성공적인 문화공연 이벤트를 완성할 수 있다. 조현호(2006)는 이들 구성요소들을 다음과 같이 정리하고 있다.

첫째, 문화적 배경이다. 문화 이벤트를 개최하고자 하는 지역은 그 지역만의 고유한 문화를 가지고 있어야 한다. 이런 문화를 가지지 못한 곳에서는 다른 성격의 이벤트 개최는 가능하겠으나, 문화 이벤트의 개최는 불가능하다. 이 문화적 배경에는 그 지역의 역사 · 설화 · 놀이 · 풍속 등 다양한 내용이 포함될 수 있다.

둘째, 그 지역의 환경적 요인이다. 그 지역이 가지고 있는 정치 · 경제 · 사회 · 문화 등 외적 환경요인은 물론이고, 접근성과 주민이 이벤트를 대하는 태도와 사회적인 기반시설의 정도까지 많은 요소들이 복합적으로 환경적 요인을 구성한다.

셋째, 이벤트 자체적인 것으로 연출가의 능력이나 전문성 및 이벤트 개최에 필요한 기술력 등을 지적할 수 있다.

그림 13-6 문화 이벤트 구성요소

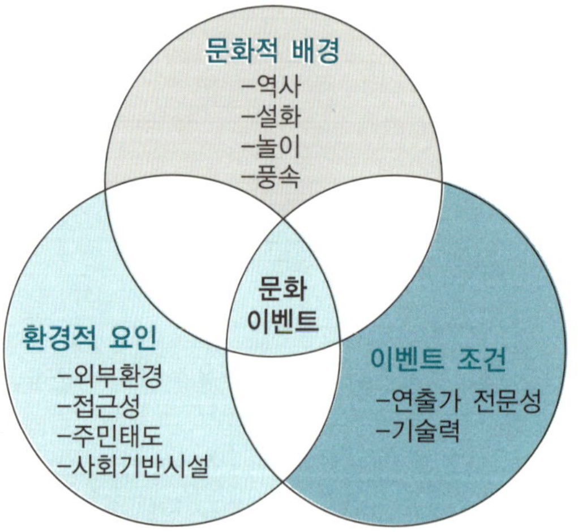

자료 : 조현호 외, 2006 : 94

이경모(2002)는 이벤트의 구성요소를 기술적인 측면에서 주 구성요소와 기타 구성요소로 구분하고 주 구성요소는 연출자(배우), 장소(무대), 참여자(관객), 이벤트 프로그램으로 구분하였으며 기타 구성요소로는 무대장치, 무대조명, 음향, 소품의 유형으로 구분하여 다음과 같이 설명하고 있다.

1) 주 구성요소

(1) 연출자(배우)

문화공연 이벤트의 핵심으로 문화공연 이벤트가 살아 있는 예술임을 밝히는 가장 중요한 요소이다.

(2) 장소(무대)

공연이 실시되는 공간적 장소로써 옥외의 놀이판, 굿판에서 현대식 극장무대에 이르기까지 각양각색이나 공연하는 장소를 말한다.

(3) 참여자(관객)

단순한 구경꾼에서 문화공연 이벤트에 창조적으로 참여하는 경우에 이르기까지 다양한 역할을 하며, 무대와 객석의 호흡은 공연의 성과를 좌우한다.

(4) 이벤트 프로그램(시나리오)

즉흥적 성격의 단순한 줄거리 정도의 것에서부터 고도의 문학적 표현을 담은 극문학(劇文學)에 이르기까지 성격이 다양하며, 등장인물을 중심으로 그들 간의 관계(대립, 갈등)가 꾸며내는 일정한 이야기가 필요하다.

2) 기타 구성요소

(1) 무대장치

정보의 전달, 감정에 대한 반응 강화, 극 행위의 관점으로 유도, 연기자를 부각시키고 역동성을 유발한다.

(2) 무대조명

가시화, 물리적 환경 조성, 공연 분위기 조성, 공간설정, 입체적, 공연의 리듬 제공, 작품 주제 등을 이해하게 한다.

(3) 음 향

무대음향이란 공연에서 중요한 요소인 소리 울림에 관련된 사항을 다루는 기술분야를 말한다.

(4) 소품의 유형

소품은 편의상 소품의 크기, 용도, 그리고 기능에 의해 분류한다.

4. 문화공연 이벤트와 관광

현대의 관광이 단순히 보는 관광에서 체험하고 활동하는 관광으로 변화하고 있는 추세에서 문화 이벤트는 이러한 현대인의 관광욕구를 잘 충족시켜 줄 수 있는 관광의 형태이다. 각 지방마다 고유한 문화들이 존재한다. 음식문화, 의복문화, 언어문화, 주거문화 등 지방자치단체들은 이들의 문화를 활용하여 충분한 관광상품을 만들어내고 있다. 지방에서 개최되는 축제들은 대부분 그 지역의 문화를 소재로 하는 상품들이다. 그 중 문화공연 이벤트는 그 지역문화를 나타내는 좋은 관광상품이 될 수 있다. 이러한 문화 이벤트를 관광자원화하여 판매하기 위해서는 기본적인 조건과 구상 외에도 구체적인 준비가 필요하다. 관광자가 문화 이벤트 관광상품을 구입할 때 고려되는 여러 요소를 감안하여 관광상품화의 추진에 필요한 요소들을 한국관광공사(1990)는 다음과 같이 제시하고 있다.

1) 행사일정의 사전확정

특정날짜 · 특정요일 등을 사전에 결정하여 고시함으로써 관광자의 의사결정에 도움을 준다.

2) 행사기간의 적절성

너무 길거나 너무 짧지 않은 행사 기간 선택, 통상적으로 단일행사의 경우 주말을 포함한 5일 정도가 적당한 기간이다.

3) 예산지원의 확대

어느 정도 기간이 지나야 수익성을 확보할 수 있으므로 적절한 지원 필요하다.

4) 적절한 홍보대책

이벤트의 성격과 주 참여고객층을 확정하여 그들에게 소구할 수 있는 홍보매체 · 방법 · 횟수 · 기간 등에 대하여 홍보대책을 강구해야 한다.

5) 전문취급점 지정

여행사 등 개최되는 이벤트를 전문적으로 취급하는 대리인을 지정, 이들을 통하여 대리인에게도 적극적인 활동을 기대할 수 있다.

6) 수송수단 확보

이동에 소요되는 시간과 함께 비용 · 안전성 · 쾌적성 등을 고려하여 수송수단을 준비한다.

7) 향토음식 및 토산품 판매점 운영

음식, 토산물, 특산품 등 지역의 특색을 보여줄 수 있는 물건들을 전시 · 판매한다.

8) 관계자 및 기관의 유기적 협조

모든 행정기관과 사회문화단체 및 지역주민의 화합이 필요하며, 이를 위해 전체관계자를 모두 관장할 수 있는 덕망을 갖춘 리더가 필요하다.

5. 문화공연 이벤트 사례

우리나라를 대표하는 문화공연 이벤트에는 난타공연이 있다. 난타는 **요리**라는 소재를 **두드림**이라는 형식으로 표현한 퍼포먼스로 전체적인 구성은 사물놀이의 리듬이 갖고 있는 원시적 폭발력을 제대로 표현해 낼 수 있도록 힘과 속도감에 주안점을 두고 한국의 전통 사물놀이를 서양의 공연양식에 접목시켜 크게 성공한 문화공연 이벤트이다. 연간 외국관람객 약 30만 명을 동원하고 있는 난타공연은 1997년 국내무대에 처음 올려져 최장기 공연, 최대 관객동원 기록을 수립하며 큰 성공을 거두었다. 이를 바탕으로 1999년 영국 에딘버러 페스티벌에 참가하면서 해외로 진출하여 세계 20여개국 100개 이상의 도시에서 공연되어 큰 호응을 얻었으며, 공연예술의 본고장인 미국 뉴욕에서도 호평을 받았다. 이러한 반응에 힘입어 2004년 아시아 국가의 공연예술작품 중 최초로 뉴욕에 전용극장이 설치되었다. 또한 한국관광공사가 선정한 **서울의 10대 볼거리**에 선정되어 명실상부한 한국의 대표적 문화관광상품으로 자리매김하고 있다.

표 13-6 난타의 연혁

연도	내 용
1997년	서울 호암아트홀 초연
1998년	제4회 한국뮤지컬대상 '특별상' 수상
1999년	영국 에딘버러 프린지 페스티벌 참가 전회 매진기록
2000년	• 난타 체험프로그램 시작(최초 일본 수학여행단 참가) • 국내 최초 상설공연장 난타 전용관 개관 • 국내최초 공연문화벤처기업 인증획득(중소기업청) • 한국관광공사 주최 한국관광대상 수상(한국관광공사 주최)
2001년	• 고르바초프 난타극장 방문 • 세계일류상품 선정(산업자원부 주최)
2002년	• 국내 외 총 관람객 100만명 돌파 • 난타 강남 전용관 개관 • 제14회 아시안게임 개막식 공연
2003년	• 최초 중국 수학여행단 난타 관람 • 난타전용관 통합 개관(정동 A&C) • 외국인이 가장 좋아하는 서울시 볼거리로 선정 • 아시아 최초로 뉴욕 브로드웨이에서 공연(뉴빅토리아 극장)
2004년	뉴욕 오프브로드웨이 전용관 프리뷰 개관(미네타레인 극장)
2005년	• 오프 브로드웨이 전용관 공연 400회 돌입 • 국내 외 총 관람객 200만명 돌파
2006년	• 국내 최초 외국인 관람객 100만명 돌파 • 국내 외 총 관람객 300만명 돌파
2007년	난타 10주년
2008년	• 난타 제주 상설 공연시작 • 대한민국 문화 예술상 문화부문 수상 • 송승환 대표 서울 관광대상 서울 관광 최고 공로자 부문 수상 • 국내 외 총 관람객 400만명 돌파 • 난타 전용관 정동시네마 1관으로 이전
2009년	• 난타 12주년 • 난타명동전용극장 개관
2010년	난타전용극장 개관 10주년
2011년	• 홍대난타극장 개관 • 정동난타극장 10,000회 공연 달성
2012년	• 국내외 총 관람객 700만 관객 돌파 • 난타공연 15주년 • 국내외 총 관람객 800만 관객 돌파
2013년	• 방콕난타극장 개관 • 충정로난타극장 개관
2014년	난타 천 만 관객 돌파
2015년	중국 광저우 난타 전용관 개관
2016년	중국 30개 도시 투어
2017년	• 제주 호텔난타 및 난타전용극장 오픈 • 난타 총 57개국 310개 도시 투어

그림 13-7 난타 공연

자료 : 난타 홈페이지(http://nanta.i-pmc.co.kr)

참고문헌

1. 국내문헌

고승익 외, 「관광이벤트 경영론」, 백산출판사, 2002

농림수산식품부, 「2008인삼통계자료」, 2008

문상희, 「컨벤션 기획 · 운영실무」, 백산출판사, 2003

문상희, 「컨벤션 산업론」, 한올출판사, 2003

문상희, 「컨벤션기획실무」, 백산출판사, 2004

문영수, 「전시회 실무론」, 한국국제전시회, 1999

문화관광부, '99지역문화행사, 1999

문화체육관광부, "국제회의산업 육성에 관한 법률시행령", 문화체육관광부, 2006

____________, "스포츠산업진흥법", 문화체육관광부, 2010

____________, "문화관광축제 추진계획", 1997

____________, "한국의 지역축제", 1997

____________, 「2000 문화관광축제」, 종합평가보고서 2000. 2000

박정선, 「이벤트론」, 글로벌, 1999

손대현, "Event 소재발굴, 기획과 연출, 상품화 기법", 자치행정, 10월호, 1996

신재기, 「전시산업론」, 한올출판사, 2004

안경모 외, 「국제회의 실무 기획」, 백산, 1999

________, 스페셜 이벤트 경영, 백산 출판사, 2002

안경모 · 김영준, 「국제회의 실무기획」, 백산출판사, 1999

안경모 · 이광우, 「국제회의 기획 경영론」, 백산출판사, 1999.

안경모, "지역 이벤트의 관광자원화 개발전략 : '97고양 세계 꽃박람회를 중심으로," 1998

안종윤, 「觀光英語辭典」, 1985

우경식, 「관광마케팅」, 기문사, 2005

유동근 · 김성혁, 「판매촉진의 이론과 실제」, 정훈출판사, 1992

윤홍렬, "지역문화축제 브랜드디자인의 상징 표현이 미치는 영향성과 가치평가에 관한 연구" 한양대학교, 2007

이각규, 「21세기 지역 이벤트 전략」, 커뮤니테이션북스, 2000.

_____, 21세기 지역 이벤트 전략, 서울 : 커뮤니케이션북스, 2000

이경모, 「이벤트 학원론」, 백산출판사, 2002

이두현, "월드컵 스폰서쉽이 브랜드 태도에 미치는 영향", 1996

이주형 외, 「관광사업론」, 대왕사, 2000

________, 「관광학」, 대왕사, 2002

이수리, 지역축제가 지역 관광이미지에 미치는 영향에 관한 연구 : 춘천마임축제를 중심으로, 세종대학교 석사학위논문, 2005

이용철, "스포츠 이벤트 관광자의 동기요인에 관한 실증적 연구", 경기대학교, 2000

_____, "스포츠 이벤트 여행상품개발에 관한 연구", 관광경영학회, 2000

이재곤, "조직동일시를 위한 기업이벤트기획에 관한 연구", 관광경영학연구 제6호, 1999

임관혁, "지역축제의 관광상품화 방안에 관한 연구 : 삼척 죽서문화제를 중심으로", 경기대학교 석사학위논문, 2001

임동권, 「새마을 研修의 效果的인 運營 方案」, 1979

전주대문화관광개발연구소, "전주전통음식 음식관광 산업화 방안 사업", 2007

정경훈, 「문화이벤트 연출론」, 대왕사, 2002

정무형 외, 「이벤트 경영과 이벤트 관광」, 백산출판사, 2005

정호권, 「이벤트 경영론」, 한올출판사, 2004

조달호, "이벤트연구", 금강기획 사보, 1988

조배행, 「88서울 올림픽 관광에 대한 영향연구」, 1999

조현호 외, 「관광이벤트의 기획과 실제」, 대왕사, 2006

지진호, "관광이벤트 기획과 운영에 관한 연구", 문화관광연구 제1권 1호, 1999

채서일, 「마케팅(MARKETING)」, 비앤엠북스, 2006

최승이 · 한광종, 「국제회의 산업론」, 백산출판사, 1995

한국관광공사, "이벤트산업활성화방안", 1994

__________, 「2001년 상반기, 하반기 문화관광축제 정보자료집」, 문화관광부, 2001

__________, 「한국 민속축제 관광상품화 방안」, 1990

__________, 「문화관광축제 지원 결과보고서」, 1999

황희곤 외, 「컨벤션 마케팅과 경영」, 백산출판사, 2002

2. 국외문헌

Cowell, Donald W. The Marketing of Services, London : Heinemann, 1984

Dennis M. Sandler and David Shani, "Olympic Sponsorship vs. "Ambush" Marketing : "Gets The Gold?". Journal of Advertising Research, 29(4), 1989

Getz, Donald, "Festival Management & Event Tourism", Cognizant Communication Corporation, New York: 1997.

Getz,D 「Festival, Special Event and Tourism,」New York : VNR. 1990

Getz, Donald, Editorial, Festival Management & Event Tourism, Vol. 5, Cognizant Communication Corporation, 1998.

Hall, C. M. Adventure, Sport and Health Tourism, Special Interest Tourism. London, Belhaven press, 1992

Holloway, J. Christopher, The Business of Tourism, London, Pitman Publishing, 1989

Jeffry A. Timmons,「New Venture Creation: Entrepreneurship for the 21st century」, Mcgraw Hill, 1999.

Kotler, Philip. 「Marketing Management」3th ed. New Jersey. Prentice-Hall, 1976

McCarthy, E. Jerome, Perreault, William D, "Learning aid for use with basic marketing : a managerial approach" Homewood, Ill. : Irwin, 1987.

McIntosh. R. W., R Goeldner and J. R. Ritchit, 「Tourism Principles, Practices Philosophies」 New York, John Wiley & Sons, Inc, 1995

Martilla and James, " Importance analysis". Journal of Marketing1977
Meryl P. Garder & Philip J. Shuman. "Sponsorship: An Inportant Component of The Promotion Mix", Journal of Advertising, Vol.16, No.1, 1987
Meenaghan, John A., "Commercial Sponsorship", European Journal of Marketing, 7(7), 1983
Parasuraman, A., Zeithaml, V. & Berry, L., A concerned model of Service qualityand it' s implications for future research, Journal of Marketing, vol. 49. 1985.
Stone, T. & Meltz, N. Human resource Management in Canada, Toronto: Holt, Rinehart and Winston.
Stone, Thomas H., and Noah M. Meltz, Human Resource Management in Canada, LES PRESSES DE L' UNIVERSITE LAVAL, 1994
Watt, David C., "Event Management in Leisure and Tourism, Addison Wesley Longman," 1998.
(社)日本イベント産業振興協會, イベント白書 '99, (社)日本イベント産業振興協會, 1999.
大笹吉雄 祭祀의 演劇化—日本의 경우, 놀이문화와 축제, 성균관대학교 출판부, 1996.
小坂善治郎, イベント戰略の實際, 日本經濟新聞社, 1996.
熊野卓司, 商店界イベント入門, 誠文堂, 1988.
日本通商産業省, イベント研究會, イベントが日本を變える, 通産省商務室, 1987.

3. 홈페이지

한국관광공사 http://www.visitkorea.or.kr/
보령머드축제 http://www.mudfestival.or.kr/
태백눈꽃축제 http://festival.taebaek.go.kr/event/snow/2009/
문화체유관광부 http://www.mcst.go.kr/
글로벌전시포탈 http://www.gep.or.kr/jsp/index.jsp
안동축제관광조직위원회 http://www.aftf.or.kr/
천안흥타령축제 http://www.dancefestival.or.kr/
하나투어 http://www.hanatour.com/
삼성경제연구소 http://www.seri.org/
한국관광공사 http://www.visitkorea.or.kr/
난타 홈페이지 http://nanta.i-pmc.co.kr/
부산국제의료관광컨벤션 http://www.bimtc.org/
메탈 넷 코리아 월간 해양과 조선 http://www.shipbuilding.or.kr/
서울신문 http://www.seoul.co.kr/
법률정보시스템 http://likms.assembly.go.kr/law
연합뉴스 http://www.yonhapnews.co.kr/
특허청 http://www.kipo.go.kr/
부산국제영화제 http://www.piff.org/

찾아보기

저자소개

■ 류 인 평

- 경기대학교 관광경영학과 졸업
- 경기대학교 관광경영학과 박사 졸업(관광학 박사)
- 관광경영학회, 국제관광학회 이사
- 대한관광경영학회 편집위원

현) 전주대학교 관광경영학과 교수

[용역 및 컨설팅]

- 전라북도 지자체 관광수용태세 평가(부안군, 남원시, 군산시, 새만금 등)
- 지방설화 및 냉굴 한옥마을 타당성 용역
- 전주전통음식 음식관광 산업화 방안 사업
- 김제만경강 갯벌지역의 해안문화관광 개발 사업
- 2008 군산방문의해 추진사업
- 군산시 문화관광개발계획 수립
- 전주시 문화관광축제 평가
- 전주시 종합관광개발 계획 외 다수
- 전통문화 국가대표 명소만들기 외 다수

[저서 및 논문]

- 문화와 관광(공저)
- 여행업 창업과 경영(공저)
- 문화관광이벤트가 지역이미지에 미치는 영향
- 문화관광축제의 발전방향에 관한 연구
- 지역축제를 위한 관광자 선택행동에 관한 연구
- 지역축제 평가에 관한 연구
- 축제 지역주민 참여행동과 만족도에 관한 연구 외 다수

이벤트경영론

2008년 3월 15일 초 판 발행
2010년 3월 15일 2판 1쇄 발행
2020년 3월 10일 3판 1쇄 발행

저 자 류 인 평
발행인 한 인 환
발행처 도서출판 **기 문 사**
등 록 1978. 8. 9. NO. 6-0637
주 소 서울시 동대문구 안암로 50-1(용두동) 홍신빌딩 3층
전 화 02) 2265-7214/922-8662~8663
팩 스 02) 922-8772

homepage : www.kimoonsa.co.kr
e-mail : book@kimoonsa.co.kr

ISBN : 978-89-7723-858-9 93980

정가 : 23,000원